华东师大 在 普陀

华东师范大学档案馆　上海市普陀区档案局（馆）编

上海人民出版社　上海书店出版社

目　录

第四编　往事与普陀

进步知识分子的演讲

第五编　校区合作与交流档案萃编

校区框架合作

前　言

　　大学自诞生之日起就与城市结下了不解之缘。

　　大学是城市发展的产物，城市为大学的发展提供了物质基础和生存空间。大学与城市，在长期发展过程中，合作互动，逐渐形成了共生共存的动态平衡和关系格局。如今，随着知识经济的兴起，城市对大学的需求与日俱增，同时大学也成为城市经济社会活动的积极参与者。华东师范大学及前身大夏大学与地处上海中心城区西北部的普陀区之间的关系即是如此。

　　华东师大与普陀区有着千丝万缕的联系，其间的历史渊源可追溯至1924年。是年，因学潮从厦门大学脱离出来的三百余名师生来到上海，在今普陀区境内的苏州河畔，新建立了一所著名的综合性私立大学——大夏大学。9月20日，大夏大学在安远路潘家花园举行开学典礼。次年，学校在胶州路建成新校舍。1929年学校在今中山北路购地以建永久校舍。1930年9月，大夏师生全体迁入中山北路新校园。此后，大夏大学除了因抗战原因内迁江西庐山、贵州贵阳和赤水外，始终在今普陀区境内的中山北路办学。

　　1951年，中央教育部决定以大夏大学与光华大学等为主要基础，在大夏原址上合并成立华东师大。由此，华东师大与普陀区密切交流，合作互鉴。1952年华东师大启动征用土地、扩大校基的工作，在人民政府的大力协助下，学校扩地511亩，使校园面积扩充到820亩。1996年，华东师大与普陀区签订合作协议，决定进行全方位合作。签约当年，校区联合成立了华夏学院并开始招生。2001年，为发挥地方政府的协调服务作用以及高校的人才与科研优势，华东师大与普陀区合作创办华东师

1

大科技园区。经过校区四年的共同努力，华东师大科技园区升级为国家级科技园。科技园在配套设施、运行机制、服务体系、人才集聚、孵化机制、产业集群等方面取得优异成绩，为提升普陀区域产业结构、区域经济以及发展高新技术产业做出了贡献。此后，华东师大与普陀区的校区合作力度日益增强。

教育领域是华东师大与普陀区合作的重点领域。2005年，华东师大与普陀区合作共建华东师大附属长风中学。2007年，普陀区教育局启动与华东师大新基础教育实验项目合作，探索促进基础教育优质均衡发展。2008年，华东师大与普陀区联合成立华东师大第四附属中学。2014年，华东师大与普陀区合作共建华东师大附属外国语实验学校。2019年，由华东师大附小、金沙江路小学、曹杨新村第六小学组成的华东师大附小教育集团成立。2020年，华东师大与普陀区合作成立华东师大二附中普陀校区。

华东师大与普陀区还围绕区域产业、人才引进以及区域经济金融等领域开展区校合作。2004年，华东师大和普陀区联合组建华东师大现代物流研究所。2006年，为推动动漫游戏产业振兴发展，华东师大与普陀区签订"动漫长风"战略合作协议。同年，校区共同申报上海LED半导体照明研发应用中心。2015年，华东师大与普陀区签订深化战略合作协议并成立网络空间安全研究院。次年，为提升高校服务区域经济发展的能力，服务普陀区打造的上海并购金融集聚区，华东师大与普陀区联合成立上海并购金融研究院。2019年，华东师大与普陀区签订新一轮区校全面战略合作框架协议。2021年，华东师大与普陀区共同设立"华普人才基金"项目，旨在深化校区合作发展，就高层次人才引进、培养科技人才和产学研一体化等领域展开合作，推动人才工作高质量发展。

城市孕育大学，大学反哺城市，城市与大学相生相成，相得益彰。大学是知识传承与创造的中心，不断产生新思想、新知识、新文化并且辐射到现实社会，对城市文化构建以及城市精神塑造发挥着引领作用。

华东师大与普陀区有着百年的交往史，区政府主动服务学校，学校及时对接政府需求，校区双方在长期的合作交流中，形成了一套长效机制和良性互动。华东师大致力于建设中国特色世界一流的综合性研究型大学，将继续为普陀区的社会经济文化的发展贡献力量，而普陀区将继续为华东师大建设世界一流大学提供强力支撑。

最后，希望华东师大与普陀区的合作交流，在新的历史起点上迈上新台阶，做出新贡献！

《华东师大在普陀》编辑委员会

2023 年 10 月

第一编　校情与区情

华东师范大学成立于 1951 年 10 月 16 日，是国家重点大学和当代中国著名的高等学府。学校是以 1924 年创办的大夏大学、1925 年创办的光华大学和 1879 年成立的圣约翰大学等为主要基础，在地处今普陀区的大夏大学原址上创办的。

普陀区地处上海市中心城区西北部，东与静安区交界，南与长宁区、静安区毗邻，西与嘉定区接壤，北与宝山区相连，下辖 8 个街道、2 个镇，区域面积 55.53 平方千米。普陀区是中国民族工业的发源地和中国工人运动的策源地之一，拥有深厚的历史文化底蕴。

华东师范大学历史沿革与校情

华东师范大学是国家重点大学和当代中国著名的高等学府。

华东师大成立于 1951 年 10 月 16 日。自创建伊始，在学校党委领导下，学校便始终同国家的发展和民族的命运紧密联系在一起。学校是以 1924 年创办的大夏大学、1925 年创办的光华大学、1879 年创办的圣约翰大学等为主要基础，在大夏大学原址上创办的，为中华人民共和国组建的第一所社会主义师范大学。学校扎根中国大地，根植于中华民族优秀文化的沃土，在七十余年的创校历程和一百四十余年的办学历史中，发展成为一所综合性研究型大学，为我国的政治经济、文化教育、科学技术和社会发展做出了重要贡献。

一、探索新型社会主义师范大学（1951—1977）

华东师范大学成立后，在系科专业建设上进行了一系列调整。1952 年，全校共有教职工 338 人，学生 1032 人。学校在初具规模之后，开始有计划、有步骤学习苏联的教学经验，进行教学改革和社会主义师范教育的探索与实践，推动师资培养和科学研究工作。1953 年，学校被评为全国重点师范大学。1955 年，学校开展首次教师级别评定。次年评出孟宪承、吕思勉等一级教授 2 名，刘佛年、张耀翔、胡焕庸等二级教授 24 名。

1957 年后，学校贯彻党和国家的教育方针，努力探索适合我国国情的高等教育办学道路。根据世界科学技术发展趋势和我国社会主义建设

1954 年，建设完成的化学馆、数学馆、物理地理生物馆（三馆）

对人才的需求，学校加快推进教学科研，为新专业和新研究方向的发展夯实了基础。1959 年，学校被中共中央指定为全国 16 所重点院校之一。作为一所新型的多学科的全国重点大学，学校在华东地区茁壮成长。

1956 年 2 月，周恩来发出"向现代科学大进军"的号召。9 月，党的第八次全国代表大会决议中明确指出"积极地进行技术革命和文化革命"。1957 年，中共华东师范大学第一次党代会提出学校今后的中心任务是调动一切积极因素，努力提高教学质量和科学研究水平，为国家多培养合格的人民教师。1970 年，学校第三次党代会号召全校立志攀登世界科学文化高峰，大大提高教育质量。截至 1966 年，全校教职工由建校初的 338 人增加到 1975 人，其中教师数由 131 人增到 912 人，在校学生 4192 人，为国家培养各类人才 15000

1959 年建设完成的中北校区物理楼

余人。1966 年至 1969 年四年，学校停止招生。1970 年恢复招生，但规模很小。1972 年初，上海师范学院、上海教育学院、上海体育学院、上海半工半读师范学院等四校并入，且更名为上海师范大学。当时学校共有干部 978 人、各类教学人员 2222 人，职工 759 人，在校学员 5711 人（普通班 784 人、培训班 4927 人）。学校校部及理科设在原华东师范大学中山北路校园，文科（包括体育系）设在原上海师范学院桂林路校园。

二、建设高水平综合性研究型大学（1978—1996）

在党的十一届三中全会精神以及邓小平同志"教育要面向现代化、面向世界、面向未来"的指示下，华东师范大学进一步明确办学思想，确定"求实创造，为人师表"的校训，提出建设"综合性、多层次的新型社会主义师范大学"新目标。

从 1977 年起，全国恢复了高校统一招生考试制度。华东师范大学开始恢复招收四年制本科生。1978 年，国务院转发教育部《关于恢复和

1994 年建成的中北校区新校门

办好全国重点高等学校的报告》，学校再次恢复全国重点高等学校地位。1978年，上海师范学院、上海教育学院和上海体育学院相继复校，原半工半读师院的人员、物资造册后由学校代管。1980年7月，经教育部批准，学校恢复华东师范大学原名。1980年8月8日，学校被列为联合国援助的20所重点大学之一。1986年学校被国务院批准成为设立研究生院的33所高等院校之一。截至1991年底，学校教师增至2079人，其中教授174人，副教授577人，讲师961人，形成了一支力量雄厚的师资队伍。这一时期，附属学校数也有所扩大，有3所附属中学、1所小学和1所幼儿园。学校附设的出版社、科教仪器厂和印刷厂，是全国高校中建立较早、规模较大的社厂之一。

20世纪90年代初，华东师范大学明确"正确定位，办出师范特色"的办学思想，提出走师范性与学术性相统一的道路。1995年，学校第九次党代会提出今后的工作任务是努力探索学校综合改革新路，把学校建设成为国内领先、国际有影响的社会主义师范大学。

三、创建世界知名大学（1996—2016）

1996年，华东师范大学进入"211工程"建设高校行列。通过与上海市项目共建，学校实现部市共建共管、以上海为主的新体制，从单项改革走向更高层次的综合改革。1996年，学校参与上海市师范结构调整。次年9月，上海幼儿师范高等专科学校并入，成立学前与特殊教育学院。1998年9月，上海教育学院、上海第二教育学院并入之后，学校组建继续教育学院和职业技术学院，开始构建职前职后一体化的教师教育新体系。

2006年，华东师范大学进入国家"985工程"重点建设高校行列，提出建设"世界知名的高水平研究型大学"奋斗目标。面对21世纪经济全球化发展态势，为了保持和提升在国内外大学中的竞争力，提高学校的层次和水平，使学校优势突出、特色鲜明、竞争力增强，2006年学校第十一次党代会进一步提出把学校建设为"引领中国教师教育发展的世界知名的高水平研究型大学"。2004年，学校启动闵行校区规划建设，形成"一校两区、联动发展"的办学格局。

学校全面推进国际交流与合作，先后与里昂高师等法国三所高等师范学院、美国纽约大学、弗吉尼亚大学、加拿大不列颠哥伦比亚大学、俄罗斯莫斯科罗蒙诺索夫国立大学、圣彼得堡彼得大帝理工大学、澳大利亚昆士兰大学、日本东京大学等世界著名大学建立了紧密合作关系，与世界300余所高校和科研机构签订了学术合作与交流协议。与里昂高师等法国三所高等师范学院成立中法联合研究

2003 年理科综合大楼竣工并投入使用

生院；与法国里昂高师和法国国家科学研究中心成立中法社会与科学联合研究院；与美国纽约大学联合创办的上海纽约大学，是第一所具有独立法人资格的中美合作创办的大学；与法国里昂商学院合作共建亚欧商学院；与以色列海法大学合作共建转化科学与技术联合研究院；与加拿大阿尔伯塔大学共建先进科学与技术联合研究院。学校设有国际汉语教师研修基地，作为中方合作院校建设 5 所孔子学院和 2 所独立孔子课堂。

四、迈向世界一流大学新征途（2017—   ）

华东师范大学坚持以培养创新型人才，提升创新能力为中心，积极推进学科交叉融合，推进国际化进程，努力朝世界一流大学迈进。

扎根中国大地，建设一流大学。2017 年 9 月 20 日，教育部、财政部、

国家发展改革委员会联合发布《关于公布世界一流大学和一流学科建设高校及建设学科名单的通知》，华东师范大学进入世界一流大学建设高校A类行列。

截至2022年12月，学校设有4个学部、32个学院（系），包括3个国家（全国）重点实验室在内的22个校管科研平台，另设有4个书院。现有博士学位授权一级学科33个，硕士学位授权一级学科37个，硕士学位授权二级学科3个，硕士专业学位类别25个，博士专业学位类别3个，博士后科研流动站26个。本科专业总数85个，涵盖文学、历史学、哲学、教育学、经济学、理学、工学、管理学、法学、艺术学、医学等11大学科门类。拥有教育学、生态学、统计学3个国家"双一流"建设学科，6个上海市高峰学科（I类：教育学、世界史，II类：地理学、统计学，IV类：岛屿大气与生态、智能教育），第五轮学科评估中40%参评学科获评A类学科。在历年评选中还曾获2个国家一级重点学科，5个国家二级重点学科、5个国家重点培育学科，12个上海市重点学科和17个上海市一流学科（A类4个，B类13个）。

学校现有教职工4341人，其中专任教师2380人。教授及其他高级

丽娃河上的丽虹桥

职称教师 2143 人，其中含中国科学院和中国工程院院士（含双聘院士）23 人，国家及上海市其他各类人才计划入选者 663 人。在校全日制本科生 15733 人；在校博士研究生 4247 人，硕士研究生 18282 人；在校留学生（学历生）1378 人。学校主要校区为普陀校区（地址为上海市中山北路 3663 号）和闵行校区（地址为上海市东川路 500 号），校园占地总面积约 207 公顷。

华东师大拥有 140 余年的办学史，70 余年的建校史。学校的变迁和发展历程，是中国现代高等教育发展的一个缩影，是中国高等教育面向现代化和拓展国际化的探索过程。

华东师范大学在办学实践中，秉承前身学校"自强不息""格致诚正"的精神和学思结合、中外汇通的传统，追求"智慧的创获，品性的陶熔，民族和社会的发展"的大学理想，恪守"求实创造，为人师表"的校训规范，致力于建设世界知名的高水平大学。

立德树人，攀高行远。作为中华人民共和国成立后组建的第一所社会主义师范大学，学校全面深入贯彻党的教育方针和各项决策部署，落实立德树人根本任务，为党育人、为国育才，按照学校第十三次党代会精神、"十四五"发展规划和新一轮"双一流"建设方案确定的建设目标路径，围绕"育人、文明、发展"责任使命，持续加强全面从严治党，统筹实施教育教学创新引领、学科科研优化提升、国家战略精准对接三大工程，通过"卓越学术"支撑"卓越育人"，实现更高质量的卓越发展、创新发展、引领发展、特色发展，致力于建设成为引领育人创新的、中国特色世界一流的综合性研究型大学，为"建教育强国"和"以教育强国"的光荣事业做出持续性贡献，为中华民族伟大复兴和人类文明进步做出历史性贡献！

普陀区历史沿革与区情

一、地理概况

　　普陀区地处上海市中心城区西北部，东与静安区交界，南与长宁区、静安区毗邻，西与嘉定区接壤，北与宝山区相连，下辖8个街道、2个镇。区域面积55.53平方千米，其中水域面积1.65平方千米。区域东西最大距离12.5千米，南北最大距离8.3千米。苏州河横穿境内，两岸岸线全长21.54千米。普陀区是上海西部的陆上交通要道。京沪线沪宁段、沪昆线沪杭段两条铁路线会合于区境内，境内设有上海西站，高速公路、内环、中环、外环及多条地铁线贯穿境内。

普陀境内苏州河全貌

二、扩区历程

普陀区建区历史不长，区境曾经分属于昆山、华亭、上海、嘉定、宝山等县。清光绪二十五年（1899 年），吴淞江以南境域大部分被划入公共租界后，开始了城市化进程，逐步成为市区的一部分。

民国十六年（1927 年），上海特别市成立后，境域内公共租界外的其他地区分属真如、彭浦、闸北、蒲淞、法华等区。抗日战争胜利后，国民党上海市政府于民国三十四年（1945 年）12 月 25 日，在原汪伪政权第十三区警区范围内，建立第十三行政区，设置区公所。民国三十六年（1947 年）1 月，改称普陀区，以境内的普陀路得名。当时区境东、西、北均以苏州河为界，南以安远路、长寿路为界，面积仅 2.65 平方公里，吴淞江以北大部分地区还是农村风貌。

1949 年 5 月上海解放后，于 1950 年 6 月建立普陀区人民政府。其后，经过 6 次较大规模的扩区，从周边区县划入真如镇、桃浦乡、长征乡等地域，最终形成如今 55.53 平方公里的政区格局。

三、中国民族工业的发源地之一

清末、民国时期，普陀区是上海重要的工业区之一。清光绪十五年（1889 年），民族工商业者在吴淞江南岸（今西苏州路）创办全区第一家半机械化的大有榨油厂。随着公共租界的扩展，道路的辟筑，水、电、煤气管线的敷设，民族实业家先后在此建立榨油、面粉、纺织等多种行业工厂，其中有远东规模最大、设备最好的机器面粉厂阜丰面粉厂、1949 年以前中国最大的棉纺织厂申新纺织九厂、中国第一家电扇制造厂华生电扇厂、生产国内第一台整套棉纺机的大隆机器厂等著名工厂。与此同时，外商（主要是日商）也在此开设工厂，以纺织厂为多。

抗日战争时期，上海沦陷，工业一度萎缩。抗战胜利后，略有恢复和发展。1949 年，全区棉纺织工业生产能力占全市 40%，面粉业生产能力占全市 80%，榨油业生产能力占全市 82%。上海解放前夕，恶性通货

近代苏州河上繁忙的景象 　　　　　　　　　大隆机器厂

膨胀，物价暴涨，市场萎缩，工商业极不景气，许多工厂濒临停产困境。

四、中国工人运动的策源地之一

　　工业的发展使苏州河两岸成为工人聚集地，成为马克思主义与中国工人运动最早结合地之一。五四反帝爱国运动爆发后，1919 年 6 月 5 日，境内小沙渡地区日商内外棉株式会社所属三、四、五厂的五六千工人，率先举行反帝罢工，并迅速扩大到全市，成为中国工人阶级开始觉醒走上政治舞台的标志。

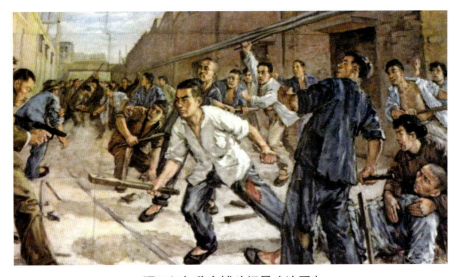

顾正红与敌人搏斗场景（油画）

1920 年秋，上海共产主义小组成立。李启汉受组织委派到小沙渡地区锦绣里创办工人半日学校，开展工人运动。邓中夏在《中国职工运动简史》一书中称，上海小沙渡和北京长辛店是中国共产党开展职工运动的起点。1924 年 9 月，区境小沙渡路（今西康路）槟榔路（今安远路）口建立了沪西工人阶级的早期组织——沪西工友俱乐部。此后，全区工人阶级在中国共产党的直接领导下，与帝国主义和封建军阀开展了坚忍不拔的斗争。

1925 年 5 月，共产党员顾正红在与日本资本家的斗争中被杀害，成为伟大的"五卅"反帝爱国运动的导火索。北伐战争期间，区内工人先后 3 次参加上海工人武装起义，大夏大学学生陈骏、陈亮在声援活动中献出了生命。1932 年，淞沪抗战爆发，十九路军设抗日临时指挥部，于真如范庄奋起抗战。小沙渡地区工人在刘少奇领导下举行反日大罢工，发展民众反日会会员，组织慰劳队、运输队、救护队、宣传队支援十九路军抗日。当时，沪西地区有"赤色沪西"之称。

五、老工业区的转型蝶变

解放后，普陀区境内的官僚资本企业和私营企业被接管、改造。其后，经过不断地调整产业结构和新建工厂，普陀区在原有的纺织、食品为主的工业基础之上，又发展了化工、制药、机械、铸造、电子、橡胶、制笔等工业门类。此外，还建设了北新泾工业区、桃浦工业区两个新兴

潘阿耀团队试制无缝钢管

上海灯泡厂试制成功第一根国产钨丝

工业区。普陀区拥有上棉一厂等多家大型棉纺织厂、上海造币厂、上海印钞厂、英雄金笔厂、大隆机器厂、天厨味精厂、上海面粉厂、振华造漆厂等名企大厂，成为上海著名的综合性工业区，为上海乃至全国的经济发展做出突出贡献。区内涌现出许多全国闻名的工业发明，如永鑫无缝钢管厂工人潘阿耀在1958年试制出我国第一根无缝钢管；上海染料化工八厂的技术人员同年合成出我国第一支活性染料——活性红光黄；上海灯泡厂于1953年研制成功第一根国产钨丝，1981年进一步试制成功氧化铈含量为4%的钨铈材料，1987年获国家发明奖一等奖。区内工厂生产的一批名特优产品，如华生牌电扇、英雄金笔、佛手牌味精、钻石牌手表、红灯牌收录机等，享誉大江南北，远销海外。

改革开放以来，普陀区历届区委、区政府的发展规划在延续中调整，在原有工业和商贸发展基础上，不断探索普陀区在国家和上海发展大战略背景下的产业升级与功能转型，逐步形成"写好五线谱，谱好两部曲，携手零距离，共画同心圆"的奋斗目标，即努力实现经济发展高质量、城区形象高颜值、人民生活高品质、城区治理高效能、干部人才高素质；加快建设"创新发展活力区、美好生活品质区"；与区域内高校、

俯瞰苏州河

位于苏州河畔的上海科技金融产业集聚区

科研院所、企事业单位、"两新"组织（新经济组织、新社会组织）等各类主体加强联动、携手发展；同全区人民一道共同打造共建共治共享的"同心家园"。普陀区以"一带一心一城"为发展重点地区，"一带"即苏河水岸经济发展带，"一心"即真如城市副中心，"一城"即桃浦智创城；以创新为发展基点，全力打响"中华武数"科创品牌，加快建设上海科技创新中心特色承载区，"中"即中以（上海）创新园，"华"即上海清华国际创新中心，"武"即武宁创新共同体，"数"即市级数字化转型示范区海纳小镇。普陀全区上下正朝着这些建设目标，大力发扬"人靠谱

真如城市副中心

位于桃浦智创城的智创 TOP 产城综合体

（普），事办妥（陀）"的精神，将其融入干事创业的全过程各方面，共同推动普陀高质量发展。

六、深厚的文化底蕴

普陀区历史文化遗存丰富，有玉佛禅寺、真如寺、沪西清真寺等宗教场所；也有 800 余年历史的韩塔、曾获 2006 年度"全国十大考古新发现"的上海元代水闸遗址等文物古迹；还有顾正红纪念馆、沪西工人半

沪西工人半日学校史料陈列馆

上海市少年儿童图书馆

日学校史料陈列馆等红色场馆，苏州河工业文明展示馆、上海纺织博物馆等工业专题展馆，以及上海少年儿童图书馆、M50创意园等文化场所。普陀区的苏州河岸线是上海各区最长的，南北岸加起来有21公里，正好是半程马拉松的长度。普陀区正围绕精心描绘"半马苏河"工笔画的目标，统筹推进环境优化、功能提升、文旅融合，提升苏州河滨水公共空间的品质品味，展现世界级滨水区的风范。

近代史上，普陀区域内曾有大夏大学、暨南大学、东南医学院等高

大夏大学旧址（今华东师范大学普陀校区）

刘翔在 2006 年洛桑国际田径大奖赛男子 110 米栏比赛中打破世界纪录

等院校。至 1949 年，区境内仅存大夏大学 1 所高校。1951 年，华东师范大学在大夏大学原址上成立，之后在普陀区设立了华东师大二附中、华东师大附小、华东师大附属外国语实验学校等学校，并与普陀区政府协作打造华东师大科技园。目前，除了华东师范大学普陀校区以外，普陀区境内还有同济大学沪西校区（原上海铁道学院）、上海工程技术大学新村路校区（原上海工程技术大学纺织学院）等高等院校。

　　普陀区素来是体育强区，有"田径之乡""足球之乡""围棋之乡"的美誉。普陀区培养输送过多名在国际赛事上获奖的运动员，例如获得 2004 年雅典奥运会 110 米栏金牌的刘翔。自 2001 年开始举办的苏州河龙舟赛、2016 年开始举办的上马十公里精英赛等已成为普陀区具有标志性的群众运动。

第二编　校区交往纪事

　　1924年，华东师范大学前身大夏大学在今普陀区境内成立。由此，校、区之间结下了不解之缘。

　　本部分以大事记的方式，概述近百年来双方在教育协作、科技服务、经济发展、人才培养、社会服务和文化交流等方面的合作和交流。

华东师大与普陀区交往大事记

1924 年

9 月 20 日　大夏大学在槟榔路（今普陀区安远路）潘家花园举行开学典礼。学校设文、理、商、教、预五科，教授 30 余人，学生 229 人。

1925 年

6 月 4 日　大夏大学学生积极参加"五卅"反帝运动，工部局勒令大夏大学 24 小时内迁出英租界。

9 月　大夏大学胶州路 301 号新校舍大楼落成使用。

1930 年

9 月　大夏大学中山路（今中山北路）新校舍落成。

1931 年

3 月　民族实业家荣宗敬捐赠学校西面丽娃栗妲河给大夏大学，校区总面积达 300 余亩。

1932 年

1 月 28 日 "一·二八"淞沪战争爆发，大夏大学中山路校舍沦为战区，大、中两部迁回胶州路校舍。

1937 年

8 月 "八一三"战事爆发。大夏大学遭敌机三度轰炸，大夏大学与复旦大学组成联合大学西迁。

1946 年

4 月 大夏大学沪校一、二年级率先回搬中山路原址上课。

10 月 播迁 9 载的大夏大学重新回到了上海，黔、沪两部顺利合并。

1947 年

1 月 上海市政府指令第十三区现名普陀区，区界东、西、北三面俱沿苏州河，南界安远路、长寿路区域，面积 2.65 平方公里。

1949 年

5 月 27 日 上海解放。

6 月 3 日 普陀区接管委员会成立。

6 月 12 日 中共上海市委撤销中共沪西区委，建立中共江宁、普陀区委。

1950 年

6 月 28 日 上海市普陀区人民政府正式成立。

1951 年

10 月 16 日　华东师范大学成立。学校位于普陀区中山北路 3663 号，以大夏大学（1924 年）和光华大学（1925 年）为基础，同时调进复旦大学、同济大学和浙江大学等高校的部分系科，在大夏大学原址上创办。次年，圣约翰大学理学院、教育系、中文系（部分）等并入。

12 月 13 日　华东师大派人出席上海市人民法院西区法庭，索回丽娃河产权，禁止校外人员在校河内划船、捕鱼。经法庭判决，丽娃丽姐河归属华东师大，禁止外人在河内出租游船和捕鱼。

1952 年

9 月 12 日　华东师大附属小学开学。学校位于普陀区中山北路 3669 号。此前校行政会议决定，设立华东师大附属小学和附属幼儿园，使其成为学校的教育实验基地，以便教育系学生理论联系实际，开展教育科学研究，并解决本校教职工子女的就学问题。10 月 7 日，附属幼儿园开学，位于华东师大校内。

9 月 19 日　华东师大启动征用土地、扩大校基工作。在真如区（今普陀区境内）政府协助下，共扩大土地 511 亩；另外又买进大夏新村房屋 12 幢，地基 9.42 亩。全校校基共 820 亩，其中校河 91 亩。

1954 年

1 月 15 日　普陀区选举人民代表。华东师大孙陶林、李锐夫、冯契、顾翔（学生）当选为人民代表。

1958 年

1 月 16 日　华东师大第二附属中学筹备委员会成立，并召开筹委会会议。会上，筹委会主任刘佛年、副主任朱有瓛及各委员共同研究了筹建二附中的各项工作。准备暑假成立二附中和工农预科，并开始招生。校址位于普陀区金沙江路 155 号。

8 月 13 日　华东师大校务委员会讨论决定，抽调教育、数学、物理、化学等系四年级学生，协助普陀区和嘉定县办学，并充作教育实习。上午，召开 4 个系的四年级同学和指导教师大会，副校长刘佛年作动员报告，普陀区教育局长吕继英代表全区表示欢迎。数学、物理、化学 3 个系自 15 日起在普陀区教育局领导下与普陀区 107 个工厂挂钩联系，协助筹办 28 个大专、42 个中专、10 个专业学校，其中碾米厂、大隆机器厂等学校于 21 日、23 日先后开学。

9 月 7 日　华东师大 600 多名学生参加普陀区的示威游行，反对美国侵占我国领土台湾、干涉我国内政，拥护周恩来关于台湾海峡局势的声明。12 日，又举行全校师生抗议集会，抗议美国侵犯我领海领空和国民党炮击厦门大学。

1960 年

3 月 25 日　华东师大传达市委关于大张旗鼓开展卫生运动的号召。普陀区区长傅振军到会讲话。会上，宣布成立新的爱国卫生委员会，陈准堤任主任委员，并对下一阶段的卫生工作作了部署。会后，校领导和广大师生一起进行卫生大扫除。

1963 年

6 月 1 日　华东师大举行普陀区第五届人民代表选举大会。全校分若干会场进行投票，选举结果，叶栗如、萧承慎、谭稚成、张惠英（学生）、唐文惠（家属）当选为区五届人大代表，陶云风当选为人民陪审员。

1964 年

1 月 5 日　上海市各界人民举行支援巴拿马人民反对美国侵略巴拿

马运河区镇压巴人民爱国运动大会。会后举行游行。华东师大部分师生参加大会和游行。16 日，党委书记常溪萍带领华东师大师生 1700 余人，参加普陀区各界人民支援巴拿马人民反美爱国斗争的游行。

11 月 30 日　华东师大师生员工 2000 多人，连续 3 次参加普陀区组织的支持刚果（利）人民反对美国、比利时武装侵略的集会和示威游行。

1968 年

5 月 7 日　华东师大与普陀区联合举办工农外语红师班，培养中学工人外语讲师。参加者有 9 人，平均年龄 30 多岁。集中学习 9 个月，以后边教边学。

1975 年

1 月 25 日　华东师大党委组织调查组到嘉定县马陆公社、上海县颛桥公社和普陀区，调查农业机械化、科学种田、中小学教育和业余教育等情况。在调查研究的基础上，提出学校必须面向农村、为"农业学大寨"服务的"教育革命"意见。

3 月 5 日　华东师大历史系二年级工农兵学员，分别到普陀区清洁管理所推粪车、倒马桶，到南京路和外滩等处扫马路。

1980 年

6 月 5 日　华东师大分别集中在各选区会场，选举普陀区人大代表。经投票选举，刘宗海、徐中玉、何戎、宋国栋、曹刘伟、毛仲磐当选。

9 月 19 日　华东师大党委召开全校师生员工大会，由全国人大代表刘佛年校长、李锐夫副校长传达全国人大五届三次会议精神。普陀区人民代表徐中玉教授介绍区人代会情况。党委组织师生学习五届人大三次会议文件。

1982 年

1 月 20 日   上海市爱国卫生委员会和普陀区分别授予华东师大"上海市爱国卫生先进集体"和"普陀区群众绿化先进单位"光荣称号。

1983 年

3 月 26 日   上海市普陀区第七届人民代表大会举行第四次会议,选举上海市第八届人大代表。华东师大施平、陈吉余、高维彝、周彭年、张瑞琨、堵南山当选。

1984 年

4 月 30 日   华东师大二附中新校舍破土动工。校址位于枣阳路 896 号,占地 70 亩,有教学楼、实验楼、图书馆、行政楼、大礼堂、体育馆、学生食堂、学生和教工宿舍等。全部建筑于是年上半年竣工。

1985 年

3 月 1 日   华东师大二附中师生积极开展"五讲四美三热爱"争创文明学校活动,被普陀区评为文明单位。

1986 年

4 月 30 日   华东师大开展房屋普查工作。按照国家规定的普查项目和范围,华东师大自去年 7 月至今,对所有房屋和住户进行逐幢逐户的实地丈量和登记、填表上报。经普陀区房屋普查办公室验收,质量合格,并被评为区房屋普查先进集体。至 1985 年年底,华东师大有土地 897.58 亩,房屋建筑总面积 272400 平方米,其中一、二村居民生活用房 89657 平方米,成套住宅 1365 套,居住 1660 户。

1987 年

4 月 10 日　华东师大全校师生员工分 4 个选区投票选举普陀区第九届人大代表。出席选民 14073 人，参选率为 96%，有效票率为 97%。万春轩、冉忆桥、申南竹、张鸿雁、吴佩瑾当选为普陀区第九届人大代表。

5 月 4 日　长风青年文化艺术节暨华东师大"华夏之光"校园文化艺术节开幕。文化艺术节的主题是"继承、创造、提高"，即继承"五四"的光荣革命传统，创造有利于社会主义建设和青年人健康成才的条件，提高青年人的政治、思想、文化素质。

1988 年

1 月 28 日　华东师大人口所承担的《上海市普陀区合理人口规模研究》课题在普陀区科技馆通过鉴定。课题研究指出，到 2000 年该区合理人口规模宜控制在 60—70 万以内。

11 月 25 日　上海市委副书记吴邦国来华东师大，就华东师大的办学情况、师生的思想情况以及生活情况，与师生代表进行了广泛对话。对话在校办公楼小礼堂举行。在持续了 4 个小时的对话中，近 40 位师生代表谈了自己对改革的看法，对工作与生活的感受。上海市高教局、人事局、公安局、财政局的负责人以及普陀区区长何金刚，华东师大校长袁运开、党委副书记吴铎和校有关职能部门负责人参加了对话。

1990 年

7 月 5 日　普陀区教育局和华东师大在区教育学院联合召开"中朱学区教育系列研究成果"发布评议会。（注：中朱学区辖普陀中山北路、朱家湾、石泉新村等街道各小学）

1994 年

1 月 21 日　华东师范大学与普陀区教育局合办的全日制实验性初级

中学云岭实验中学挂牌，校址位于枣阳路461号。该校原名云岭中学，系区教育局公办的初级中学。

1996 年

3月26日　华东师大党委书记陆炳炎、校长张瑞琨、副书记兼副校长张止静等校党政领导，欢送学校9名优秀青年干部去普陀区进行为期一年的挂职锻炼。为普陀区选送优秀干部挂职锻炼工作的顺利开展，标志着华东师大与普陀区合作，共同培养跨世纪的复合型人才有了良好的开端。

3月29日　华东师大与普陀区举行《合作协议书》签字仪式。华东师大与普陀区决定进行全方位的合作。合作计划包括四个方面的内容：共同办好基础教育和发展社区教育、开展人才交流、开展科技开发与房地产开发、加强精神文明建设。

8月30日　经上海市教育委员会批准，华东师大与普陀区联建的华夏学院开始筹办。1996年暑假进行试招生。民办华夏学院是属民办公助性质、实行国家文凭考试试点的办学点，是多种办学形式的一种尝试。学院以培养外向型、应用型的商贸、涉外文秘专业人才为着眼点，其应用性、职业性较强，以满足社会急需人才为培养目标，设置了商务管理与涉外文秘两个专业。

2001 年

4月18日　华东师大与普陀区合作创办的"华东师大科技园区"在普陀区会议厅正式举行联建签约仪式。华东师大校长王建磐和普陀区区长胡延照任科技园管委会主任。科技园基地设在金沙江路1006号。园区以区、校为依托，发挥地方政府的协调、服务作用和高校的人才、科研优势，逐步建设一个以信息技术、纳米技术、教育软件和生物医药为主的高新技术密集区。

2002 年

9 月 26 日　华东师大与普陀区教育局共同协商华东师大附小协作办学事宜。

2003 年

是年　普陀区教育局与华东师大联合举办中学理科双语教师研究生课程班，学制 1 年（包括到美国研修 2 个月），有学员 27 人。

是年　普陀区发挥"小手拉大手"品牌优势，持之以恒地开展青少年社区文明行动和"爱心工程杯"老干部同青少年结对共建社区精神文明活动，积极开展社区团组织与华东师大院系签约结对活动，整合各方资源参与社区建设。

2004 年

8 月 18 日　华东师大现代物流研究所成立。研究所由华东师大和普陀区联合组建。华东师大党委书记张济顺、校长王建磐和普陀区委书记周国雄、区长胡秉忠等十余位区校领导出席签约揭牌仪式。

8 月 27 日　雅典奥运会男子 110 米栏决赛上，由普陀区培养输送的、华东师大 2001 级本科生刘翔以 12 秒 91 的成绩打破了奥运会纪录，并平了由英国选手科林·杰克逊创造的世界纪录，夺得了金牌，成为中国田径项目上的第一个男子奥运冠军。

是年　普陀区科技委员会加强专委会委员之间的合作，成立华东师大研究生社会实践基地。

2005 年

3 月 10 日　国家教育部科学技术司副司长武贵龙、上海市教委科技处处长王兴放等与华东师大校长王建磐、普陀区负责人等进行沟通交流,并听取华东师大和普陀区发改委、信息委关于以天地软件园为龙头的电子信息产业基地建设规划汇报。一致认为:区域电子信息产业发展势头强劲,华东师大科研优势明显,区校合作战略选择有益于双方发展。华东师大在区政府支持下,建成国家级大学科技园的前景喜人。会后,武贵龙、王兴放等实地考察华东师大光谱学波谱学实验室国家重点项目——核磁共振研究成果、华东师大纳米中心上海市重点项目——纳米半导体照明研究成果。

4月20日 大夏大学旧址(文史楼)入选普陀区第一批"不可移动文物"。

5月27日 普陀区人大常委、政协副主席沈原梓等近30名普陀区人大代表赴闵行校区调研。华东师大区人大代表、党委副书记杜公卓,副校长罗国振陪同参观校园。

6月8日 华东师大全体离休干部纪念抗日战争(暨世界反法西斯战争)胜利六十周年歌咏会在校工会大厅举行。校党委副书记杜公卓,市科教党委老干部处、普陀区委老干部局领导到会。老同志们通过歌唱、舞蹈、朗诵等多种形式,再次重温了峥嵘岁月。

6月30日 华东师大与普陀区合作共建"华东师大附属长风中学"签约揭牌仪式举行。华东师大附属长风中学是在原新源中学、云岭实验中学的基础上,由华东师大与普陀区合作,重组共建的一所公办初级中学。双方一致认为,本着"相互支持、优势互补、互惠互利、共同发展"的原则,经过三至五年的努力,把华东师大附属长风中学建设成为一所上海市有特色、有水平、有影响的一流实验学校。

7月11日 华东师大与普陀区民营科技企业共建研究生社会实践基地的授牌仪式举行。

9月28日 华东师大和普陀区在新逸夫楼召开"华东师大科技园创建国家大学科技园推进会"。

11月 华东师范大学科技园区通过国家教育部和国家科技部专家联合评审,发文正式认定华东师范大学科技园为国家级科技园。经过4年建设,华东师大科技园在配套设施、运行机制、服务体系、人才集聚、孵化机制、产业集群等方面均取得优异成绩,形成产业园、孵化园、创意园并行发展新态势，为提升区域产业结构和繁荣区域经济，发展高新技术产业做出应有贡献。

11 月 2 日 华东师大揭牌成立"经常性社会捐助接收点"和慈善爱心屋。慈善爱心屋自筹备和建立以来，在慈善物资的募集、帮困工作的开展等方面得到普陀区的大力支持和关心指导。

12 月 12 日 普陀区委书记周国雄一行 10 人来校参观"上海慈善物资管理中心华东师大工作站和经常性社会捐助接收点"，并向慈善工作站捐赠了 51 条棉被。校党委书记张济顺代表学校接受捐助，并介绍学校帮困助学形势和慈善工作站建立以来的运行情况，对普陀区委的捐赠表示感谢。

是年 普陀区教育局以"干部教师专业化发展工程"为载体，启动"名校长培养工程"和"名师培养工程"，加强干部和教师队伍建设。继续与华东师大合作，以"教育管理专业研究生课程班"形式对校长及后备人员进行培训。

2006 年

3 月 15 日 云南省民政厅副厅长段丽元在普陀区人大副主任曹玉茂等有关领导陪同下参观华东师大慈善爱心屋。

3 月 30 日 普陀区委书记周国雄，区委副书记、区长胡秉忠率区委办、区府办、区发改委、区科委、区信息委、区教育局负责人到华东师大调研座谈。

4 月 10 日 普陀区与华东师大签订"动漫长风"战略合作协议及协办第二届中国国际动漫游戏博览会合约。该合作协议推动动漫游戏产业振兴和发展、扩大国家动漫产业振兴基地影响、加快长风生态商务区现代服务业功能形成和产业集聚，使长风成为动漫游戏产业创意制作中心、娱乐体验中心和展示营销中心，共同打造"动漫长风"。双方承诺在筹建动漫博物馆、吸引国内外动漫游戏企业、承办动漫大型活动等方面展开合作。

5 月 25 日 "文明在我脚下"交通安全宣传活动暨"文明行路，从校门口做起"倡议仪式在华东师大举行，普陀区精神文明办发出文明行路倡议，华东师大团委和长风新村办事处宣读响应书，华东师大学生300余人参加活动，决心响应市区号召。

7月12日　华东师大学生刘翔在国际田联超级大奖赛洛桑站男子110米栏的决赛中，以12秒88的成绩打破了沉睡13年之久的男子110米世界纪录，并夺得金牌。

9月　由普陀区与华东师大共同申报的"上海LED半导体照明研发应用中心"得到上海市经信委批复。该中心是实现产学研联盟和区校合作的重要载体和国家大学科技园发展的有效支撑，将围绕节约型城市创建和绿色世博的目标，加快半导体照明技术的研发和成果的产业化应用推广，聚焦普陀，成为服务于上海、长三角地区乃至全国的、开放的LED公共服务平台。

12月29日　全市首家科学商店——大学生科普志愿者服务社华东师大科学商店石泉社区分店举行揭牌仪式。华东师大科学商店石泉分店是上海市科学商店三家社区分店之一，将把华东师大的知识资源和大学生人才资源引人社区，以"服务、交流、创新、和谐"为目标，致力于推动同社区的交流，帮助社区提高居民科学素质。

2007年

1月11日　普陀区与华东师大的"区校合作会议"在逸夫楼举行，双方共商区校合作事宜。

4月19日　华东师大教育管理学系普陀区新杨实验学校揭牌仪式暨"尊重的教育"研讨会在新杨中学召开。教育部中学校长培训中心主任陈玉琨认为：新杨中学"尊重的教育"是对教育规律的尊重，是对教师的尊重，是对学生的尊重，是对家长的尊重，是对人民的尊重。

4月28日　华东师大国家大学科技园揭牌暨核心功能区奠基仪式在华东师大科技园区内举行。这标志着普陀区人民政府与华东师大"区校联手"创建科技园进入一个新的发展阶段。副市长杨定华出席揭牌仪式，并代表市政府表示祝贺。

5月21日 由华东师大和政协上海市普陀区委员会联合主办的"苏州河水岸文化发展论坛"在普陀区举行。上海市政协副主席谢丽娟出席论坛并致贺辞。华东师大党委书记张济顺代表主办方致辞。普陀区委副书记顾顺祥等与社会各界人士100余人出席论坛。华东师大终身教授、校长俞立中，华东师大教授汤建中，普陀区副区长高德彪，区政协副主席梁立群，分别在论坛上作专题发言。各界来宾、专家、学者为充分挖掘苏州河天然资源和人文底蕴，推进区域内苏州河两岸整体开发建设实质性启动，为提升普陀对外城市形象、促进经济社会协调发展，积极建言献策。

6月14日 上海市政府副秘书长姚明宝、普陀区副区长景莹一行考察华东师大特奥场馆的建设和准备情况。华东师大校长俞立中、副校长庄辉明等陪同参观。

8月21日 民政部办公厅新闻办公室主任李全茂等在普陀区民政局局长曹道云的陪同下参观华东师大慈善爱心屋。

12月21日 在普陀区台办牵线下，台资企业——上海新飞虹实业有限公司和华东师大举行"新飞虹助学金"协议签订仪式。新飞虹公司连续三年向华东师大提供资助金，每年资助华东师大品学兼优、家庭困难、生活节俭的本科生20人。

2008年

1月11日 华东师大校领导张济顺、俞立中、杜公卓、罗国振、林在勇在闵行校区会见普陀区人大常委会主任、党组书记叶维华，政协主席林爱娟等，双方就教育、科技和社会发展等领域进一步加强合作进行交流。

2月6日 普陀区委书记周国雄、副区长符祖鸣及普陀区民政局的有关领导来到华东师大，向寒假留校困难学生捐赠棉被。

3月4日 华东师大"新基础教育"基地校项目推进会在普陀区恒德小学举行。华东师大新基础课题组叶澜教授等专家与会。自2007年3月起，区教育局启动了与华东师大新基础教育实验项目的合作，恒德小学、曹村六小、真光小学继洄阳路小学之后成为该项目基地校。新基础实验项目旨在提升学校内涵建设，在关注学生全面主动发展、教师专业化水平的提升等方面做出有益的探索，促进基础教育优质均衡发展。

6月12日　华东师大与普陀区"区校合作　共建创新人才培养平台"合作框架签约仪式在中山北路校区举行。

11月5日　华东师大第四附属中学揭牌仪式举行。校区负责人共同为"华东师大第四附属中学"揭牌。

2009 年

5月7日　普陀区委副书记、代区长孙荣乾，区委常委、副区长裴崎，副区长高德彪等来华东师大中山北路校区进行调研。

6月13日　华东师大中山北路校区大礼堂以及办公楼东楼、西楼被确定为普陀区登记不可移动文物并授牌保护。

12月　华东师大、华大科技园、长风开业园区联合召开2009年长风地区侨务工作"三区"联动务虚会。会议致力于探讨建立长风地区侨务"三区"联动工作联席会议制度，在华东师大留学归国人员联谊会和长风社区新阶层人士联谊会之间搭建交流之桥，挖掘社区新侨和为侨服务资源，打造区域经济服务平台、创业就业服务平台、社区公共服务平台，从而实现华东师大（校区）、华东师大国家大学科技园（园区）、长风新村街道（社区）三方资源共享、信息互通、工作互动，推动校区、园区和社区的三区联动，拓展侨务工作领域，提升为侨服务水平，促进地区社会和经济的和谐发展。

2010 年

2月25日　普陀区委书记周国雄，区委副书记、区长孙荣乾等一行来华东师大进行工作交流。校党委书记张济顺等参加会见。

12月9日　中共普陀区委常委、区委组织部部长钱城乡一行来华东师大交流区校合作及人才工作。

是年　民盟普陀区委以树立和践行社会主义核心价值体系主题活动

为全年工作的主线和抓手，参与"积极争做志愿者，服务世博添光彩"主题活动，与民盟华东师大委员会合作完成《博客在普陀区民盟基层组织建设中的实践与探索》统战理论研究论文。

2011 年

2 月 16 日 普陀区委副书记、区长孙荣乾一行六人来华东师大交流，校领导俞立中、罗国振、林在勇、朱民、庄辉明、范军、任友群、陆靖、陈群、朱自强出席交流会。

5 月 25 日 致公党普陀区委召开第四次代表大会，选举产生第四届区委班子。华东师大直属支部于 6 月 29 日召开全体党员会议进行换届选举，支部升格为华东师大委员会。

7 月 3 日 华东师大 MPA 兼职导师聘任仪式暨公共管理专业人才培养研讨会在校举行。普陀区委书记周国雄、上海市委政策研究室副主任李琪等 22 位党政领导受聘为华东师大 MPA 兼职导师。校长俞立中、校党委副书记罗国振、副校长任友群等出席活动。

9 月 11 日 华东师大党委书记童世骏、校长俞立中、副书记罗国振、副校长任友群分别带队前往普陀区长风街道白玉敬老院等送去自制的印有华东师大校徽标志的中秋月饼。

9 月 21 日 普陀区委书记张国洪，区委副书记、区长孙荣乾一行来华东师大访问交流。校领导童世骏、俞立中、罗国振、林在勇会见普陀区领导一行。

同日 华东师大召开普陀区第十五届人大代表换届选举工作动员大会。

10 月 19 日 华东师大校长俞立中赴上海市启星学校和曹杨二中看望参加教育实习的师范生和教育硕士，并与普陀区教育局领导举行会谈。

11 月 16 日 根据普陀区关于区人大代表换届选举工作安排，华东师大进行了区人大代表换届投票选举。根据选举结果并经普陀区选举委员会确认，普陀区第一选区林在勇、罗国振、徐斌艳，普陀区第二选区吴鹏、钱旻，普陀区第三选区王秀秀、张弛当选普陀区第十五届人大代表。另外华东师大达良俊、戴立益两位教师作为协商产生的区人大正式代表候选人分别在长风街道选区、真如镇选区当选普陀区第十五届人大代表。

2012 年

4月　民盟普陀区委与民盟华东师大委员会联合召开盟务工作研讨会。会议形成《民盟普陀区委、民盟华东师大委员会建立区校联动机制的意见》，共同完成《统战服务社会管理创新的基本任务与有效载体研究》一文并获区统战理论研究三等奖。

6月21日　华东师大第四附属中学新校区奠基典礼在长风生态商务区11号地块举行。华东师大副校长陆靖、普陀区人大副主任张雄伟、普陀区副区长景莹等出席奠基典礼。

8月17日　华东师大、普陀区、思科系统国际有限公司、上海华师京城高新技术股份有限公司签署合作备忘录，携手打造科技和产业合作平台，共同推动教育云的研发及"智能＋互联城市"发展。

9月28日　第九届老运会"长风杯"手杖健身操比赛在华东师大体育馆举行，市体育局副局长李伟听，普陀区委常委、宣传部部长单少军等领导出席。此次比赛由市老年人体育协会主办，普陀区体育局、长风新村街道办事处承办。来自全市15个区县的36支队伍参加。

10月25日　华东师大党委副书记、区人大代表罗国振会见来访的普陀区人大常委会主任许伟国一行。学校普陀区人大代表戴立益、吴鹏、钱旻、王秀秀出席座谈会，并就深入社区调研、履行代表职责等情况进行汇报，同时就学校周边道路改造、社会治安管理、市政配套建设等问题提出意见和建议。

11月21日　华东师大保卫处邀请普陀区消防支队为校义务消防员和各院系安全员进行消防安全业务培训。校党委副书记兼副校长林在勇出席并讲话。

12月7日　华东师大老干部工作办公室联合普陀区老干部局在校举办"普陀区域联合体老干部歌颂十八大诗词吟诵会"。来自华东师大和普陀区各系统 30 余位离退休老同志出席。吟诵会共收到 19 位老同志的 27 首诗作。

12 月 24 日 普陀区政协主席钱城乡一行到华东师大,与学校部分普陀区政协委员交流座谈。校党委副书记罗国振会见钱城乡一行。

同日 普陀区向华东师大困难学生赠送三百床御寒棉被。区政协主席钱城乡、校党委副书记兼副校长林在勇出席捐赠活动。

2013 年

1 月 4 日 华东师大党委副书记兼副校长任友群、普陀区副区长景莹赴华东师大第四附属中学,调研四附中新校区的建设与未来发展。

1 月 9 日—1 月 21 日 华东师大 29 位区政协委员分别参加普陀区、闵行区、长宁区政协会议。在政协普陀区十三届二次会议上,杨来科委员代表区民建、徐连明委员代表区民盟、杨明明委员代表区民进、张文明委员代表区致公党所作的现场发言,引起热烈反响。

1 月 12 日 在"阳光慈善,幸福公益——2013'蓝天下的至爱'慈善晚会"上,华东师大慈善义工队"小白菜"普陀社区志愿服务当选"上海市慈善基金会首届十佳慈善公益项目"。

是年 普陀区甘泉路街道社区以提升居民生活幸福感作为全新课题,与华东师大共建课题组,开展甘泉社区居民幸福感调查研究,形成《普陀区甘泉路街道社区居民幸福感调查报告》和《普陀区甘泉路街道"幸福社区"指标测评体系研究》,初步设定"幸福社区"主观测评指标 6 大类 30 项和"幸福社区"客观测评指标 6 大类 42 项,推进文明社区、文明小区、文明单位、文明楼组创建。成功创建市级文明小区 16 个、区级文明小区 9 个,连续第九次成功创建上海市文明社区。

2014 年

5 月 9 日 华东师大附属外国语实验学校举行揭牌仪式。"华外实验"的前身是"普雄学校",合作共建"华外实验"是普陀区优化"环华东师大"教育资源圈、提升区域教育品质的重要举措。学校将充分依托华东师大的教育资源特别是在外语教学方面的优势，在办学体制、教育教学模式、课程体系、中外合作交流等方面进行实验性的探索与合作，突出外语特色，创建教育品牌。该校系重点建设的公办九年一贯制学校。学校有瞿家廊路、白玉路和顺义路三个校区。

7月30日 华东师大校长陈群一行前往普陀区，与普陀区委副书记、区长程向民，区委常委、副区长裴崎等就大学科技园核心功能区建设等相关事宜进行深入交流与探讨。

9月2日 华东师大党委常务副书记曹文泽会见来校调研征兵工作的普陀区政法委书记邵荀、副区长李忠兴一行。

是年 长风教育生态共同体由12家教育主体单位、8家资源支撑单位共同组成。通过联合社区中、小、幼、社区单位，依托华东师范大学、长风新村街道，搭建教师资源，设备设施，课程资源共建、共享、共赢平台，努力实现"双圈融合"（环华东师大优质教育生态圈与长风社区生产生活圈相互融合）、"三群覆盖"（教育单位、全体学生、社区居民三类人群全覆盖）的立体教育生态体，推动社区教育全面、多元、可持续发展，实现区域教育与精神文明的整体提升。

2015 年

6月10日 普陀区委书记施小琳一行来华东师大调研。校党委书记童世骏、校长陈群、副校长郭为禄陪同调研并出席座谈会。双方就助力上海建设科技创新中心等进行会谈。

8月25日 为纪念伟大的中国人民抗日战争暨世界反法西斯战争胜利70周年，宣传沪西地区人民的抗战事迹，普陀区档案局主办、华东师大档案馆协办的大型巡回展览"勿忘·前行——纪念中国人民抗日战争胜利70周年暨沪西抗战史料展"在普陀图书馆展出。此次展览分为抗战图片展、抗战实物展、抗战原始影像展等三大部分。9月28日至10月18日在华东师大巡展。

8月30日 华东师大发展咨询委员会2015年度全体会议在校举行。

校党委书记童世骏出席并讲话，校长陈群作专题报告。普陀区委书记施小琳等15名发展咨询委员会委员分别发表讲话。

9月14日 "全国教育硕士联合培养示范基地""德国洪堡大学教育硕士海外实践基地""德国洪堡大学——华东师大教育硕士联合培养基地"揭牌暨德国洪堡大学教育硕士、华东师大2014级教育硕士曹杨二中实践基地教育实习启动仪式举行。华东师大党委副书记兼副校长任友群、普陀区教育局局长范以纲出席讲话并共同为基地揭牌。曹杨二中实习指导教师、3名洪堡大学教育硕士和19名华东师大全日制教育硕士等与会。

10月8日 普陀区委副书记、区长程向民一行来华东师大科技园作专题调研。校长陈群出席并讲话。副校长孙真荣、汪荣明等出席。校有关部门、院系及中电集团32所负责人与会。

10月20日 华东师大与普陀区深化合作交流座谈会在校举行。双方就华东师大学科优化调整、科技园建设、打造环华东师大优质基础教育圈以及下一阶段具体合作事项等进行会谈。普陀区委书记施小琳、区委副书记、区长程向民一行还参观了精密光谱科学与技术国家重点实验室、河口海岸学国家重点实验室。

10月21日 "道杰资本大夏杯"华东师大第十三届大学生创业大赛暨普陀区"创—style"青年创业服务计划启动仪式举行。副校长郭为禄，普陀区委常委、副区长范少军出席并致辞。有关企业单位负责人等与会。

12月18日 华东师大与普陀区深化战略合作协议签约暨网络空间安全研究院揭牌仪式举行。校党委书记童世骏、普陀区委书记施小琳出席讲话并共同为研究院揭牌。童世骏和区委副书记、区长程向民签署区校深化战略合作协议。副校长汪荣明和副区长钱雨晴分别介绍本次签约背景及网络空间安全研究院的筹备情况。

12月29日 "纪念恩格斯逝世120周年暨吴亮平翻译《反杜林论》85周年学术研讨会"在华东师大举行。校党委书记童世骏、普陀区委副书记罗勇伟、中共中央对外联络部研究室局级参赞唐海军等出席并讲话。

是年 普陀社区完成各街道镇老年学校标准化建设，与华东师大合作，联合浦东新区、杨浦区实施《社区学校校长、教师专业化能力提升培养计划》，对社区学校校长和教师进行专题培训，举行三区联动社区学校校长论坛、开展中层干部培训等，提升社区教育教师专业化水平。

2016 年

2 月 23 日 华东师大与普陀区合作交流座谈会在校举行。

4 月 28 日 在上海并购金融集聚区第四期要素对接推进会上，华东师大与普陀区联合成立上海并购金融研究院。

7 月 31 日 普陀区长征镇与华东师大社区发展合作共建暨长征镇青年社工学院成立大会召开。大会启动"长征镇居民区百事汇在线学习平台"，成立"长征镇橙色自治联盟"，启用社区"小迈"暖心服务包，充实全镇社区工作者的学习交流和资源共享平台，探索街道镇共建自治、居企联建自治的社区治理新模式。

9 月 13 日 华东师大与普陀区校合作工作座谈会在校举行。会议就学校中山北路校区周边环境建设事宜进行专题交流。校党委书记童世骏，普陀区委书记施小琳，区委副书记、区长周敏浩，区委常委、副区长韩金华出席并讲话。校长陈群主持会议并讲话。副校长孙真荣汇报"环华东师大区域规划"大致设想。施小琳一行在校领导陪同下，实地考察中山北路校区周边区域的建设发展现状。

9 月 27 日 上海市委副书记、市长杨雄来普陀区调研，考察了位于华东师大科技园内的上海纽迈电子科技有限公司和上海思来氏信息咨询有限公司。校党委书记童世骏，普陀区委书记施小琳、区长周敏浩等陪同调研。

11 月 14 日 上海市教育委员会、普陀区政府与华东师大联合主办的"合作开放共享"社区教育发展三十年专题研讨会在华东师大举行。来自北京、江苏、内蒙古等 15 个省市社区教育代表，上海市各区教育局、社区学院、社区学校的一线工作者与会。

11 月 16 日 普陀区人大常委会党组书记罗勇伟一行来到华东师大，就人大代表投票选举准备工作情况进行调研。副校长、选举工作组组长梅兵出席座谈会并讲话。座谈会前，校党委书记童世骏会见了罗勇伟一行。

同日　华东师大区人大代表换届投票选举工作在校举行。经普陀区选举委员会确认，杨蓉、吴原元、吴健、吴鹏、金明珠、梅兵、薛寅申当选普陀区第十六届人大代表。

2017 年

7 月 12 日　国家新闻出版广电总局出版融合发展（华东师大社）重点实验室揭牌仪式在校举行。国家新闻出版广电总局规划发展司副司长李建臣，上海市新闻出版局副局长陈丽，华东师大副校长汪荣明，上海市普陀区科委主任李文波等出席仪式并为出版融合发展（华东师大社）重点实验室揭牌。

9 月 18 日　华大科技园"教授工作室"揭牌仪式暨创新创业培育及孵化研讨会在科技园举行。区科委副主任邱允生、华东师大教授蓝发钦、杨勇、许鑫，副教授程贵孙，科技园管理有限公司总经理向盛斌、副总经理张帆等出席"教授工作室"揭牌仪式及研讨会。科技园与华东师大经济与管理学部专业学位教育中心建立战略合作关系，共建创业实践基地。

10 月 29 日　2017 斐讯上海国际 10 公里精英赛在普陀区发枪，6000余名参赛者从苏州河水上游览码头出发，最后抵达华东师大中山北路校区体育场。副校长孙真荣观看了比赛，并为获奖选手颁奖。

11 月 23 日　普陀区政协、民政局一行向华东师大慈善爱心屋捐赠了 300 套崭新的羊毛被及被套。校党委副书记方平参加捐赠活动并致辞，学生资助管理中心副主任周赛君及受资助学生代表参加了慰问交流座谈会和捐赠活动。

2018 年

3 月 29 日　在普陀区检察院 301 会议室举行 2018 年"中学生共产主义学校"开班仪式，招收优秀学员 102 名。团区委与华东师大团委就党员教育培养、人才资源共享、学生志愿者工作、创新创业服务等方面签订合作共建协议。

3月　老年大学志愿者一行50余人赴普陀区社会福利院开展"心系老人 情暖新春"的慰问演出活动。敬老院对华东师大老年大学志愿者的到来表示热烈欢迎并对这一善举表示感谢。

4月9日　华东师大与普陀区合作交流座谈会在华东师大举行，双方就区校合作进行交流。

6月26日　普陀区人大代表正式候选人王韬洋与普陀区第119选区的近40余名选民见面。选民代表们就关心的问题如学校"教育＋、生态＋、健康＋、国际＋、智能＋"五大行动计划、校园文化建设推广及联动发展、高校青年教师发展现状等方面进行了提问，王韬洋逐一作了解答。

8月22—23日　华东师大党委副书记、纪委书记杨昌利带队分赴上海市普陀区、闵行区慰问参加暑期挂职锻炼的学生并召开座谈交流会。

9月7日　华东师大副校长汪荣明，计算机科学与软件工程学院院长何积丰院士会见来访的普陀区委书记曹立强一行。会议就工业互联网方面的相关工作展开了深入的交流和热烈的讨论。

11月7日　普陀区政协、民政局一行来到华东师大，向华东师大慈善爱心屋捐赠300套崭新的羊毛被及被套。校党委副书记杨昌利、学生资助管理中心副主任周赛君和受助学生代表等参加捐赠活动。

2019 年

3月27日　华东师大附小教育集团成立仪式举行。华东师大副校长戴立益、普陀区副区长王珏等出席。华东师大附小教育集团由华东师大附小、金沙江路小学、曹杨新村第六小学组成，华东师大附小校长严玮懿担任集团校总校长。

4月12日　普陀区在宁夏路创业汇园区举办主题为"长风之舟，YOUNG 帆启航"春季招聘会。通过联系辖区商务楼宇、长风生态商务区、华东师大科技园，吸引34家用工单位参与，现场提供近80个工种、逾400个岗位，为求职者提供诸多可供选择的就业机会。华东师大组织就业保障工作人员、各居委劳动干部、各高校就业中心做好前期宣传发动工作。

10月22日　华东师大与普陀区委、区政府"不忘初心、牢记使命"主题教育联组学习暨区校全面战略合作签约仪式在长风国际大厦举行。联组学习会前，双方签订新一轮区校战略合作框架协议。

2020 年

1月2日　普陀区副区长杨元飞、普陀区人民武装部部长刘云宏等一行来华东师大调研大学生征兵工作。校党委副书记杨昌利出席调研会并讲话。

2月21日　市委常委、市纪委书记、市监委主任廖国勋带领市教卫工作党委书记沈炜，市教卫工作党委副书记、市教委主任陆靖，普陀区委书记曹立强等一行来到华东师大中山北路校区，调研指导疫情防控工作。学校疫情防控领导小组成员、疫情防控工作专班成员等陪同检查。

3月18日　"立德树人　思政领航——普陀区教育系统贯彻落实习近平思政教师座谈会讲话精神一周年'云上思政'推进会"以视频会议形式举行。华东师大党委常务副书记王宏舟，区委副书记顾军，副区长王珏"在线"与会。会上举行了普陀区学生社会实践（志愿服务）基地揭牌仪式、"华东师大马克思主义学院和普陀区教育局大中小学思政课一体化建设研究基地学校"云授牌仪式。

4月10日　华东师大和普陀区正式签约，合作举办华东师大二附中普陀校区。普陀区委书记曹立强，区委副书记、区长姜冬冬，区委副书记顾军，副区长王珏，区二级巡视员范以纲，和华东师大党委书记梅兵，校长钱旭红，副校长、华东师大教育集团主任戴立益及华东师大二附中校长李志聪，党委书记、副校长袁军等出席签约仪式。

5月28日　由华东师大科技园主办、华东师大科技园商会承办，长风新村街道、长风生态商务区共同参与的科技金融沙龙——银企对接专场活动在华东师大科技园举行。邀请华东师大经济与管理学部教授、博士生导师许鑫做"新冠疫情下直播经济的发展与挑战"讲座。

6月18日　华东师大党委副书记杨昌利一行来到普陀区武装部训练基地，看望华东师大返沪参加征兵体检的学生。普陀区委常委、人民武装部政委斯纪钢出席。

8月31日　华东师大二附中普陀校区、宝山校区成立、开办仪式暨2020年第一学期开学典礼举行。校长钱旭红，副校长戴立益及普陀区委书记曹立强，区委副书记、区长姜冬冬，区委副书记顾军，副区长王珏出席二附中普陀校区开办典礼，副校长戴立益，宝山区人民政府副区长陈筱洁出席宝山校区开办典礼。

10月16日　华东师大枣阳路460号师大校门重新启用。校党委书记梅兵、校长钱旭红、普陀区委副书记顾军、上海科技金融产业集聚区管委办主任吴超，和师生代表一起共同启动校门，校党委常务副书记王宏舟主持启用仪式。

2021 年

1月8日　华东师大区政协委员2021年行前交流沙龙在中山北路校区逸夫楼431会议室召开。华东师大18位担任普陀、闵行等区政协委员的教师参加了此次沙龙。

1月21日　华东师大2020年度征兵工作表彰暨2021年征兵工作动员部署会在中山北路校区举行。普陀区人民武装部副部长缪海波，校党委副书记、校征兵工作领导小组组长杨昌利等参加会议。

3月16日　校党委副书记、校征兵工作领导小组组长杨昌利等前往普陀区民兵训练基地看望2021年春季华东师大入伍同学并进行座谈。华东师大8名男生和1名女生响应国家号召投笔从戎。

3月27日—28日　华东师大约18000名学生及教职员工分校区、按时段在两校区体育馆接种了新冠疫苗，分别由闵行区、普陀区医护人员组成的临时接种组"上门接种"。钱旭红校长和同学们一起接种。

4月28日　华东师大与普陀区就进一步深化区校融合发展举行合作协议签约仪式。华东师大党委书记梅兵、校长钱旭红，普陀区委书记曹立强等区校领导出席仪式。区校双方将进一步加快资源共享协同发展，着力推进环华东师大校区和周边地区建设，充分发挥华东师大教育优势资源的溢出效应，聚力打造环华东师大智能教育科创聚集带。普陀区委常委、副区长张玉鑫，华东师大党委常委、副校长孙真荣代表双方签约。

6月23日 "长三角金融科技学术论坛暨第二届长三角金融科技创新与应用全球大赛启动仪式"在华东师大举办。会上，华东师大长三角金融科技研究院举行了隆重的揭牌仪式。先后举行华东师大与国泰君安校企合作协议签约仪式，华东师大长三角金融科技研究院与普陀区金融服务办公室合作协议签约仪式，华东师大长三角金融科技研究院与中诚信征信公司合作协议签约仪式。华东师大校长钱旭红、中国银监会原主席刘明康等嘉宾先后致辞。

7月8日 由教育部、上海市人民政府指导，世界人工智能大会组委会办公室主办，华东师大承办的"AI赋能教育数字化转型主论坛"开幕。该论坛是世界人工智能大会的重要组成部分——2021世界人工智能大会教育主题论坛的主论坛。主论坛上，华东师大与普陀区共同推进打造"上海智能教育科技产业园"，与微软亚洲研究院、联想研究院分别签署战略合作协议，共同推进智能教育研究。上海市人民政府副秘书长黄永平、华东师大党委书记梅兵、普陀区委书记曹立强、上海市经信委副主任阮力等共同为产业园揭牌。华东师大副校长孙真荣与微软亚洲研究院副院长田江森、联想集团副总裁黄莹分别代表双方签约。

9月24日 普陀区人大常委会副主任、选举委员会副主任姚军一行来校调研指导选举工作。

10月17日 华东师大举行教育发展大楼奠基仪式。华东师大校党委书记梅兵宣布华东师大教育发展大楼正式开工建设，与会嘉宾和师生代表共同推动拉杆，并为项目奠基培土。校党委书记梅兵、校长钱旭红，普陀区委书记姜冬冬及区委副书记、代区长肖文高，中国建筑第八工程局有限公司党委副书记、总经理章维成及华东分局党委书记王立峰，长风集团总经理陈芦，长风新村街道以及长风一村居委会、华东师大各主要职能部门的负责人、教师和学生代表，教育发展大楼的各参建单位代表出席了奠基仪式。教育发展大楼总建筑面积为60759平方米。

10月21日 国家科技部、教育部发布国家大学科技园绩效评价结果，华东师大科技园获评良。

10 月 27 日 华东师大与普陀区举行党委理论学习中心组联组学习会暨"华普人才基金项目"合作签约仪式举行。普陀区委书记姜冬冬，区委副书记、代区长肖文高，区委副书记周艳，区委常委、副区长姜爱锋，区委常委、宣传部部长刘东昌，区委常委、武装部部长刘云宏，区委常委、区纪委书记高路；华东师大党委书记梅兵，校长、党委副书记钱旭红，党委副书记朱民、曹友谊，党委常委、副校长孙真荣、周傲英、雷启立、顾红亮出席会议。双方签订"华普人才基金项目"合作协议。

10 月 普陀区与华东师大共同设立"华普人才基金"项目，深化区校合作发展。华普人才基金初始规模 1000 万元，首批推出"百巢引才""百创聚才""百智助才""百岗育才""百卡安才"等"五个百"项目，旨在充分发挥基金的牵引带动作用，就高层次人才引进、培养科技人才和产学研一体化等领域展开深化合作，推动人才工作高质量发展。12 月，以华普人才基金为牵引，区校双方共同推进党建、量子金融、智能教育、软件大数据、心理健康、国际化等领域交流合作。

11 月 8 日 华东师大普陀区人大代表正式候选人产生。根据上级给华东师大下达的区人大代表名额及结构要求，通过华东师大普陀区第 138、139、140 三个选区广大选民"三上三下"10 人以上联名推荐、酝酿、协商，华东师大共产生普陀区第十七届人民代表大会代表正式候选人 10 名，分别是普陀区第 138 选区的肖思汉、吴原元、雷启立（以姓氏笔画为序，下同），第 139 选区的孙丽、陈珉、武愕、嵇渭萍，第 140 选区的龙万成、李婕、吴书冉。

11 月 10 日 华东师大普陀区、闵行区人大代表正式候选人与选民见面会在普陀校区工会多功能厅举行。正式代表候选人以及选民代表等近 100 余人参与会议，见面会由华东师大选举办公室主任、工会常务副主席王平主持。

11 月 16 日 在学校党委和华东师大选举工作组的领导下，华东师大 3.2 万多名师生选民所在的 964 个选民小组在 71 个投票站投票，通过差额选举共选出华东师大普陀区第十七届人大代表 7 名。在全校上下的共同努力下，华东师大普陀区第 138 选区选民参选率达 98.77%、第 139

选区参选率达 99.43%、第 140 选区参选率达 98.89%，华东师大的师生选民参选率再创新高。后面经普陀区人大选举委员会确认，华东师大吴原元、雷启立（以姓氏笔画排序，下同）被普陀区第 138 选区，陈珉、武愕、嵇渭萍被普陀区第 139 选区，李婕、吴书冉被普陀区第 140 选区选举为普陀区第十七届人民代表大会代表。

11 月 23 日　华东师大党委书记梅兵会见普陀区长风新村街道党工委书记、人大工委主任顾晓鹏一行。双方围绕区域化党建联动、校区街道公共空间治理、师大新村公有住房整治等工作进行交流。

12 月 28 日　华东师大区政协委员 2022 年行前交流沙龙在普陀校区办公楼小礼堂召开。华东师大即将担任普陀、闵行等新一届区政协委员的 16 位教师参加了此次沙龙，沙龙由统战部部长王庆华主持。区政协委员换届，华东师大 22 位老师当选新一届普陀区等区政协委员。

2022 年

1 月 23 日　由华东师大上海国际首席技术官学院与中以（上海）创新园携手共建的"数字产业 CTO 高管教育与数字创新示范基地"揭牌。上海市委组织部副部长曹远峰出席，以色列驻上海总领事爱德华、普陀区委书记姜冬冬致辞，普陀区委副书记、区长肖文高，华东师大党委书记梅兵，临港集团党委书记、董事长袁国华，复星国际联席董事长汪群斌，常州市副市长陈志良，常州市科委副主任陆敏，临港集团党委委员、副总裁刘伟，以色列驻上海副总领事莫馨等出席活动。华东师大党委书记梅兵、普陀区委书记姜冬冬共同为"数字产业 CTO 高管教育与数字创新示范基地"揭牌。

3 月 22 日　普陀区委常委、组织部部长李红珍，普陀区政协党组副书记、副主席欧阳萍一行代表普陀区向华东师大捐赠一批防疫物资，并向师生表达关心和慰问。

7 月 17 日　九三学社上海市第十三次代表大会在上海展览中心举行，大会选举产生了九三学社上海市第十八届委员会和出席九三学社第十二次全国代表大会代表。九三学社华东师大委员会主委、华东师大计算机科学与技术学院副院长贺樑当选常务委员。普陀区政协副主席、九三学社普陀区委主委、华东师大教育学部副主任兼国家教育宏观政策研究院执行院长柯政当选委员。

9月2日 "2022世界人工智能大会教育论坛"普陀会场于环球港凯悦酒店开幕。本次会议由智能学习、智能测评和教育元宇宙三大模块组成，既有提纲挈领的宏观视野，也有步履实地的创新应用产品演示。各位专家学者立足数字化、管理、伦理、5G、元宇宙等领域，描绘展示了智能教育的系统应用与未来前景。华东师大党委书记梅兵和普陀区委书记姜冬冬在开幕式上致辞。

10月20日 普陀区委常委、副区长姚汝林，区发改委、区统计局、区文旅局有关领导，赴华东师大出版社开展"防疫情、稳经济、保安全"走访、调研，实地调研出版社疫情防控和复工复产、经济发展情况。华东师大党委常委、副校长顾红亮，校出版社董事长、社长王焰，总编辑阮光页，及出版社领导班子全体成员参加调研。

2023年

2月13日 上海"大思政课"建设整体试验区(华东师大—普陀区)，在上海市普陀区"靠谱"区域化党建年度峰会上正式启动("人靠谱〔普〕事办妥〔陀〕")。启动仪式上，华东师大党委书记梅兵，普陀区委书记姜冬冬，上海市委组织部部务委员、市社会工作党委副书记徐树杰共同摁下了上海"大思政课"建设整体试验区（华东师大—普陀区）的启动按钮。

2月 长风新村街道社会组织服务中心为华师大捐赠女性专属物资，线上线下用实际行动诠释着"奉献、友爱、互助、进步"的志愿服务精神。

3月22日 普陀区召开2023年"美好社区 先锋行动"项目对接会，普陀区委组织部副部长、区社会工作党委书记卢礼卿主持会议。市委组织部组织二处副处长郑耀彬，华东师范大学党校常务副校长兼党委组织部副部长韩春红出席。华东师范大学教育学部、经济与管理学部、城市与区域科学学院、社会发展学院的赋能团队专家代表，普陀区各街镇党（工）委副书记、社区党建办主任，项目所在居民区党组织书记参加会议。

4月　华东师范大学教育学部康复科学系与曹杨新村街道花溪园居民区开展调研交流，依托"华普智理师"项目，深化校社党建共建机制，统筹推进"美好社区 先锋行动"项目和"为老服务现代化示范社区"建设。

4月19日　桃浦镇召开"美好社区 先锋行动"樱花苑居民区与华师大赋能团队项目推进会，邀请华东师范大学城市与区域科学学院对项目推进情况进行调研，并开展座谈交流，着力破解老旧小区治理难题。

5月5日　华东师范大学第19期青年骨干理论培训班（青干班）学员代表和普陀区优秀青年代表在智创TOP开展座谈交流。华东师范大学党校常务副校长兼党委组织部副部长韩春红、普陀团区委书记李玮、华东师范大学党委组织部、党校相关同志、第19期青干班学员、院系团委书记代表、区委组织部人才工作科相关同志、区优秀青年科学家、优秀企业家代表50余人参加活动。

8月　万里街道联合街道妇联，秉持"党建引领＋服务凝聚"初心，引进华师大职成所，开展多代共学亲子教育，让"万有引力"延升至"万里比邻"，吸引更多更强的资源，释放更大更广更多的服务。

（汤　涛　符玲玲）

第三编　历史人物与普陀

　　位于普陀区的华东师大及其前身大夏大学云集和培养了一大批著名学者、红色翻译家、教育家、科学家和青年革命家。本编内容包括四部分：

　　（一）著名人物与普陀。主要是记述王伯群、马君武和欧元怀三位校长擘画大夏发展的艰辛历程，田汉教授创作《义勇军进行曲》的历史过程，以及马克思主义翻译家吴亮平、郭大力分别首度全文翻译《反杜林论》《资本论》的感人事迹。

　　（二）革命奋斗在普陀。主要记述大夏青年师生杜星垣、周扬、吴觉、巨赞法师、吴泽在普陀从事革命的光辉岁月。

　　（三）红色记忆。简述大夏大学党组织在普陀区的建立与发展，以及二十余位烈士献身革命和进步事业的壮烈故事。

　　（四）著名学者扎根普陀。主要记述长期生活在普陀区长风新村街道华东师大一村、二村和三村的徐中玉、钱谷融、陈涵奎、陈彪如、刘佛年、冯契、陈吉余等著名学者教育报国、情怀育人、服务地方社会的家国情怀。

著名人物与普陀

王伯群：在普陀建设大夏大学新校园

王伯群

　　王伯群是民主革命先驱、政治家和著名教育家。在国内连年军阀混战、民穷财尽状况之下，于今普陀区境内创成大夏大学，在中国教育史上也属罕见。

一、创办大夏：校址六迁道阻且长

　　1924年5月，福建厦门大学爆发学潮，任教于该校的欧元怀、王毓祥等教授，应330余名失学青年要求，决定北赴上海筹办新校。前贵州省长王伯群认为国家根本端赖教育，在学生代表何纵炎的引介下，与欧元怀等会晤，决定竭力赞助、慷慨捐资创办大夏大学。

　　彼时的王伯群是激情的革命者。早在1915年因参与组织护国运动，名播天下。后来追随孙中山先生参与护法运动和南北和议。那么，1924年的王为何捐资办大学？他办学的思想基础在哪里？这盖与他的家学渊源有关。王外祖父刘官礼在贵州兴义曾创办过21所学堂[1]，他母亲创办了

---

[1] 岑明英：《刘官礼与兴义教育》。涂月僧主编：《兴义刘、王、何三大家族》，中国文史出版社，1990年8月，第7页。

当地第一所女子学校，从小的耳濡目染，养成王对教育的情有独钟。自此，除参与政治活动之外，王后半生的事业，全力投入大夏大学的建设和发展。大夏创办之时，新生的大学雨后春笋般涌现。据统计，二十世纪二十年代，上海滩的大学多达 25 所[①]，竞争殊为激烈。在王伯群的执掌下，大夏拥有沪校、黔校，并短暂开设香港分校，同时开办上海大夏附中、贵阳附中、南宁附中和重庆附中，共培养了二万余学生，为国家和社会发展作出了极大的贡献，被誉为"东方哥伦比亚大学"。

王伯群既是大夏的创建者，也是大夏的坚定擘画者和精神引领者。自大夏创办至 1951 年与光华大学等合并组成华东师范大学，在 27 年的办学历程中，大夏校址历经小三迁和大三迁，共计六迁。如此播迁，既是不断挣扎和求生存的过程，也是不断壮大扩容之过程。

蜗居在弄堂。1924 年 7 月 7 日，大夏大学筹备处在上海贝禘鏖路（今成都南路）美仁里 24 号挂牌设立。所谓大夏大学临时筹备处，系设在上海弄堂内的一楼一底房屋的楼上，大门口还贴"请走后门"字条，因楼下系房东卧室，为方便起见，筹备处必须由后门出入。初拟名"大厦大学"，后定名"大夏大学"，以志校史系由厦大嬗变而来，并寓光大华夏之意，英文名为 The University of Great China[②]。

一迁宜昌路为临时校舍。大夏挂牌成立后，先租宜昌路 115 号，因该屋与宿舍距离太远，乃改租小沙渡路 201 号。办学条件为"低檐暗室，形同古庙。蠖屈于是者，阅两学期"[③]。

1925 年，大夏大学槟榔路（今安远路）潘家花园校舍

---

① 叶文心：《民国时期大学校园文化（1919—1937）》，中国人民大学出版社，2012 年 8 月，第 190 页。

② 大夏大学校名也翻译为"The Great China University"。

③ 王祉伟：《大夏大学校舍第一座奠基记》，《大夏周报》，第 78 期，1930 年 4 月 2 日。

1925 年建成的胶州路校舍

二迁胶州路办学。学校开张后，由于租房不敷使用，1925 年 5 月，大夏决定在胶州路建设新校舍，开始第二迁。新校舍为砖木结构方形三层大楼，第一层为礼堂、图书馆、实验室、办公室；第二层有教室 14 间，第三层为学生宿舍，有寝室 52 间，可容纳学生约 300 人。① 校舍旁有空地约 20 亩，学校租为操场。在新校舍附近，另建女生宿舍，并在劳勃生路（今长寿路）致和里，租民房十余幢为教职员宿舍。9 月新建校舍落成，当年注册学生 700 余人，教授 70 余人。②

三迁中山路校址，从此暂且稳定。大夏原先计划在胶州路校区办 10 年，但 4 年之后，学生已达 1200 余人，特别是理科实验室和图书阅览室过于狭小，"胶州路校舍，摩肩叠迹，深感不敷"。1929 年 3 月，王伯群自斥巨资，且多方劝募，向上海市房地局购定中山路新校地两百余亩，加上实业家荣宗敬捐赠的一条丽娃河，基地全部面积近 300 亩。首期建筑费初拟筹 30 万，后扩充为 40 万。"本校校长王伯群先生，5 年以来，对本校物质精神两方面，援助备至。近又募集巨款，购置新地址。该地址在梵王渡中山路旁圣约翰大学对面兆丰公园邻迩，该项契约，已经签

---

① 《私立大夏大学一览》，1926 年 1 月，第 4 页。
② 《私立大夏大学一览》，1926 年 1 月，第 5 页。

1931 年建成的大夏大学中山路校区鸟瞰图

订。"①王祉伟在《大夏大学校舍第一座奠基记》写道："校长王伯群先生，慨然以建筑新校舍为己任，惨淡经营，募集大宗基金，于上海苏州河北，中山路旁前后购地计百余亩。"②12 月，王伯群托苏生洋行董大猷、费力伯两工程师绘成图样，登报招标，投标者 20 余家，由先生核定。"新校建筑分为四期动工，分别建设教室、宿舍、科学馆和其他平房。③教室归辛峰记营造厂营造，克日动工。

1930 年 1 月，大夏师生参加在中山路举行的新校舍破土典礼。王伯群因交通部公务不能参加，特撰《新校址破土典礼训词》谓："本校自成立以来，校务蒸蒸日上""今幸新校舍之与筑，不久实现""校舍巍峨，美轮美奂直指固间事耳，快何如之！"④9 月，"大夏师生全部迁入，胶州路等处校舍则拨归附属大夏中学使用"⑤。

大夏社会学系 1930 届学生，后来为王伯群妻子的保志宁，对搬入新

① 《购置校址》，《大夏周刊》，五周纪念特刊，1929 年 6 月 1 日。

② 王祉伟：《大夏大学校舍第一座奠基记》，《大夏周报》，第 78 期，1930 年 4 月 2 日。

③ 《新校舍建筑近闻》，《大夏周报》，第 69 期，1929 年 12 月 11 日。

④ 王伯群：《新校址破土典礼训词》，《大夏周报》，第 73 期，1930 年 1 月 15 日。

⑤ 欧元怀：《大夏大学校史纪要》。中国人民政治协商会议上海市委员会、文史资料工作委员会编：《解放前上海的学校》，上海人民出版社，1988 年 7 月，第 153 页。

校区记忆犹新。她写道："十九年九月新校舍落成……那时我还有数月就要毕业，当然也随全体一同迁入。新校舍本部，设在群贤堂即教室，群力斋为男生宿舍，群英斋为女生宿舍。后来，又继续添建机械工程系、实验室、大礼堂、体育馆、疗养院，及中学部校舍。""新校舍规模宏大，风景美丽，遂使大夏大学一跃而为沪上巨校之一。"①

四迁庐山短暂办学。1937年8月13日"淞沪事变"爆发，抗战军兴。因强寇压境，国难严重，王伯群以教育为国家命脉所系，不欲因战事影响而中缀。他积极应对，寓救国于读书，赶赴南京与教育部商定，大夏辗转入赣，在庐山组建我国抗战时期的第一所联合大学——复旦大夏联合大学。联大第一部设于庐山，第二部设于贵阳，王伯群与复旦校长钱永铭共同出任联大校长，10月，第一部在庐山牯岭正式开学②。王伯群本计划在江西寻地筑校，与钱永铭联名致函江西省主席熊式辉，恳请准拨官产地皮千亩为永久校地。③但由于南京失陷，兵锋逼近，大夏仅仅在牯岭复课3个月，便接教育部令拟迁重庆。12月，第二部在贵阳正式开课。1938年夏，由于师生众多，校舍紧张，两校决定分开，复旦迁留重庆，大夏再迁贵阳。间关途中，王伯群阅知大夏中山路校舍已被炸毁不堪，为之痛伤久之，浩叹"十四年心血结晶与锦绣河山同归于尽"④。

五迁贵阳办学七年。大夏西迁贵阳，荆榛塞途。王伯群给贵州省长吴鼎昌和教育厅张志韩发电，恳请为大夏准备校址和解决讲武堂若干问题。大夏迁往贵阳，事先曾受不少师生反对，王伯群独有先见。"故校长王伯群先生料定战事非短时期可以结束，西南大后方将为抗战之砥柱，而贵阳与重庆交通尚便，且又为高等教育之处女地，需要大学之灌播。"⑤1937年12月4日，贵阳讲武堂军队迁出，联大教职员迁入办公，

① 汤涛编著：《人生事 总堪伤——海上名媛保志宁回忆录》，上海书店出版社，2018年1月。
② 程晓蘋等：《抗战时期复旦大学校史史料选编》，复旦大学出版社，2008年5月，第3页。
③ 汤涛主编：《王伯群与大夏大学》，上海人民出版社，2015年8月，第114页。
④ 上海《立报》1937年10月27日载："沪西中山路大夏大学遭敌机三度轰炸，已全部被毁。记者昨往巡视，校门口有弹坑四处，大草场中弹痕累累，大学部教室、高中部教室全部烧毁，平房数间幸存，学生宿舍、实验小学及大夏新村房屋也大部炸毁。"
⑤ 欧元怀：《大夏大学的西迁与复员》，载《中华教育界》，复刊第1卷第12期，1947年12月。

且开始着手修理房舍。

王伯群率领全校师生力克困难，群策群力，在极短时间内，建设新校园，举凡教室、图书馆、实验室、办公室无一不备。大夏学生周蜀云道："若非校长王伯群先生是革命元老，黔省巨绅，还无法借用到此一片地方。在当时的贵阳各机关中，除原有者不计外，凡中央或由省外前来的机构，要以大夏大学所占用的讲武堂最为宽敞、最具规模了。"① 大夏在假讲武堂上课后，王伯群即着手规划兴建校舍。1939年，他从黔省政府和当地商界大佬处筹到贵阳花溪公地2000余亩辟为新校区。如此大面积的校区，在抗战后方的大学中，可谓一枝独秀，王可谓厥功至伟。在贵阳期间，王伯群倡导大夏除培养人才外，还要在促进西南文化发展、资源开发方面做出贡献，积极推行抗战教育。他提出，大夏当"协助政府以开发西南之资源""促进西南之文化"。② "我大夏大学之抗战建国工作，自当遵从抗战建国纲领……然我大夏大学之在西南，为贵州最高学府，所负使命，既重且大。"③ 王伯群与黔省主席筹划在花溪成立"农村改进区"，由大夏大学和当地政府联合开展建设实验，努力于各项生产建设，实现"抗战救国"。

六迁赤水。王伯群领导下的大夏在贵阳度过了相对稳定、清贫却丰富的7年，直至1944年12月，日寇兵犯黔南，大夏六迁赤水。早在11月初，王伯群预感到日寇对贵阳的威胁，决定迁往赤水。欧元怀忆述："十一月下旬，敌人窥黔南，贵阳震动，先生仍作远大之决定，将大夏大学三迁于黔川边境之赤水，赤水有水道通重庆，可沿大江东下，三次迁校是兼为复员时之准备的。"④ 独山失守，患病中的王伯群内心有些惊乱，保志宁真切回忆这个情景："伯群先生既虑乡邦之沦陷，又恐毕生经营之大夏大学，付诸劫灰，即准备开始轮散全校教职员与学生，及图书仪器等送往赤水，然后方顾及家内一切。先生先请人送其二妹文潇全家回兴

① 周蜀云：《我在大夏大学的教书生活》，载《学府纪闻·私立大夏大学》（内刊），第52—53页。

② 王伯群：《弁言》，《大夏周报》，第14卷第7期，1938年4月1日。

③ 王伯群：《卷首弁言》，《大夏周报》，第15卷第1期，1938年9月11日。

④ 汤涛主编：《欧元怀校长与大夏大学》，上海人民出版社，2017年9月，第172页。

义县，再为吾等及文华先生遗族觅车赴渝。当时先生病，因张孝骞医生尚未得检查结果，遂仍请王聘贤中医诊治。"①

王伯群先后四次致电教育部长朱家骅，请求拨付疏散费："贵阳逼近战区，本校拟全部迁往黔北仁怀县，以策安全，恳请拨给疏建费国币九百万元。"11 月 25 日，主持召开校务会议，议决组织成立疏散委员会，亲任主任委员，疏散地址定黔北赤水县。11 月 27 日、28 日、30 日，12 月 4 日，连续主持召开大夏疏散委员会第一至五次委员会议，谈论师生疏散办法和疏散经费筹措。与此同时，亲笔致函赤水县长何干群协助代觅校舍，致函湘桂黔边区总司令部恳请惠赐护照以便车辆通行，致函国民党中央后勤部部长俞飞鹏恳请拨给疏散车辆。11 月 29 日，先生派遣教务长王裕凯前往赤水县接洽校址校舍问题。次日，学校图书、仪器及重要文卷装箱出发。12 月 1 日，王伯群函请贵州省民政厅派警护卫，确保大夏大学师生疏散安全。"眼见 20 年惨淡经营之大夏大学，又将遭到浩劫，毁于炮火。这时王伯群身患胃病，忧心如焚。他与欧元怀等筹商护救措施……由欧元怀副校长辞去教育厅长职，统率大夏大学搬迁。由贵州省政府将曾任教育厅主任秘书的都匀县长周世万调任赤水县长，协助大夏大学的再迁。"② 大夏大学分别取道重庆和鸭溪，长途跋涉历时 3 个月，师生和图书仪器全部安全抵达赤水。1945 年春，在赤水各界人士的热心支持下，大夏以文昌宫为校本部，同时借省立赤水中学、私立博文中学、县立赤水女中等部分校舍正式复课。直到 1946 年 10 月，播迁九载的大夏才重新回到了上海中山路校区。

二、组织董事会：筹资、政府公关、提高声誉

民国时期的私立高等学校借鉴美国的经验，设立董事会制度。从 1912 年中华民国建立后，政府就颁布了很多专门规范私立大学发展的法

---

① 汤涛编著：《人生事　总堪伤——海上名媛保志宁回忆录》，上海书店出版社，2018 年 1 月，第 147 页。

② 王守文：《抗战时期的大夏大学》。中国人民政治协商会议、西南地区文史资料协作会议编：《抗战时期内迁西南的高等院校》，贵州民族出版社，1988 年 8 月，第 153 页。

律法规，如《私立学校章程》规定"私立学校的代表是校董事会"。在财务方面，校董事会"有经费之筹划、决算之审核、财务之保管与监察的责任"。由于彼时中国私立大学发展不成熟，董事会制度并没有严格依规执行，但对步履蹒跚的近代大学来说，董事会在筹措资金、维护诸方关系、提升声誉等方面，发挥过不小的作用。

大夏初创设，首先要过董事会这一关。按照教育部之规定，私立大学的设立，须经教育部立案，并以校董会为代表，负学校管理之全责。同时要求校董会必须具备资产、资金或其他收入来源，呈请教育部核实，方得批准立案。校董会立案之后，才能申请批准设立，一年后方可呈请开办。

1924 年 7 月，王伯群利用其强大的政商朋友圈，发起组织大夏校董会。校董有叶楚伧、邵力子、张君劢、马君武等 12 人。10 月，王伯群主持召开校董会成立大会，被公推为董事长。为获得银行贷款的便利，又添请了一批银行家、实业家和媒体负责人，如张嘉璈（中国银行行长）、钱永铭（四行储蓄会主任、交通银行董事长）、胡孟嘉（交通银行总经

1930 年 9 月建成的大夏大学群贤堂

理）、陈光甫（上海商业储蓄银行总经理）、王一亭（信诚银行董事长）、徐新六（浙江银行总经理）、徐寄庼（浙江银行董事长）、王志莘（新华银行总经理）、虞洽卿（上海总商会会长）、荣宗敬（实业家）、杜月笙（上海闻人）、吴蕴斋（实业家）、黄溯初（实业家）、赵晋卿（上海总商会执委会主席委员）、张竹平（《时事新报》等四报总经理）等加入校董会。

为保证大夏稳步发展，他又聘请一些地位高、资格老的党政军高级官员担任校董，借以壮大声势，如王正廷（外交部长）、黄绍竑（内政部长）等。这些校董为大夏在筹资、申请政府办学经费和处理危机等方面起了至关作用。尽管个别有徒挂空名之嫌，但凭借他们的煊赫地位及在军政两界的影响力，为大夏解决了扩展校区的困难并免除了很多不必要的麻烦。譬如，1925 年大夏兴建胶州路 301 号校舍，曾向浙江银行借银二万两，就是由校董徐新六担保偿还。[①]1929 年 6 月，王伯群借上海银行公会主持召开校董会，吴蕴斋、胡孟嘉、徐新六、马君武、赵晋卿、杨杏佛、王一亭等与会。王报告大夏中北路校区建筑规划，首期需款 40 万元，该款由校董会、校长等分担筹集，暑期内将新教室先行兴工建筑。[②] 1930 年 3 月，在王伯群筹谋协调下，向邮政储金汇业局、四行储蓄会、以及新华、金城、通汇、上海商业储蓄等银行联合借贷 30 余万元，由各银行组织银团，王志莘校董任银团主席，由校董杜月笙和张竹平担保偿还。1936 年，王伯群决定发行大夏建设债券，遂动员孙科、吴铁城、杜月笙、王志莘等校董联名代表董事会，相互担保。如向交通银行借的，由中国银行张嘉璈校董担保；向中国银行的借款，则由交通银行胡孟嘉校董担保。

王伯群性行强毅端谨，革命多年，最讨厌低下求人。但为了大夏的生存，有时不得不身段玲珑。为邀请孙科担任校董，他曾数度登门。有一次，王伯群"归过哥伦比亚路（今番禺路）22 号，访孙科。先请孙（6月）23 日毕业典礼来大夏大学讲演，嗣详对日外交华北问题，再言政治

① 欧元怀：《大夏大学校史纪要》。吴汉民主编：《20 世纪上海文史资料文库第 8 辑教育科技》，上海书店出版社，1999 年 9 月，第 82 页。
② 《各校行毕业礼·大夏大学》，《申报》，1929 年 6 月 25 日，第 11 版。

有澄清必要，党务亟宜改善，中山先生创业不易，承继而发扬光大，责在孙科，若孙科能负责，老同志均愿助之，若照此不求改良，则党亡矣。孙科似为感动"①。23日，孙科兴致勃勃地参加大夏毕业典礼并做演讲，孙以自立奋斗、牺牲忍耐诸端反复阐明。1942年，大夏经费困难，经校董会议决，决定呈请国民政府援照复旦大学例改为国立大夏大学。为达此目标，王伯群召开校务会议，决定放弃董事长位置，推孙科为董事长，以壮声威。尽管后来国立未成功，但为大夏申请到教育部不少专项经费，大大缓解了办学压力。

被誉为蒋介石"第一谋士"的杨永泰，学贯中西，才华横溢。他曾追随孙中山，担任过广东财政厅长、广东省长、北洋政府议员等职，后成为蒋介石的幕僚。1933年底，王伯群抱病从上海乘船远赴南昌行营，请杨担任校董，服务教育。

许世英，曾任中华民国国务总理，南京国民政府成立后，任赈务委员会委员长。为得到赈务委员会资助，王伯群无数次登门拜访。1943年10月，他致函请求周济大夏重庆附中，函曰："敝校附中，战区学生处境窘迫而校中经费维艰，未能一一以济。向蒙贵会赐助，群情感奋，目下物价益觉飞涨，其困苦之状更倍于昔，故特电达贵会，伏乞仁怀广济，甘露宏施，则莘莘学子戴大德于无涯矣。"大夏贵阳附中为得到许校董的资助，曾专设"世英"堂，以示感激。

对于校董的支持，王伯群在一次校董会上诚恳表示："鄙人对于大夏大学毫无功绩可言，此后既承董事会委以校长职权，当黾勉从事，与董事诸公暨欧副校长、全体教职员、同学共同努力。"②

三、捐资筹款：鞭笞一催过险关

私人创办大学非一件简单之事，财力人力物力都要颇费周章。王伯群超强的经营管理和筹资理财才能，为大夏渡过了一个又一个难关。在大学治理中，王本着教育家与人为善、以德为本的精神，一方面自掏腰

---

① 1935年6月8日《王伯群日记》手稿。
② 《大夏大学校长就职补志》，《申报》，1928年5月2日，第11版。

62

包，捐资办学；一方面向教育部争取资助，向军政首长、各方财阀和地方闻人劝善捐资，用他们的财力办利国利民之事业。

王伯群捐赠两千银圆，为大夏开张和招生起到决定性作用。"在学校经费毫无凭借的时候，这笔钱起了雪里送炭的作用。制定第一批校具的定金，登报招生的广告费，临时筹备处的租金等，都依靠这笔钱开支。"王伯群对学校不惜花费巨资，唯有自奉极为节俭。1930 年，经王多方劝募并自捐巨资，大夏在上海中山路建成固定校舍（今华东师范大学普陀校区）和一批教室、宿舍、相关实验室、图书馆、大礼堂。到 1932 年底，学校募捐总额为 38.0881 万元，其中王伯群个人捐款 24.3707 万元，经他募捐得款 5 万元；占地 66.9 亩的丽娃河是他从"面粉大王"荣宗敬手中募捐来的。杜月笙、何应钦、卢作孚，以及军界、政界、银行界、南洋华侨的重要人物均是他募集对象。此时的大夏发展到拥有文学院、理学院、教育学院、商学院和法学院等五个学院和一个师范专修科，成为上海校园最大的大学之一。

1932 年 5 月，国民政府为团结西南三省，拥护中央，特派王伯群以"川滇黔视察专使"前往巡视。在数月的繁忙公务中，王仍不忘向川省军政首脑为大夏募捐。8 月 14 日，他请刘文辉养子杜履谦动员为大夏募款，"最后刘文辉决定捐二万，邓锡侯捐四万"①。王还请重庆企业家卢作孚代募捐款，专门致函感谢："承蒙代向杨森军长募得渝币 2000 元合沪币 1630 元，高义热忱，莫名钦佩……附上致杨军长函，即请转交为祷。"②在中北路新校址大部分完成后，发起人欧元怀、王毓祥因经费支绌、财政困难，皆想辞职。经过推算，学生只有达到 2100 人，才能保证大学收支基本平衡。但大学一直维持 1500 余名学生，缺口四分之一。为学校前途，王伯群一面挽留欧王，"当时适学校须款甚急，他将自己家用的五千元拨交学校救急"，一方面亲自奔走，疏通各要人代为募捐。王伯群详细记录他四处奔走筹资的过程，其中何应钦为纾困出力最多。如：11 月 28 日，"余亦因目前大夏难关，非一万八千可以渡得过，均无法善后，然余

① 1932 年《王伯群日记》手稿。
② 汤涛主编：《王伯群与大夏大学》，上海人民出版社，2015 年 8 月，第 184 页。

固宣言竭余之力维持，拟奔走两日答复"。11 月 29 日，"午后，往国华、兴业商为大夏借款事，仍不得要领"。12 月 1 日，"午前，三君又谓本学期至少非三万元不能渡过难关，余以一星期为限，筹以应之""午后，先到浙实付保险箱租费，访（李）馥荪不遇。晤陈选珍，探近日存款利率及公债行情等""在上海（银行）遇（陈）光甫谈大夏窘状，央望设法。光甫等不知教育兴趣，遂力辞，余亦不便勉强"。12 月 5 日，王伯群收获最大，载曰："午前，往视敬之（何应钦），顺便谈大夏窘况。敬之闻之动容，决先捐两万元作一纪念品纪念，敬之历年统率之革命军死难将士，又言训练部同人之壹万元亦拟借给大夏，或生息或送免费生，以后再定。又允为大夏向各方募捐，嘱代备函致哈同夫人、姬佛陀、张汉卿、陈伯南、何云樵、杨虎城等，以捐足十万为目的。敬之近对大夏如此热心，至可感也。""午后四时，备茶点候大夏校务会议同人来寓开会，到十四人，除照例琐事外，余提议：（一）扩大募捐……均赞成通过。"12 月 6 日："午后，愧安、筑隐来，以二万元交之为大夏开支一切急要债。余亦至上海银行与浙实……各做定期四万元。"12 月 8 日，"午后，访敬之为大夏募捐事，代敬之拟致张姬等函，送敬之签发。"到年底，王伯群承何应钦等各方代为募捐，方才解决，结果甚为圆满。

抗战期间，大夏迁址贵阳后，为保证办学经费，王伯群在贵州积极筹办实业，发起组建聚康银行、聚康公司、利民公司和永仁两岸川盐运销处等。"贵州商业向不发达，自大夏商学院迁黔后，王伯群校长认为银行为各种事业之母，乃倡导银行事业，促进国际贸易，并自兼聚康银行董事长，因此地方商业日渐繁荣，通商惠工，不亚京沪。"①"伯群先生自民国廿九年即开始与贵州绅耆、商业领袖商谋贵州振兴实业，以救黔民生活。一方面又将每年大夏大学募捐之款，投资商业，所得利益，补助学校经费使一举两得，先生筹划之苦心，可想而知。先生筹划进行之实业机关，如建国公司、建国银行、利民公司、永仁两岸川盐运销处、聚康分行、聚康公司，无不顺利设立，商业发达，并协助罗致管理人员，使商务蒸蒸日上，并代周旋于财政部及各大银行间，帮助很多。"王伯群

---

① 王裕凯：《抗战中的大夏大学》，载《学府纪闻：私立大夏大学》，第 26 页。

还另辟财路，与财政部盐务署合作开设盐务专修课，既为大夏增加收入，又为贵州经济发展培养了大批专业人才。

王伯群为大夏经费来源呕心沥血，常常失眠。最值得称道的是，1944 年 5 月，王赴重庆出席国民政府五届十二中全会期间，利用个人影响力，召集金融巨子，一次募集款项达百万。是月 27 日中午，王伯群"宴请新之、月笙、王正廷等，计两席"。"新之起呈介绍，余报告大夏大学经济拮据，有不能维持之况，来者均表同情，最后捐得百万元。"① 此笔募捐，为大夏解决燃眉之急。

四、延揽名师：鸿儒硕学文阵雄帅

大夏大学创办时，全国和上海已有北京大学、天津大学、交通大学、同济大学、复旦大学，以及圣约翰大学等。大夏以无甚财力的私立学校，而思与这些学校争一席之地，若不是因为王伯群对教育的信心，一般人不敢尝试。王伯群善用贤能的干部和延揽高明的中外师资，是他办学成功的主要秘诀之一。

王伯群对于校务，全赖几位忠心耿耿同仁的支持：副校长欧元怀、大学秘书兼校务发展委员会主席王毓祥、会计处主任兼财政委员会主席傅式说、教务处主任兼教务委员会主席鲁继曾、总务主任兼事务委员会主席吴浩然、招生及入学审查部主任蓝春池，以及黔校教务长王裕凯、总务长马宗荣、大夏中学主任孙亢曾等。

大夏初创时，文科教授聘定潘大道、张梦九、范寿康、曾志民、龚质彬、邵力子、叶楚伧、邓崎冰、林天兰、何炳松、冯冕。理科聘余泽兰、周文达、吕子方、李拔峨、傅式说。教育科聘朱经农、俞庆棠、程树仁、程湘帆、鲁继曾、李石岑、欧元怀。商科聘唐荣滔、陈熹、陈长桐、贺蓁、童逊瑗、王毓祥等。

1925 年，大夏高级师范专修科秋季开班，延聘一批留学归国的博士或国学名儒担任教授，如刘湛恩（公民学）、艾伟（实验教育）、朱经农

---

① 1944 年 5 月 27 日《王伯群日记》手稿。

（新学制课程）、蓝春池（化学总论）、陈柱尊（国学概要）、何炳松（中国文化史）、李石岑（人生哲学）、孙瑂（英文法及作文）、何衍濬（混合数学、高等代数）、张资平（混合科学）等。①

王伯群延聘诸教授中，有在校时即是极为优异的教授的，更多是后来在学术上成大师的，在社会上成大名的，如马君武、刘湛恩、夏元瑮、吴泽霖、郭沫若、邵力子、田汉、谢六逸、何炳松、戴望舒等。

教授和课程的高水准，才培育出众多事业有成、闻名于社会各行各业的栋梁之才，譬如熊映楚、吴亮平、杜星垣、陈旭麓、戈宝权、陈伯吹、王元化等。另据不完全统计，仅院士和学部委员，大夏就出了周扬、刘思职、胡和生等15人。大夏社会声誉日隆，其美丽校园和优良的师资尤其为人称道。

王伯群礼敬教师，爱生如子，结交众多社会名流，且多有资助和施援。他与服务大夏二十年的夏元瑮教授的故事，感人肺腑，一时为人传颂。

夏先后就读于耶鲁大学和柏林大学，师从诺贝尔物理学获得者、量子力学重要创始人普朗克教授，系我国最早译介爱因斯坦相对论的学者，曾任北京大学理科学长，大夏初创即受聘为物理学教授、教务长。1944年8月13日，夏元瑮突发心脏病，王伯群闻悉病状，迅速组织抢救，并亲撰公函请求中国红十字会、军政部卫生人员训练所为夏教授提供血浆。次日，闻夏又病情转剧，医生禁止接谈，王至感怆然，曰："夏一善人也，果竟不寿，真天道无亲矣。"8月17日，再闻夏之病毫无起色，精神苦闷之极。曰："夏之学问性情皆不可得，万一不测，不特大夏损失，亦中国之损失。余丧一良友，尤觉可痛。"8月18日，夏不幸病殁于贵阳医学院。王闻之，悲痛不已："呜呼，天道无亲，常与善人，如夏君者，直可谓一善人矣。而死至如此之惨，可为之痛哭。"王抱病勉赴学校召集治丧会，在大夏财政十分困顿的情形下，当即决定支十万元予以厚葬。治丧期间，王伯群专请著名书画家姚华之子姚鋈代撰挽联："后素继前功难得中外知名师表长留诸生仰，同舟期共济何意幽明异路儒林叹逝吾道孤"。8月23日，在王伯群的昭感下，贵阳各高校和部门数百来宾出席

---

① 《大夏大学高师之课程》，《申报》，1925年7月20日，第9版。

1946 年 12 月，为纪念王伯群校长建成的思群堂

夏教授追悼会，颇极一时之盛。之后，王伯群多次报告，请求教育部从优抚恤夏教授。在他的争取下，教育部最终呈请行政院优予抚恤，并转请国民政府明令褒扬。为解决夏教授家属的后顾之忧，专门发起遗属养育金运动，建立夏元瑮奖学金等。这段超越校长与教授之间关系的情谊，令人唏嘘不已，击节赞叹。

大夏校风简朴安宁，主要原因之一，乃来自校长。校长不太过问校内事，主要劳心筹款、应付当权军政首长，殊费心力。偶有学生风潮，则多化解。校长的坚定信念、经历和人格魅力，形成了一种自然的尊严，他周流潜默的教化，使大夏获得崇高的地位。

王伯群伟大之处在于舍己为人、公而忘私，虽深居陋巷，不改其乐。一切为公为国，为他人着想，坚守理性忠恕之道。朱熹云："尽己之谓忠，推己之谓恕。"遵行忠恕圣道者，王伯群是近代贤人之一。大夏第三任校长欧元怀曾给王伯群一个这样的评价："牺牲自我，功成不居"，再也没有比这更恰当的评价了。

（汤　涛）

马君武：中国介绍马克思著作书目第一人

马君武

马君武（1881—1940），原名道凝，号君武。广西桂林人。政治活动家、教育家。1924年，担任在今普陀区境内的大夏大学首任校长。

马君武1902年留日期间结识孙中山，1905年参与组建中国同盟会，是中国同盟会章程八位起草人之一，是《民报》的主要撰稿人。1911年辛亥革命成功后，马君武参与起草《中华民国临时约法》及《临时政府组织大纲》，旋即担任中华民国临时政府实业部次长，后又担任孙中山革命政府秘书长、广西省省长，北洋政府司法总长、教育总长。

一、他是中国第一个留德工学博士

6月1日，是华东师范大学前身大夏大学的校庆纪念日。1924年6月，一批厦门大学师生因为学潮来到上海宜昌路（今普陀区境内）创办了大夏大学。马君武被校董会推选为首任校长，开启了他在大夏大学筚路蓝缕的教育事业。他根据自己的求学和革命经历，在执掌大夏大学中，提出教师苦教、员工苦干、学生苦读的"三苦"精神，为大夏大学早期发展奠定了基础性理念。

马君武1881年出生于广西桂林。父亲去世较早，童年跟随母亲生活。他早年就读于桂林体用学堂，虽然家世贫寒但坚持苦学，大有古人囊萤映雪的精神。在广西的香蕉季节，他一天只吃几个香蕉过活，借来的钱悉数拿去买书。

1900年，马君武远赴新加坡拜谒康有为。次年，他怀抱实业救国之理想，自费赴日本京都大学留学，攻读化学，留学期间，生资主要靠为报刊写文章挣稿费。天冷没有钱买棉褥，他拿报纸铺在席下当褥。在日本期间，马君武追随孙中山，协助孙中山组织同盟会，并任秘书长。他与

1905年，马君武（右）与
孙中山在东京合影

黄兴、陈天华等联合起草同盟会纲领，并成为《民报》的主要撰稿人。1906年学成回国，被聘为中国公学理化教授，并担任同盟会上海分会会长。为避免受清政府迫害，1907年，他赴德国柏林工业大学学习冶金，三年后获工学学士学位。

1911年辛亥革命爆发后，他回国以广西代表身份参与起草《临时政府组织大纲》和《中华民国临时约法》，中华民国成立后，被任命为南京临时政府实业部次长。二次革命失败后，他再度赴德入柏林工业大学，1915年获工学博士学位，成为中国留德学生获得工学博士学位第一人。

1917年，马君武赴广州，继续追随孙中山参加护法运动，并署理军政府交通部长。孙中山就任非常大总统后，他历任总统府秘书长、广西省省长。因军阀横行，马君武被迫辞职来到上海，并决心"对政局绝不过问"。从此，马君武后半生致力于科学教育事业，先后任大夏大学、广西大学等大学校长。

二、他是中国介绍马克思著作书目第一人

马君武留学多国，精通英、日、德、法等数国语言和数学、物理、化学、生物、农业等自然科学，对政治、经济、哲学、历史等社会科学也有研究。他是第一个翻译并出版达尔文《物种起源》，最早在中文报刊上介绍

1903 年，马君武《哲理社会主义与进化论比较（附社会党巨子所著书记）》

包括《共产党宣言》《资本论》等马克思著作书目的中国人。

1903 年 2 月 15 日，马君武在《译书汇编》第 2 年第 11 号上发表《社会主义与进化论比较》一文。在文章中，马君武开篇即梳理社会主义思想的根源与发展脉络，概括性地指明了社会主义思想发展过程的重要代表学者，点明马克思在社会主义思想发展中的地位。他对"社会主义"持赞赏的态度："凡怀热心图进步之国民，未有不欢迎社会主义者"，实行社会主义后，"人群必大进步，道德、智识、物质、生计之属必大发达，此世界光景之一大变"。

他认为，极有必要让国人真正地了解"社会主义"为何物。为此，马君武在文章后面专列"社会党巨子所著书记"，即社会主义学说代表人物代表著作目录。其中列在最后的"马克司所著书"5 部（以法、英、德原文书名列出）。以今天译名来看，第一部为《英国工人阶级状况》，系恩格斯所著；第三部《共产党宣言》，乃马克思、恩格斯合著；其余第二部《哲学的贫困》、第四部《政治经济学批判》和第五部《资本论》，是马克思的独立著作。当时马君武虽有不察，将 5 部书都算在马克思名下，但其所开列的书目，仍非同寻常——这是在马克思学说传入中国的历程中，最早一份包含马克思、恩格斯代表作的珍贵目录。而在多年以后，在他担任大夏大学校长期间培养的学生，成了这份书目中马克思主义巨著《资本论》的首部中文全译本作者。

三、他是大夏大学"三苦"精神倡导者

1924 年 6 月 1 日，大夏大学创办。在大夏董事长王伯群延请下，马君武担任大夏大学首任校长。

马君武有丰富的人生求学经验和革命政治历练，在大夏大学第一次全体学生与教职员讲话中，他即以"三苦精神"与师生互勉。所谓"三苦精神"，即教授要苦教，以教育为重，认真教学，不计较待遇之多寡；职员要苦干，以校务为重，切实办理，不因经费缺少而敷衍了事；同学要苦读，以学问为重，认真求学，不能有缺课等事之发生。

此"三苦精神"理念，对大夏大学影响甚大。大夏大学开办之初，经济困难，教授待遇既不能与公立大学相比，也不能与老牌的私立大学相比。但大夏所请教授，皆是沪上著名教授。

这些教授受马君武校长博学与苦学精神的影响，不嫌学校待遇菲薄，仍安其职，乐于施教。譬如，他聘请中共最早的党员之一、上海共产主义小组成员邵力子主讲国文（新闻）；聘请以创造和革命浪漫主义闻名的郭沫若主讲国文（诗歌）；聘请与陈独秀分任北京大学文、理科学长的夏元瑮教授讲授微积分课程；聘请后来创作《义勇军进行曲》的田汉教授，在国文系讲授戏剧、小说学等多门课程。此外，他还聘请朱经农、何炳松、李石岑、潘序伦、姜琦、程时煃、程湘帆、郑通和、刘湛恩、吴泽霖、艾伟、俞庆棠等一批获得国外博士的知名教授来大夏授课。

大夏大学初创时期，百端待举。马君武就任校长后，以募集学校基金为第一要务，终日苦心谋划，除向各界发起募捐外，更是催促各校董积极募捐。1925 年，为兴建胶州路校舍，大夏向浙江兴业银行借银 2 万

1929 年，马君武（中）与欧元怀（右）、王毓祥在南洋为大夏大学募捐

两作为建筑费。马君武率先将自己在吴淞的房产抵押给银行，以顺利完成大夏胶州路校舍建设。

1929年夏，已卸任校长之职的马君武以教授身份，为建筑中山路（今中山北路）新校区，又不远万里南下南洋为大夏募捐资金。他们由上海乘船出发，8天后抵达新加坡。因当时东南亚商业不振，募捐者又太多，大夏大学募捐进行得异常困难。马君武冒着炎炎烈日，在新加坡等地四处奔走，舌敝唇焦。据统计，大夏此次南洋募捐，前后劝捐到款项8万余元。

马君武校长所聘各科教授皆是沪上知名教授、学者，他们在课堂上侃侃而谈，深入浅出。同学聚精会神听课，认真做笔记；或提出问题，请教授解答；或购参考书，请教授指示，使学业增进；决不因教室狭小，设备简陋，上课读书不用功。毕业后，这批学子为建设国家、复兴民族都做出了不小的贡献。如，1924年入校的学生吴良平，于1930年翻译出版恩格斯《反杜林论》，他被毛泽东称赞为"功盖群儒，其功劳不下于大禹治水"。1927年哲学系毕业生郭大力，花费十年时间，主译完成被誉为"工人阶级圣经"的《资本论》首个中文全译本，使马克思这部巨著终于以完整的面貌展现在中国人民面前。1928年英文系毕业的周扬，长期从事革命文艺运动，译介马克思主义文艺理论，成长为著名的马克思主义文艺家。

马君武校长以改造中国旧教育体制、推行新高等教育理念奠定了在中国近现代教育史上的地位，与蔡元培一起被时人誉为"北蔡南马"。1940年8月1日，马君武不幸因病与世长辞。闻此噩耗，大夏大学董事长王伯群即发唁电："武公党国耆硕，教界山斗，曩年主持本校，经始垂范，永资矜式。遽闻溘逝，同深怆悼，谨电奉唁，至希节哀。"

中国国民党中央决议由国民政府明令褒扬，特派代表致祭，为马君武举行隆重的悼念仪式。中国共产党领导人周恩来送挽词"一代宗师"、朱德送挽词"教泽在人"，以示悼念这位著名的教育家。

马君武为大夏大学
题词（1930年）

（汤　涛）

欧元怀：把大夏大学交给人民

欧元怀

欧元怀（1893—1978），字愧安，福建莆田人。1924 年于今普陀区境内联合创办上海大夏大学，先后任副校长、校长，上海市工部局华人教育处教育委员，华东师范大学副总务长，上海市政协委员。

他把一生都奉献给了祖国的高等教育事业，逝世后葬于上海龙华革命公墓。他与马君武、王伯群一道创立的大夏大学与南开大学并称，时人有"北南开，南大夏"的说法。

一、支持学生革命热潮，创办大夏大学

1924 年 6 月，厦门大学爆发学潮。厦大学潮，表象是学生和校方矛盾，其本质是支持广东国民革命一派和倒向北洋军阀孙传芳一派之间的冲突。担任厦大教育科主任的欧元怀，毅然选择支持广东革命学生。于是，他率 330 多个学生一起宣布脱离厦门大学，北赴上海寻求新的发展机遇。为免饱含革命热情的学生失学，他和王毓祥等教授决定筹办一所新校。可筹办新校，谈何容易！经费、师资、校舍等等从何而来？这些足令欧一筹莫展。即使过了 20 多年，欧对彼时筹资之艰难仍然记忆犹

新，"我们都是书生，均不知如何筹措。"① 在同盟会元老王伯群先生的慷慨捐资下，筹备成立了大夏大学。大夏大学最初取名为"大厦大学"，意思是立志比厦门大学办得还要大，后考虑不能与母校关系搞得太僵，遂改为"大夏大学"，寓意为"光大华夏"之意。②

欧元怀对大夏大学的贡献厥功甚伟。从大夏创办之日起，欧元怀就与董事长兼校长的王伯群此唱彼和、相得益彰。王伯群彼时担任南京国民政府委员、交通部长，在政务之余，主要负责筹划大夏财政和应对外部关系，大学的内部管理基本由副校长欧元怀操持。

欧元怀对中国教育的贡献，可以通过大夏对国家和社会的贡献来观察。纵观大夏27年办学历程，从上海贝禘鏖路（今成都南路）美仁里设立大夏大学筹备处，到迁入胶州路校区，再到中山北路三百余亩广袤校园，③ 从申江之滨，一迁庐山，再迁贵阳，三迁赤水，辗转大半个中国，依然弦歌不辍，其艰苦卓绝的奋斗精神，正是近代中华民族求解放、求独立、求发展的真实写照。

大夏被誉为"东方哥伦比亚大学"，有"北南开，南大夏"之称，与复旦、光华和大同并称上海"四大著名私立大学"，这些评价，显见大夏的办学地位和水平。大夏共培养了二万多学生，其中包括一批为国为民的有识之士，如熊映楚，曾是武汉农民运动中的重要干部；雷荣璞、陈国柱分别是广西、福建省建党干部之一；吴亮平，最早翻译恩格斯《反杜林论》，曾负责接待美国记者斯诺访问陕北，担任毛泽东同斯诺谈话的翻译，解放后任中共中央党校顾问。还有刘思职、郭大力、周扬、陈子元、胡和生、李瑞麟、刘伯里等一大批院士和学部委员。在大夏的基础上，孵化出了华东师范大学、香港中文大学和贵州师范大学三所著名的大学；同时，创办了大夏附中、光夏附中、大夏贵阳附中、重庆附中和南宁附中，为中国的基础教育事业做出一定贡献。

---

① 欧元怀：《王故校长与思群堂》，《大夏周报》1947年第23卷第4期，1947年12月26日。
② 欧元怀：《大夏大学校史纪要》。中国人民政治协商会议上海市委员会、文史资料工作委员会编：《解放前上海的学校》，上海人民出版社，1988年7月，第144页。
③ 欧元怀：《大夏大学校史纪要》。中国人民政治协商会议上海市委员会、文史资料工作委员会编：《解放前上海的学校》，上海人民出版社，1988年7月，第144页。

二、率先实施"导师制"和"书院制"

欧元怀少年在家乡上过私塾和书院，成年后在美国读的现代大学。他个人对中西不同的培育方式都有深刻体验。在大学管理中，他发现西方的现代学校制有其难以避免的弊端，如："教师为支薪而教书，学生为文凭而读书"，学生教师之间"完全只是知识上的交易关系"，在教室讲习之外，在平时是陌生人。而他认为，中国古代的书院制的优势可以克服这个弊端。书院讲究师生相聚一堂，教师视学生如子弟，乐育为怀；学生视教师如父兄，崇敬备至。

他提出，中国近代大学除改进改善师资，充实课程外，还要实施导师制。1929年，他在大夏积极倡导和推行导师制。大夏实施导师制，比1938年国民政府教育部颁布《中等以上学校导师制纲要》整整要早9年。大夏实施导师制，导师由校长亲自聘请，每学期选聘30个骨干教授担任。在推行时，有个渐进的过程，开始对本科三、四年级及高师科二年级学生实施，后来推广到全年级学生。

1934年，建成的大夏大学附中

大夏通过颁布《导师制条例》和《导师制施行细则》，规定学生于功课外，必须得到学问修养、职业及生活各项问题之指导。导师制要求遵循五大原则，即（一）实现教导合一，（二）厉行俭约主义，（三）切实考察个性，（四）指导学术研究，（五）辅助解决人生问题。大夏因为一以贯之地推行导师制，保证了人才培养的质量，培养出周扬、杜星垣、陈伯吹、陈旭麓等一大批各行各业的杰出人物。

三、营救爱国学生，以父亲之名设立奖学金

民国时期，私立大学办学困难重重，至为艰难。作为大夏主要负责人，欧元怀需要面对各种危机，既要办好学校，复兴民族教育，又要保护学生爱国热情。1925 年 5 月 15 日，上海内外棉七厂的日本资本家枪杀工人代表、共产党员顾正红，打伤工人十多人，引发上海的"五卅运动"。在华帝国主义暴行激发上海教师罢教、学生罢课、商人罢市。

5 月 30 日上午，大夏学生熊映楚、姚邦彦等 20 余人决定上街抗议游行。他们暗藏标语和旗帜，向公共租界出发，一路高呼口号，宣传顾正红被害实况。下午，在游行的路上，他们被英国巡捕监控并被抓捕，投进捕房。欧元怀闻讯后，立即赶赴老闸捕房进行交涉，营救被捕学生。捕房头目爱维逊设置障碍，强硬要求每个学生缴纳五元保证金，方许保释。欧元怀据理力争，并寻求各种关系与英国人疏通。不久，爱国学子全部被安然营救出来。

1934 年，欧元怀的父亲七十大寿时，王伯群、何应钦，以及杜月笙、虞洽卿等海上闻人发起祝寿。此次收到寿仪五千元，这在当时是笔不小的款项。欧元怀没有把这笔礼金留做家用，而是决定捐赠出来，用父亲的名字在大夏设立"剑波"奖学基金。[①] 每年提取息金五百元奖给六名学生，其中大学部四名，每人一百元；中学部二名，每人五十元。这项奖学基金的设立，体现出欧元怀对大夏、对学生的一片赤诚爱护之心。

四、与革命烈士刘湛恩的深厚友谊

欧元怀与沪江大学校长、爱国志士刘湛恩博士有着深厚的友谊。他

---

① 《剑波太翁热心教育》，《大夏周报》1934 年第 10 卷第 19 期，第 29 页。

们是 20 世纪 20 年代美国哥伦比亚大学师范学院的同学。学成后，他们先后回国投身中国的教育事业。

刘湛恩作为教育家和社会活动家，具有深厚的学养。为建设大夏大学重要的教育科，欧元怀延聘刘湛恩担任职业指导。1925 年，大夏开设高级师范专修科暑期班，聘请刘湛恩担任公民学教授。除教学建设外，欧元怀与刘湛恩互邀出席各种教学活动。1928 年 4 月，大夏公推王伯群先生为校长，刘湛恩应邀出席就职典礼并发表演说。1931 年 5 月，大夏举行英语演讲决赛，欧元怀邀请刘湛恩担任评判员，其报告评判结果得到认可并颁发奖品。1934 年 11 月，大夏举行十周年纪念，邀请刘湛恩以沪江大学校长身份为上千师生发表致辞，刘认为："大夏之发展，致使'教育破产''大学无用'之论，不攻自破。"1934 年 5 月，刘湛恩邀请欧元怀担任沪江大学毕业考试委员会校外委员。

1937 年秋，日寇侵占上海，租界沦为孤岛。汉奸暴徒横行无忌，暗杀绑架事件层出不穷。刘湛恩置个人安危于度外，日夜为抗日工作奔忙。1938 年 4 月 7 日晨，刘携子出门，在静安寺路（今南京西路）、大华路（南汇路）口公共汽车站候车去圆明园路学校时，突遭日伪收买的暴徒狙击，当即牺牲，壮烈殉国，年仅 43 岁。刘校长突被暴徒暗杀后，远在贵阳的欧元怀，大为悲恸，"为之不怿者数日"。他怀着极其悲痛的心情，致电唁刘夫人，望节哀顺变，继志抚孤。电文全文如下："上海沪江大学刘王立明女士礼鉴：惊悉湛恩兄被难恸悼莫名！尚祈勉抑哀怀，抚幼继志。并请转告沪大师生，顺变撑持，是所跂祷！"电文恸切，令人动容。

五、西迁赤水，率千余师生复员上海

1937 年"八一三"淞沪抗战爆发，大夏率先西迁贵州贵阳。其间，欧元怀担任贵州省教育厅长。1944 年底，大夏校长王伯群去逝后，欧元怀立刻辞去教育厅长的职务，不畏艰难，继任大夏第三任校长。[①]

在欧元怀就任大夏校长后，他一方面请赤水县县长何干群拨借校舍，

---

① 王守文：《抗战时期的大夏大学》。中国人民政治协商会议、西南地区文史资料协作会议
编：《抗战时期内迁西南的高等院校》，贵州民族出版社，1988 年 8 月，第 153 页。

请贵州省政府发放护照；另一方面组织大规模的学校搬迁，敦促学生从贵阳赶往赤水上课。为了躲避敌机的轰炸，一面将图书、档案和仪器由鸭溪运往赤水，另令部分人员由重庆溯长江上赤水。迁校十分艰辛和危险，在迁移途中，有一辆满载图书的搬运车在遵义附近翻车，幸而人员物资均安然无恙。此次搬迁，从贵阳出发到赤水，历时整整3个月，直至1945年3月才抵达赤水。好在600名师生和700箱图书全部安全到达。在赤水办学期间，学校得到赤水各界人士的支持，大夏以文昌庙作为校本部，并向赤水中学、博文中学、赤水女中等校借了一部分校舍，1个月内便开始上课。

在临危受命主持校政后，欧元怀把整个身心投入大夏的重建与发展上。历史学家陈旭麓后来回忆道："欧（元怀）王（毓祥）两校长于危难之日，受校董会付托之重，出任正副校长，不以穷困易其操，不以简陋馁其气，奋二十年前创校之壮志，劈荆斩棘，老而弥坚，本校乃得化险为夷，继闳讲舍于黔北。"①

大夏在赤水办学期间，消息相当隔滞。当时赤水本地没有报纸，报刊只能由重庆、贵阳邮局传递到达，外界信息需一周以上才能看到。为快速了解外界世界的信息，尤其是抗战消息，大夏师生便自置收音机，收听广播，同时做出记录后与赤水县政府合作《大夏快讯》壁报，每日一大张，张贴于校内外各地，很受赤水人民的欢迎，甚至邻县的人也前来翻印。由于收音机在当时是管制产品，欧元怀数次跟教育部打报告，恳请另拨收音机一架及核拨电化教育经费，同时请求将贵州广播电台借出收音机拨转学校领用等。一部收音机，就像顺风耳，帮助赤水人民和大夏师生及时了解前线抗战消息。这件校史小事，彰显了欧元怀校长治下的大夏，不仅以学术研究为己任，更有强烈的改造和服务社会的使命感。

1946年秋，在欧元怀的统领下，大夏从贵州赤水安全的复员至上海，开始了大夏大学新的历程。

① 《大夏大学内迁十年纪事》。陈旭麓：《陈旭麓文集1时评与史论》，上海教育出版社，2018年11月，第22页。

1947 年 11 月，欧元怀会见福建莆田田径访问团

六、保护地下党，拒绝去台湾

　　吴泽是我国现代著名的马克思主义史学家，曾师事马克思主义理论家李达先生。1945 年任大夏大学教授，次年秘密加入中国共产党。他以一个地下党员的身份，坚守理论阵地，从思想文化战线上迎接上海的解放和新中国的诞生，他的学术研究始终包含着忧国忧民和改造社会的情怀。上海解放前夕，吴泽曾被国民党特务列入通缉名单。欧元怀获悉此事后，很是着急，便想方设法通知吴泽躲过风头。当时，欧元怀的次子欧天璧正在大夏读书，他便让儿子接近吴泽，密告情况危急。那天，欧天璧在听完吴泽先生的课后，走到吴先生面前，掏出一本书，装作讨教问题样子。他书页中夹着一张父亲写的小纸条，上书"你被通缉，速走！"字样。欧元怀如此机智地保护了大夏的地下党员。

　　1949 年上海解放前夕，北京大学校长胡适、清华大学校长梅贻琦准备去台湾。在他们途经上海时，欧元怀做东请他们叙餐。席间，胡适问欧元怀："在此多事之秋，你有何打算？"欧元怀想了想，礼貌地说："希望我们还有机会再相遇。"①

---

①　严峻嵘：《大夏校魂欧元怀》，《文汇读书周报》，2019 年第 1761 号，第 1 版。

其实，欧元怀留下的决心早已确定，他舍不得大夏，他相信大夏在新中国会有更好的前程。大夏从赤水复员上海之际，中国时局发生了重大变化。京沪警备总司令汤恩伯把当时的欧元怀，以及交通大学王之卓、复旦大学章友三、同济大学夏坚白等五所大学的校长请到司令部，半是劝导、半为威胁说，蒋总裁下令请各位去台湾，并当场给每人发了机票和特别通行证，表示在一周之内可乘任何一架飞机赴台。为了大夏，欧元怀机智应对，没有登机南下。1949年5月6日，浙江大学校长竺可桢在日记中再现了这段历史："知杭立武于昨飞穗前曾与王之卓、章友三、朱恒璧、欧元怀、夏坚白谈及于必要时可向中航公司要飞机赴广州，五人均唯唯否否，而实际欧愧安因系私立大学校长，决心不离沪，其余四人亦均踌躇不决，大抵以去穗无立身之地，前途茫茫也。"[①]

上海五所大学的校长拒绝南下去台湾，欧元怀是立场最坚定者之一。最终，五大校长留了下来，为新中国的高等教育留住了宝贵的知识精英。

七、"开明地主"，将全部校产交给人民

1951年夏，华东教育部决定将大夏大学与光华大学两所学校合并为华东师范大学，校址设在大夏原址。对于成立中华人民共和国第一所社会主义师范大学，欧元怀是热烈的拥护者。1951年7月18日，他在大学改制大会上，代表大夏和校董会发言，表示拥护政府决定，遵照办理，将大夏大学的全部校产交给了人民。会后，不少同事和同学向他握手致贺，并开玩笑地称他是"开明地主"。

廉建中曾专门写过一首《赠大夏大学校长欧元怀氏一律并序》，发表在《大夏周刊》上，这首诗，深情地表达了对欧元怀校长的钦佩。前言谓，大学校长中，胸襟宽大，抱负伟大，不愧为大学之主持人者，当推前北大校长蔡孑民氏，次则为前燕大司徒雷登氏，堪与蔡氏司徒氏鼎足而三先后媲美者，厥推欧元怀氏。欧氏主办大夏大学，容纳新旧各派，

---

① 竺可桢著，樊洪业主编：《竺可桢全集第11卷》，上海科技教育出版社，2006年12月，第434页。

1951 年 7 月，欧元怀率大夏大学全体校务委员欢迎华东教育部沈体兰部长
莅校宣布大夏光华两校合并成立华东师范大学的决定留影纪念

朝野各系，在错综复杂中，应付裕如，成绩超卓，气象蓬勃，进步之速，
一日千里，其惨淡经营，煞费苦心，令人钦佩。从这首诗中，我们能深
切地感受到欧元怀先生作为爱国教育家的风骨和风范。① 诗云：

弦诵申江著美名，宏开绛帐课群英；
文章上继两司马，耆宿今推一伏生；
望重儒林惟造士，胸罗武库不言兵；
龙门喜托儿承教，论谊通家倍有情。

（汤　涛）

---

① 廉建中：《大夏周报》，1947 年第 24 卷第 8 期，第 7 页。

卢作孚：捐资建设大夏大学

著名爱国实业家卢作孚

在大夏大学校长王伯群的朋友圈中，有一位人物和他的人生历程、志趣、志业十分相似——这个人就是近代著名实业家卢作孚。卢作孚多次来今普陀区境内的大夏大学考察，并捐款资助大夏大学办学。

一、热心教育的实业家

王伯群与卢作孚是同时代的人物。他们都诞生于晚清，同是西南人氏，王生于 1885 年，比卢大八岁。王为贵州兴义人，卢为重庆合川人，他们一生都致力于建设信仰中的现代中国，跨越"革命救国""教育救国"和"交通救国"三大领域。

若论革命救国，他们都是革命的急先锋。王伯群留学东瀛，早年加入同盟会，追随孙中山先生从事民主革命。1915 年，三十岁的王伯群与蔡锷、唐继尧和胞弟王文华等策划组织护国运动，震动海内外，维护新生共和的民主法统，被誉为"民主共和的功臣"。他投身护法运动、南北和议、北伐战争，以及抗战西迁等。卢作孚则少年励志，参加同盟会、保路运动、辛亥革命、"五四"运动和少年中国学会等，主办《川报》宣扬革命。在抗战中，他身先士卒，坐镇指挥宜昌大撤退，化解军民粮食危机等。

在教育救国方面，他们都付诸实践。王伯群曾任交通大学等三所大学校长。他主要是通过创办大夏大学及其系列中小学，实现其教育救国的强国梦，大夏大学被誉为"东方哥伦比亚大学"。王伯群晚年曾对妻子保志宁道："我个人最大的成就感来源于教育事业，而非政治。"[1]

而卢作孚除了在小学、中学、大学一线担任过教师，他主要是通过创建重庆"北碚试验区"，创办实用小学、兼善中学和相辉学院等系列学校来探索和实现自己的教育理想。北碚被联合国教科文组织定位为"基本教育试验区"，媒体称赞其为"动荡纷扰之中国"的"世外桃源"。1937年初，黄炎培到北碚试验区参观后，撰文写道："与其说因地灵而人杰，还不如说因人杰而地灵吧。"卢曾说："我之所以喜欢北碚，胜于自己所主办的事业，也正因为它是一个优良的教育环境。"[2]

在交通救国上，他们的方式不同，但殊途同归。王伯群曾于1920年担任广州军政府交通部长；1927年继任南京国民政府交通部长，以及招商局监督和吴淞商船专科学校校长。他通过行政力量和人才培养，推动国家交通体系建设，更新和发展铁路、航空航运、海关管控、电话电报以及交通教育事业。

而卢作孚不同，他则通过创办实业，推动航运发展。1925年，他创办民生公司，以经营川江航业为起步，经过二十多年的擘画经营，逐渐发展成为拥有七十余家分支的综合性的企业集团，航线业务扩展到东南亚和日本。他被毛泽东称赞为我国四个不能忘记的实业家之一。[3]巧的是1938年1月，他被国民政府任命为交通部常务次长，负责抗战中的水陆运输。

王伯群和卢作孚志趣相投，志业相同，当1933年他们握手相见时，自然一见如故，惺惺相惜。

1924年，王伯群在上海创办大夏大学。然而，私人办大学绝非一桩简单之事，财力人力物力都要费心劳力。在大学治理中，王伯群本着教

---

[1] 2016年5月12日，采访王伯群长子王德辅记录。

[2] 卢作孚：《如何改革中小学》。凌耀伦，熊甫编：《卢作孚文集（增订本）》，北京大学出版社，2012年6月，第476页。

[3] 《东方敦刻尔克大撤退的近代航运业巨子卢作孚》。徐士敏主编：《抗战中的爱国实业家》，中国金融出版社，2015年12月，第286页。

卢作孚题词

育家与人为善、以人为德之精神，一方面参股银行和投资实业，用获利捐资办学；一方面向教育部、军政首长、各方财阀和地方闻人劝善捐资，用他们的财力办利国利民之事业。1932年10月，创办8年的大夏由于中山路新校区扩建，学校一度出现财政危机。副校长欧元怀（字愧安）数次前来汇报大夏财政窘况："截至明年二月止，尚负债四十一万元。""本学期至少非三万元不能渡过难关"。当王伯群在日记中写下大夏财政状况后，心情骤然凝重起来。

王伯群在多方筹措资金后，大夏办学资金仍感不敷。这时，他想到了远在重庆的实业家卢作孚。

二、热心为大夏大学筹资

1933年2月初，王伯群得报卢作孚已从重庆抵达上海三马路九号的民生上海分公司指导业务。① 他遂先派大夏副校长欧元怀和财政委员会主任傅式说（字筑隐）设宴招待卢作孚，请益北碚试验区的实践和经验，顺请他为大夏筹募。卢闻听欧、傅两人来意后，当即慨然允之。2月9日，王伯群在听取欧、傅汇报后，为表尊重，他特此作致卢作孚函，恳请为大夏广为劝募。函云：

作孚先生大鉴：

久耳鸿名，未瞻雅范，企慕为劳。敝校第二期建筑募捐事，曾由欧愧安、傅筑隐两先生面达一切，承蒙惠允代募，热忱宏愿，钦佩莫名。敝校惨淡经营，规模粗备，现有一切，虽足跻于国内著名

---

① 张守广著：《卢作孚年谱长编》上，中国社会科学出版社，2014年3月，第326页。

学府之林，惟是大学使命，既重且巨，大学建设，千绪万端，目前之成绩尚未与理想之标准相符，而况如图书馆、科学馆、体育馆、大礼堂等为大学教育所必需者，均因限于经济，尚因陋就简，未能单独建筑，尤为缺憾，故第二期建筑实属刻不容缓。素仰台端好义急公，热心教育，务恳广为劝募，共襄盛举，使敝校百年之基，从兹永固，则阖校菁莪，胥受其赐矣。

专此奉达。顺颂勋祺，不戬。

王伯群

廿二年二月九日 ①

其实，卢作孚对王伯群本人也早已熟知。

王伯群执掌国民政府交通部期间（1927—1931），正是卢作孚航运事业的快速发展期。王伯群为推动国家交通建设，制定和实施了一系列的交通法规和举措。1927 年，他在交通部设立航政司，主管全国航政，并在上海、汉口、天津、哈尔滨设立航政局。其中，汉口航政局主管鄂、湘、赣、川四省航政事宜。②王伯群还就航运先后制定实施《海商法》《船舶登记法》和《船舶登记法施行细则》等法规，有力地规范和保护合法航运企业的正常经营。

王伯群对交通之于国家的意义，有过精辟的论述，他说："交通事业关系民生、文化、财政诸端，非常重要，交通不良，一切胥受影响。"③"要解决民生问题，一定要发达资本、振兴实业。振兴实业之方法很多，第一是交通事业。"④而卢作孚在二十世纪三十年代初则提出，开展产业、交通、文化、国防四个运动，"将整个中国现代化"。⑤

---

① 《关于恳请卢作孚广为劝募的函》。汤涛主编：《王伯群与大夏大学》，上海人民出版社，2015 年 8 月，第 184 页。

② 王洸编著，中华文化复兴与运动推行委员会、"中国之科学与文明"编译委员会编：《中华水运史》，台湾商务印书馆股份有限公司，1982 年 4 月，第 440 页。

③ 《王伯群谈交通政策》，《申报》，1927 年 7 月 7 日。

④ 《训政时期之交通建设》。《中央日报》，1929 年 10 月 10 日"双十增刊"。

⑤ 卢作孚：《从四个运动做到中国统一》。凌耀伦、熊甫编：《卢作孚文集（增订本）》，北京大学出版社，2021 年 5 月，第 219 页。

王伯群施行的每一则法规、每一项措施，以及每一个观点，作为同道中人的卢作孚，深有体悟，也总觉得恰逢其时。对于发展中国航业，王伯群和卢作孚都是民族主义者，认为首先要收回国家航运主权。王伯群指出："吾人深鉴于航业前途之危机，除进行收回航权外，并积极保护航务，使其不致再遭摧残。……倘能假之数年，逐渐实现，则国空与商业与前途，庶有豸乎。"① 而卢作孚在经营川航的实践中，面对外国航业公司欺行霸市，如日本的"信和""太古""日清"，以及美国的捷江等轮船公司独霸川江，他提出"化整为零"，即统一川江、一致对外的号召。他收购美国捷江公司，赶走日本轮船公司，以民族企业的姿态承运了长江上游百分之七十的航运业务。②

王伯群还主导恢复吴淞商船专科学校，"为航业界储才"。③ 他亲任校长，为航业运输培养驾驶和轮机紧缺人才。开办航运公司的卢作孚，自然在轮船驾驶和轮机专业方面，颇得人才之便利，并以优厚的待遇安置之。周茂柏在《抗战第六年之民生机器厂》记述吴淞商船毕业生之福利待遇："除优给薪资外，并加给生活津贴，食米津贴以及各项奖金特酬。"日常生活"则有消费合作社为之供给米油盐柴炭"；孩子教育"则有职工子弟学校，免费收纳职工子弟就学"；工厂安全和员工医疗，"均有特殊之设备，以达到生活安谧之地步"。

王伯群曾向蒋介石汇报，表示中国航业基础落后，正与宋子文、孔祥熙等筹商，结合海军的力量，成立国有航业公司，为抗战胜利后复兴发展国家航运做准备，他的提议得到蒋的首肯。如何办好国有航业？④ 王伯群颇费思量，有次在读完《一桩惨淡经营的事业：民生实业公司》一书后，专门访晤卢作孚，商讨航业规划及未来发展。一番探讨后，王伯群大赞卢作孚"有经验，有见地"。⑤

---

① 《中国航业现状之分析》，《自求》，1931 年第 32 期。

② 《卢作孚》。中国楚商编委会：《中国楚商第 1 卷》，中国财富出版社，2013 年 11 月，第244 页。

③ 王伯群：《十九年五六七月记事》，1930 年 6 月 2 日。

④ 王伯群：《容公日记》(稿本)，1943 年 3 月 26 日。

⑤ 王伯群：《容公日记》(稿本)，1943 年 10 月 5 日。

1933 年 2 月 16 日，正在上海的卢作孚前往访晤王伯群。此次见面，可谓相见恨晚，他们畅谈教育，展望交通。会见结束后，王还专门陪同卢参观大夏大学新校园。首次会晤，卢给王留下极其深刻的印象，王在日记中对卢作孚作了高度评价，他写道："其人短小精干，一望而知为事业家。川人多能言而不能行，卢因作事主张脚踏实地，做一分算一分者，头脑亦新颖明晰，可爱之才也。"①

在他们见面后不久，卢作孚便向国民革命军第二十军军长杨森（字子惠）劝募到两千元。

三、再次为大夏大学筹资

卢作孚为何跟杨森劝募成功？

其一，卢和杨有着良好的私谊。早在 1921 年初，时任川军第二军第九师师长兼永宁道尹的杨森，便邀请卢担任永宁道尹公署的教育科长。在杨的支持下，卢创办通俗教育会，并邀约少年中国学会的王德熙、恽代英等，以川南师范学堂为重点推行教育改革。不到一年，便以"新川南、新教育、新风尚"口碑传遍全川。三年后，升任四川军务督办的杨森再次邀请卢担任四川省建设厅厅长，卢婉谢，决意从一小事做起，在成都创办通俗教育馆。卢再次以惊人的速度和成效享誉川省教育界。据当时人回忆，"成都通俗教育馆寓教育于游乐，内容丰富多彩，日新月异，使整个成都社会均为之轰动，为之迷恋"。②

其二，卢作孚也知道王伯群与杨森有过一段公谊。1932 年 6 月，王伯群受国民政府派遣，以"川滇黔专使"视察西南。王在抵达重庆时，曾专电正蛰居广安的杨森告在渝现状。③他还专门会晤杨森的参谋长甘德明、刘介藩，说明未能到广安与杨见面之原因，把蒋介石、汪精卫两函交其带去。杨森的东山再起，继续得到蒋之重用，与王的联络有一定的

---

① 王伯群：《天游小记》（稿本），1933 年 2 月 16 日。
② 葛向荣：《我所知道卢作孚先生的艰辛历程》。周永林、凌耀伦主编：《卢作孚追思录》，重庆出版社，2001 年 10 月，第 77 页。
③ 王伯群：《天游小纪》（稿本），1932 年 6 月 27 日。

关系。后来，杨森受邀担任大夏大学校董。

1934 年 7 月 23 日，王伯群又闻卢作孚抵达上海，正与招商局签订货载联运合同。他便专门发函致谢卢作孚代募捐款，并请转送致杨森军长函。函曰：

作孚先生大鉴：

代向杨子惠军长募得渝币二千元合沪币一千六百三十元，高义热忱，莫名钦佩。敝校规模初具，建设万端，此后尚望台端积极赞助，随时指教，至为厚幸。附上致杨军长函，即请转交为祷。专此鸣谢，顺致

大安！

弟王伯群

廿三年七月廿三日 ①

1937 年，"八一三"淞沪抗战爆发。抗战军兴，王伯群率大夏大学间关千里，西迁到贵州。在贵阳办学期间，王伯群不再像在工商业发达的上海那样如鱼得水。大夏深感办学经费左支右绌，加上申请教育部国立碰到各种莫名的障碍，大夏的财政危机，常令王伯群寝食难安。

为解决大夏办学经费问题，王伯群四处奔波，多方筹措，一方面是寻求校友帮助。1942 年 6 月，作为募捐运动会会长，他通过大夏大学校友总会发动全国校友，展开为母校募集百万基金运动。②1944 年 4 月，王伯群再次在大夏校友总会理监事联席会议上，希望全体校友继续募捐，并决定发动募集千万基金运动。③

另一方面，王伯群继续寻求社会各方贤达予以资助，而卢作孚仍是他劝募的重要对象。1944 年初，王伯群在黔籍故交、四川银行行长邓汉祥的牵线下，召集重庆的金融界巨子，筹商大夏大学捐款事。

---

① 《关于恳请卢作孚广为劝募的函》。汤涛主编：《王伯群与大夏大学》，上海人民出版社，2015 年 8 月，第 184 页。

② 《大夏大学百万基金募捐启》，《大夏周报》，第 18 卷第 8 期，1942 年 6 月 1 日。

③ 《校友会理监事联席会议》，《大夏周报》，第 20 卷 17 期，1944 年 5 月 20 日。

是年 3 月 8 日，王伯群参加邓汉祥组织的金融界聚会，卢作孚和四川一批银行家、实业家胡子昂、杨烁三、黄墨涵、刘航琛、潘昌猷、康心如、吴晋航、胡仲实、周培兰、宁子春、杨晓波等十七人出席宴会。席间，在邓汉祥报告黔中经济情形、刘航琛代表答词后，王伯群起身略谈西南经济与战时关系，并请求大家支持大夏大学。在宴会现场上，卢作孚率先起立响应，其他银行家见状，也纷纷热烈呼应。宴会结束后，卢作孚盛情邀请王伯群去参观青草坝的民生机器厂。

作为曾经的交通部长，王伯群也极为期待这次参观。一周后的 3 月 15 日，王伯群偕邓汉祥同往民生公司，前往青草坝参观民生机器厂。此次参观，给王伯群留下了难忘印象。他在日记中详述参观的过程："九时，由朝天门码头乘小轮，约十分钟，即速见江岸旧船如鲫，房屋宏阔，逆水行舟，知为其工厂。上岸逐一观之，且大部在山洞中，外视不得见。机器完备，材料丰富，工人两千二百余，职员近二百，殊大观。不特修理，大小旧船胜任愉快，并能建造新船，自制锅炉引擎之类，可谓卢氏一大成功也。"

此次游观历时三个多小时。参观结束后，卢作孚还特别准备丰盛的菜肴，款待王伯群一行。

是年 4 月 1 日，王伯群收到邓汉祥转送卢作孚等为大夏捐款三十二万元的支票，其中卢以民生公司的名义捐款三万元。卢作孚和银行家们的捐款，缓解了王伯群办学的财政压力。鉴于卢作孚对大夏的有益贡献，学校聘请他为大夏大学校董。由此以后，卢作孚与孙科、孔祥熙、张嘉璈、何应钦、梁寒操等校董参与学校重大校务的决策，为大夏大学的发展献计献策。

（汤　涛）

吴亮平：从大夏学生到普陀区委书记

1929 年从苏联回上海的吴亮平

　　吴亮平（1908—1986），浙江奉化人，原名吴良斌，曾名黎平。马克思主义政治理论家，是翻译《反杜林论》并将之介绍到中国的第一人。大夏大学成立后的第一批学生。1924 年作为脱离厦门大学进入在普陀区境内成立的大夏大学的首批学生之一，修读商科。1924 年 10 月，大夏大学建立中国共产党和中国共产主义青年团合一的党团支部，吴亮平是首批支部成员之一。

　　1925 年，在大夏大学加入中国共产主义青年团，参加了五卅运动，同年由恽代英推荐，赴莫斯科中山大学学习，后留校任教。

　　1933 年，任中华苏维埃共和国国民经济部部长。1934 年 10 月参加长征，到达陕北后，任中央宣传部副部长。解放战争时期，在东北任中共抚顺市委书记、东安地委书记等职。1949 年 5 月 27 日，上海全境解放。8 月 6 日，上海市委决定市区建立 9 个区委，吴亮平同志奉中央之命，到上海沪西，9 月 2 日，正式被宣布任命为中共上海市沪西区委书记。1950 年 6 月，中共上海市委决定，以行政区为区域重新调整区委，吴亮平同志出任中共普陀区委书记，直至 1951 年 3 月离任。吴亮平同志在沪西和普陀一年零七个月的任职期间，培养出一大批党的好干部，并带领全区干部群众，团结一心，克服困难，为全区恢复生产，改善人民生活，巩固新生政权做出了卓越的贡献。同时，他所呈现的内涵极其丰富的执政能力、领导风范和人格魅力，为普陀区留下了宝贵的精神财富，至今仍有历史的借鉴作用。

一、打一场恢复经济的人民战争

吴亮平同志初来乍到沪西，面临的首要任务就是全心全意依靠工人阶级，克服困难，安定人心，尽快恢复和发展生产，巩固新生的人民政权。沪西是上海经济命脉的大工业区。上海解放不到一个月，美国即指使国民党蒋介石公然宣布对上海口岸实行武装封锁，妄图把新生的上海政权扼杀在摇篮里。当时上海重要工业生产原料大部分依赖国外，沪西是工业区，棉纺业所需原棉60%靠进口，毛纺业全部靠进口毛条维持生产，面粉原料全靠洋麦，造纸业完全依赖进口纸浆，卷烟业半数以上的烟纸、烟丝是进口的，甚至全市人口赖以为生的粮食，50%到60%靠洋米、洋面来维持。美蒋的封锁、轰炸和暗藏的敌人破坏，给工业生产带来严重困难，人民生活陷入极度的困境。全区860家大小工厂（其中30人以上工厂为200多家）原料短缺、销路呆滞、资金匮乏、供电不足，特别是占全区工人总数80%的私营厂，工人生活已陷入难以为继的程度。申新第九棉纺织厂是当时全国最大的民营纺织厂，有纱锭13万，5400名工人，半年时间亏损额竟达折合棉纱2000件。崇信纱厂资本家出走香港，生产全线停顿，2000多工人生活无着。一些不法商人，乘机哄抬物价，扰乱市场，敌特分子借机造谣惑众，制造混乱。吴亮平同志坚决执行中央、华东局和市委的指示，发挥党组织的战斗堡垒作用，紧紧依靠工人阶级，团结各

1950年，吴亮平在基层作报告

界人士，以百折不挠的战斗精神和清醒的头脑、灵活多样的策略，打了一场恢复生产的人民战争。

沪西地区党员 85% 在工业系统，为此，吴亮平与区委其他领导成员决定在支部委员一级办学习班，统一全区干部思想，又在夜党校连续举办 3 期有 2700 名工厂党员和积极分子参加的培训班，为发动全区人民生产自救准备了干部队伍；同时，派出工作组到基层建立工会和青年团组织，为大规模的经济恢复准备了战斗指挥部和战斗员；多次举办职员学习班，团结、教育技术人员和管理人员，让他们与第一线的工人站在同一条战壕，为经济的复苏献计献策；团结教育资本家，鼓励他们为维持生产多作贡献。在全区人民的共同努力下，生产开始恢复、社会秩序得到整顿、民心趋向安定。1950 年 10 月，抓住棉花秋收后农村市场出现的机遇，积极推动已停工的纱厂恢复生产。到 1951 年 3 月，吴亮平同志离任，全区工业生产的恢复和发展已出现了新局面，为全区以后的经济发展打下了坚实的基础。

二、理论联系实际，加强队伍建设

保持党同人民群众密切联系，加强党的队伍建设是吴亮平同志戎马一生的宝贵经验。

吴亮平同志到沪西后，重点抓的是建立一支与人民血肉相连的干部队伍。吴亮平同志上任伊始，注意对全区干部的组成和思想状况作深入调查。区的干部大多数来自沪西地下党，他们在国民党的白色恐怖下，冒着生命危险干革命，富有自我牺牲精神和严密的组织纪律性，不足之处是许多同志没有经过系统的马克思主义理论学习，缺乏执政的领导工作经验；区里还有一批来自随军南下的干部，他们经历了战争的考验，视野宽广，但对本区人文历史和社会风俗习惯了解甚少。本地干部和外来干部都有各自经历的思想作风、工作态度和生活习惯，如何把大家在工作上、思想上凝聚在一起，这是吴亮平同志深思的大事。他要求区委领导成员保持艰苦奋斗的作风，团结和带领群众克服困难、共同战斗。针对干部思想实际，他强调，干部要防止因胜利而骄傲，以功臣自居而脱离群众。为了教育干部，能把大家思想拧成一股绳，吴亮平同志不辞劳苦地倾注了大量的心血和精力，大会报告，小会辅导，个别谈心，在全区培养了一支作风好、战斗力强的干部队伍。其次，吴亮平同志身先士卒，深入实际，在火热的群众运动中加强党的作风建设。建国初，为巩固新生的革命政权，任务异常的艰巨和复杂。吴亮平同志身负区委书记的重任，时刻牢记党的中心任务，特别注意理论联系实际，经常到区的大街小巷、工厂学校实地调查研究，注重在基层发现问题、解决问题，以点带面，指导工作。在部署全面工作时，反对照本宣科的空泛教条主义、要求区委领导成员和广大干部坚持实事求是精神，加强调查研究、深入基层。他率先垂范、夜以继日地与大家个别交换意见、促膝谈心；针对干部和群众思想实际，精心准备，多次亲自给同志们作形势和任务、党风建设的报告或党课，他的理论联系实际做法深受大家的欢迎。

三、高超出色的领导艺术

吴亮平同志是我国的无产阶级革命家，又是马克思主义的理论家。他在长期的革命生涯中，以深邃的哲学思维，观察每个历史时期的国内外形势，善于从纷繁杂乱的现象中，把握事物的本质特征，筛选最有价值的信息进行由此及彼、由表及里的剖析，找出解决问题的突破口。他的这种深厚的理论功底和出色的领导艺术的结合，在沪西，给人们留下了深刻的印象。

胸怀全局，高超的领导能力。1950 年 6 月，美国突然发动侵朝战争，10 月，我国政府毅然做出重大战略决策，"抗美援朝，保家卫国"，全国掀起了轰轰烈烈的抗美援朝爱国运动。朝鲜战争爆发后，特务、匪徒谣言蜂起，一度在市民中造成思想混乱。"会不会引起第三次世界大战"是很多人存在的焦虑，害怕中国人民志愿军赴朝参战会"惹火烧身"。面对大敌当头的紧迫和人们的疑虑，吴亮平同志以教育入手，精心部署全区抗美援朝宣传的教育工作，亲临统益纱厂大礼堂为广大干部群众作形势报告，组织刚从美国留学回来的青年学子作控诉美国侵华种种罪行的演讲，达到预期的宣传效果。广大党员群众纷纷捐献钱物购买"飞机""大炮"，在全区掀起了抗美援朝、报名参军和发起爱国增产节约运动的高潮。大家对区委书记吴亮平同志的这种高超的领导艺术非常佩服。

注重深入细致的思想政治工作。吴亮平同志善于运用唯物辩证法做干部的思想工作。有位干部在谈心中袒露自己有"骄傲自大，目中无人，自由散漫，不拘小节"的缺点。吴亮平同志对这个问题作了鞭辟入里的剖析，他说："历史是人民群众创造的，个人的本领再大，也不及人民群众的力量大。你一定要目中有人，切不可狂妄自大、自由散漫。至于不拘小节，不一定是坏事，拘泥于小节的人往往会谨小慎微，办不了革命大事，成不了好战士。但是不拘小节要以不损害别人的、集体的利益为度，否则就是大节。"字字珠玑，言简意赅。他既给人以教益，又从不自居人师；他思想极为敏捷，但毫不锋芒毕露。他的谈话朴实无华，总是给人以启迪，使人不愿离席。即使对方一时想不通，也不强求于人，而是耐心细致地做团结教育工作。他凭其坚定的信念、明澈的思想、宽阔的胸怀、巧妙的说理和自己的模范行动，使人在不知不觉中为之折服。

坚持实事求是的工作作风。沪西许多工厂的旧职员是企业的管理层，其中技术干部大多是受过高等教育的知识分子，代表厂长对工厂实行管理，也是工人的直接管理者。上海解放后，国家对他们实行"原职、原薪、原制度"。但是，由于在旧社会里，旧职员代表资方压迫工人，长期以来劳资矛盾尖锐，工人群众从思想上、感情上不愿接受旧职员对工厂的管理，对立情绪相当大，这在沪西已成为普遍的问题。吴亮平同志以求实精神做工人的思想工作，充分发挥工人阶级的主人翁精神，教育工人要做工厂的主人；同时，又紧紧抓住对旧职员的思想再教育，要他们真心实意接受工人阶级的思想再教育。但他们思想顾虑重重。吴亮平加大对旧职员的思想教育的力度，多次举办学习班，请专家给他们上课，吴亮平同志也亲自给他们作报告，在统益纱厂礼堂召集全区范围内各工厂的职员大会，对他们进行政治经济学理论的宣传和党的方针政策教育，强调工厂职员必须重视自己的学习，自觉改造，全心全意依靠工人阶级来管理生产、管理工厂。吴亮平同志针对职员的思想实际，严肃地批评职员中存在的"一分行情一分货"，把自己当作商品出卖的雇佣思想。在这同时，他高度重视落实党和国家对知识分子的政策，在会上他代表区委宣布："你们过去是资本家的工具，今天已成为劳动阶级的一部分，要坚决地同工人群众站在一起。"吴亮平同志的报告切中职员思想要害，振聋发聩，反响很大。许多原来思想顾虑重重的旧职员说："这些话说到我们心里去了，我们一定要接受工人阶级的思想教育，做工厂的主人。"吴亮平同志的报告争取和团结了职员，既教育了广大旧职员，调动了他们的积极性，又改善了工人与职员的关系，推动了后来的工厂民主改革，加强了企业管理。

博采众长、虚怀若谷的开明风度。吴亮平同志有高超的领导艺术，但为人谦虚谨慎，注重自身修养和形象。在区委，他从不包打天下，充分发挥一班人和全区党员干部的积极进取精神。在领导班子里，他是领导，但不做家长，书记和委员是平等关系，实行民主集中制。对副手和部下，按照分工，充分放手，但又不放任；执行任务，态度坚决，但又反对照搬照套。建国初，沪西需要大批干部担任各级领导岗位，他坚持到战斗的基层第一线去蹲点，发现苗子、培养干部。他特别重视在工人中选拔干部，坚持重才更重德。在吴亮平同志的积极努力下，经过培养和磨炼，沪西区人才辈出，为全市、全国输送了大批干部，他们在祖国各地的不同岗位上，为社会主义建设做出了积极的贡献。

四、党性修养和人格魅力

长期以来，吴亮平同志自觉地注重马克思主义党性修养，在革命的实践活动中凝练了他坚忍不拔的忍耐力、顽强的革命意志和襟怀坦荡的人格魅力。

吴亮平同志曾是我党的高级干部，早在 20 世纪 20 年代的莫斯科中山大学学习时期，他因坚决抵制王明拉帮结伙的宗派活动，多次遭到握有党内大权的王明的打击和迫害。但吴亮平同志始终坚忍不拔地与王明作斗争，同时又顾全大局，积极为党工作，不计较个人得失。在极端艰苦的条件下，他翻译了被毛泽东称赞为"功不在禹下"的《反杜林论》；继续撰写宣传马克思主义理论和党的方针政策的文章，在中央党校、抗大、陕北公学讲马列主义理论课，发挥了共产党人的无私无畏、克己奉公、把自己一切献给党的模范作用。1940年，任弼时代表党中央与吴亮平同志作平反谈话，推翻王明强加的一切诬蔑之词，吴亮平同志被选为中共"七大"代表，恢复吴亮平同志一些领导职务。延安整风后，毛泽东考虑要加强干部理论学习，但是很多马列著作还没有翻译过来，他曾与时任中央宣传部副部长凯丰商议成立一个马列著作编译部，请吴亮平同志出任负责人。但是吴亮平同志一再表示，要多做一些实际工作。他先到晋西北，后来又到东北根据地任抚顺市委书记、东安地委书记，打土匪、搞土改，不久又在江西建设新的解放区了。

全国解放后，吴亮平同志愉快地服从中央的安排，到上海最需要干部的第一线沪西区委工作。在沪西，他继续保持党的优良传统，以其特强的党性修养，严格要求自己，全力以赴完成党和人民交给的任务。

沪西的老同志怀念吴亮平同志，颂扬他的伟大寓于平凡之中，赞美吴亮平同志在沪西以自己特有的人格魅力呈现了他那高度自觉的马克思主义党性修养的风范。

人们从来没有听到他讲自己"过五关斩六将"的丰功伟绩。他始终以一个普通党员干部的身份与同事打成一片，倾听别人意见，即使对犯有错误的同志，也宽厚相待，以理服人。

不少人认为他是区委"一言九鼎"的大干部，而与他相处较久后，才知他是个温文尔雅的"大官"，是对党的事业无限忠诚的好官，他与普通党员干部和群众情同手足，人们喜欢与他为伍，同工作共战斗，称颂他具有温文尔雅，从善如流和朴实无华的品格。

人们赞美他是知识渊博，诲人不倦的长者。吴亮平同志博古通今，知识渊博，但仍勤学苦练，在百忙之中还重新校译出版《反杜林论》，满足科研单位和读者需要。他十分关怀工人渴求文化的要求，特设区委职工教育组，指导工厂组织工人文化学习班，组织班组读报会。他善于运用切中时弊的语言，号召人们在火热的现实生活中进行自我改造，"修身养性"。

吴亮平同志离开普陀，又先后在党和国家许多工作岗位上披荆斩棘，为祖国出色工作，但他又几遭磨难，死而复生。党的十一届三中全会后，他已是垂暮老人，在担任全国政协常委时，还情系沪西，四次到普陀区给老战友宣传党的十一届三中全会精神和改革开放新政；他奔走祖国各地，给历次运动中蒙受冤屈的同志抚慰伤痛，落实党的政策。大家盛赞这是一位可亲可爱的道德高尚、永葆青春的革命者。

1986 年 10 月 3 日，吴亮平同志病故于北京。中共中央评价他是我国无产阶级革命家、忠诚的共产主义战士、马克思主义理论家、社会科学家。

斯人已逝，风范长存！

人生多彩，留芳永久。

（普陀区委党史研究室）

田汉：创作《义勇军进行曲》

田　汉

　　田汉（1898—1968），原名寿昌，湖南长沙人。1925 年至 1935 年担任今普陀区境内的大夏大学教授，讲授国学、小说学、戏剧学等课程。田汉多才多艺，著作等身，他是现代中国话剧的开拓者和戏曲改革的先驱，是中国戏剧运动的奠基人。他在大夏大学任教期间，指导成立大夏剧社，创作了《义勇军进行曲》。

一、担任大夏剧社顾问

　　1912 年，田汉考入长沙师范学校读书。1916 年随舅父易象赴日本东京高等师范英文系学习。1919 年，加入李大钊等组织的少年中国学会，开始发表诗歌和评论。1920 年出版与郭沫若、宗白华的通信《三叶集》。次年与郭沫若、成仿吾、郁达夫等组织创造社，倡导新文学。1924 年与妻子易漱瑜在上海创办《南国半月刊》，开始了"南国"戏剧运动。继而组织南国电影剧社，从事话剧创作和演出活动。此时期创作的话剧《咖啡店之一夜》《获虎之夜》《苏州夜话》等都充满浪漫主义气息。

　　1925 年 12 月，大夏剧社成立，剧社聘请田汉教授等为顾问。主要成员有姜敬典、汪曼生、陈鲤庭等学生。

　　大夏剧社在早期演出过新剧《新人的生活》《咖啡店之一夜》等。后受田汉领导的南国社影响，在大夏大学内多次演出进步话剧。剧目有《可怜的费加》《古潭的声音》《父归》《住在二楼的人》，及由田汉、左明导演的未来派戏剧《早已过去了》等。1929 年 12 月，剧社因演《一致》《压迫》和林语堂编的《子见南子》，招来国民党当局的不满。是年年底，大夏的艺术剧社举起了无产阶级戏剧的旗帜，摩登社提出了"开展学校戏剧运动"的口号并积极采取行动。大夏剧社深受影响，在学校剧团中较早倾向左翼戏剧，遂成为上海戏剧运动联合会的发起单位之一。[①]

　　1930 年，田汉以发起人之一的身份参加了中国左翼作家联盟成立大会，并被选为以鲁迅为首的 7 个执行委员之一，接着参加了中国自由运动大同盟。在田汉的影响下，1930 年剧社参加左翼剧团联盟。是年 6 月编辑出版《戏剧艺术》月刊，发表戏剧理论文章。[②]11 月，在学校礼堂上演《月亮上升》《到明天》《贼》等剧目。"剧联"成立后，派姜敬舆、赵铭彝等与之联系。剧社除单独演出外，自 1931 年 2 月起，经常与其他剧社举行联合演出，如为庆祝中国工农红军第一次反"围剿"的胜利与大道剧社联合演出《马特迦》。剧社常演的著名剧目有《街头人》《洪水》《杯弓蛇影》等。是年 12 月，参加上海市商会举行的反日联合大公演，剧社的参演剧目《工场夜景》得到一致的好评，郁达夫赞誉该剧为"有目的的艺术"。同月，剧社为抗日赈灾举行义演，剧目有《街头人》《强盗》《压迫》《妈妈在舞场里》《子见南子》等。

　　1933 年底，国民党宪警对包括大夏大学在内的 10 余所大学采取秘密行动，逮捕了 100 余名进步学生，剧社活动被迫暂时停止。大夏剧社在左翼戏剧运动中，以自身的努力与进步，得到了"有着灼热创造热情的艺术集体"的美称。

二、创作《义勇军进行曲》

　　田汉任教大夏大学期间，他和聂耳创作了《义勇军进行曲》。

---

① 《大夏剧社》。李晓主编：《上海话剧志》，百家出版社，2002 年 2 月，第 96 页。
② 记工编著：《历史年鉴 1930》，吉林文史出版社，2006 年 1 月，第 145 页。

"起来！不愿做奴隶的人们！把我们的血肉，筑成我们新的长城……"激昂的旋律跨越时空，催人奋进，历久弥新。这首让每一个中国人热血澎湃的《义勇军进行曲》，铭刻着一个国家和民族永远不能忘却的历史记忆。

1931 年九一八事变，拉开了日本帝国主义侵华序幕。在民族存亡的危急时刻，中国共产党提出了坚决抗日、收复失地的正确主张，积极领导东北抗日武装力量。到 1933 年底，中国共产党领导的各地游击队发展成为东北抗日游击战争的主要力量。就在东北各地艰苦抗战之时，一首从上海传来的歌曲宛如战斗号角，发出了中华民族"不做亡国奴"的洪亮怒吼。这就是由田汉作词、聂耳谱曲的《义勇军进行曲》。

1935 年 5 月 24 日，电影《风云儿女》在当时的上海金城大戏院首映，唱出了中华民族心底"最后的吼声"的主题曲《义勇军进行曲》之后迅速传遍全国，成为激励四万万同胞奋勇抗战的号角。

哪里有侵略者的屠杀，哪里就有《义勇军进行曲》的歌声。和着这首歌曲的激昂旋律，整个中华大地上掀起了抗日救亡运动的一波波高

《义勇军进行曲》手稿图（田汉作词，聂耳作曲）

潮。画家丰子恺曾回忆:"我从浙江经过江西、湖南,来到汉口,在沿途各地逗留时,抗战歌曲不绝于耳,连荒山中的三家村也有'起来!起来!''前进!前进!'的声音出自村夫牧童之口。都市里自不必说,长沙的湖南婆婆、汉口的湖北车夫,都能唱'中国(中华民族)到了最危险的时候'。"

全面抗战爆发后,《义勇军进行曲》不仅是中国军队的军歌之一,而且被当作民族之魂来高唱。在著名的台儿庄大捷中,美国合众社战地记者爱泼斯坦目睹中国官兵端起步枪、挥舞着大刀,高唱着《义勇军进行曲》,冒着日本军队的炮火向前冲锋的壮烈情景。

"这首激动人心的歌曲,使举国奋起,众志成城。从前线到大城市,从城市到最遥远的乡村,每一个中国人都知道这首歌,都会唱。"爱泼斯坦在《人民之战》一书中这样形容这首抗日歌曲的流行程度。在他看来,《义勇军进行曲》诞生的历史,就是中国军民抵抗日本侵略的浪潮不断高涨的历史,"这首歌的曲和词深深扎根于中国人民之中"。①

"中华民族到了最危险的时候,每个人被迫着发出最后的吼声,起来!起来!起来!"在救亡图存的顽强搏斗和不屈的呐喊声中,全体中华儿女前仆后继,浴血抗争14载,以巨大牺牲取得了近代以来抗击外敌入侵的第一次完全胜利。

20世纪30年代的上海滩,帝国主义列强和官僚买办把这光怪陆离的十里洋场装点出一派灯红酒绿的繁华幻象。与此同时,白色恐怖异常横行。然而,在崇高信仰的指引下,中国共产党人领导参与的左翼文化运动汹涌澎湃。

田汉在拍摄其第二部左翼电影《母性之光》时,聂耳就担任了音乐执导,两人首度合作谱写了影片歌曲《开矿歌》,开启了他们词曲合璧的创作历程。据统计,田汉、聂耳合作的歌曲有14首之多,这些歌曲成为鼓舞人民、打击敌人的有力武器。

"同学们,大家起来,担负起天下的兴亡!"田汉与聂耳合作的这首《毕业歌》诞生于1934年,是左翼电影《桃李劫》中的插曲。在创作这

---

① 辽宁:《〈义勇军进行曲〉歌词素材地》,《党史纵横》,2022年第10期。

首歌的前一年，聂耳经田汉介绍，加入了中国共产党。一首《毕业歌》用激昂的旋律高喊出那一代年轻人的初心——"要掀起民族自救的巨浪"，这也在百年征途中，凝聚成中国共产党人的初心和使命：为中国人民谋幸福，为中华民族谋复兴。

关于《义勇军进行曲》创作的故事，坊间流传着多个版本。在田汉被捕后，聂耳亦成为反动当局的目标，于是他按照党组织的安排离开上海，取道日本赴苏联。据相关史料，1935年4月，聂耳从上海登船抵达日本。在此前夕，他完成了《义勇军进行曲》的初稿，并在5月之前将定稿寄往上海。同年7月17日，聂耳在藤泽拜访友人期间溺水身亡。

有很多风云人物最终随风而逝，永不消逝的是他们在时代洪流中的积极作为。中华人民共和国成立，在抗战烽火中诞生的《义勇军进行曲》，成为中华人民共和国国歌，从此响彻一代代中华儿女心中，激励着一代代中国人坚强不屈，奋勇向前。自诞生以来，凝聚着爱国主义精神的《义勇军进行曲》成为国人心中最美的旋律。

七七事变，日本军国主义者对中国发动了全面的侵略战争，田汉立刻参加集体创作的话剧《芦沟桥》，参加上海文化界救亡协会，后到武汉参加抗战宣传工作。1939年后田汉在桂林主编《戏剧春秋》月刊，此时对京剧、汉剧、湘剧等戏曲进行了改革，写了大量以反侵略为内容的戏曲剧本，有《江汉渔歌》《岳飞》等。1944年，田汉与欧阳予倩等在桂林组织了西南戏剧展览会。1946年抗日战争胜利后，田汉回到上海，投入了反对国民党反动统治的民主运动，写作了《丽人行》《忆江南》《梨园春秋》等戏剧和电影。1948年，田汉转入华北解放区。

三、通过《义勇军进行曲》为国歌

1949年9月25日，距离开国大典只剩下短短五天了，这天晚上毛泽东、周恩来等中共中央领导人在中南海丰泽园主持召开国旗、国徽、国歌、纪年、国都协商座谈会。这时，马叙伦、梁思成、张奚若等民主人士提议用《义勇军进行曲》暂代国歌。与会者基本通过了这一提议，但是他们对这首歌曲的歌词，提出了疑问。他们认为中华人民共和国成立在即，歌词中"中华民族到了最危险的时候"这句歌词不太合适，应当修改。

在热烈的讨论当中，歌词的作者田汉也发了言，他说："原曲是好的，我写的词在过去有它的历史意义，但现在应该让位给新的歌词了"。听过大家的发言后，周恩来说："要用就用旧的歌词，这样才能鼓动情感，修改后唱起来就不会有那种感情了"。①

1949年9月27日，中国人民政治协商会议第一届全体会议就中华人民共和国的国都、国旗、国歌、纪年等决议进行了表决。周恩来主持了对国歌的表决："在中华人民共和国的国歌未正式制定前，以《义勇军进行曲》为国歌，赞成的请举手。我们现在以绝大多数通过《义勇军进行曲》为我们现在的国歌"。1949年10月1日，天安门广场沉浸在一片喜悦的气氛中，中华人民共和国的国旗将在代国歌《义勇军进行曲》的伴奏下冉冉升起。1949年10月1日下午3时，《义勇军进行曲》作为国歌，第一次在天安门广场响起。

2017年9月1日下午，第十二届全国人大常委会第二十九次会议表决通过《中华人民共和国国歌法》，并于2017年10月1日起正式施行。《国歌法》规定，中华人民共和国国歌，是中华人民共和国的象征和标志。一切公民和组织都应当尊重国歌，维护国歌的尊严。

《义勇军进行曲》不仅是一个民族不屈服外侮的怒吼，更激发出每个中国人为梦想奋斗的壮志豪情。

> 起来
> 不愿做奴隶的人们
> 把我们的血肉筑成我们新的长城
> 中华民族到了最危险的时候
> 每个人被迫着发出最后的吼声
> 起来　起来　起来

---

① 《缅怀田汉〈义勇军进行曲〉是这样诞生的！》，https://m.thepaper.cn/baijiahao_6518235。

我们万众一心

冒着敌人的炮火　前进

冒着敌人的炮火　前进

前进

前进　进

　　中华人民共和国成立后，田汉历任中央人民政府政务院文化教育委员会委员，文化部戏曲改进局局长，艺术事业管理局局长，中国戏曲学校首任校长，中国剧协主席和党组书记，全国文联副主席等职。他紧密团结广大戏剧工作者，为壮大戏剧队伍、繁荣戏剧创作做了大量工作。他积极推动戏曲改革，促进了传统戏曲艺术的发展。与此同时，他还创作了话剧《关汉卿》《文成公主》《十三陵水库畅想曲》及整理戏曲《白蛇传》《谢瑶环》等，在历史剧的创作和改编方面达到了新的高度。1964年，田汉先后受到张春桥、康生的攻击和陷害。1968年12月10日，田汉在狱中逝世，终年70岁。

（汤　涛、胡　琨整理）

郭大力：首度全文翻译《资本论》始末

1938年9月，华东师大一附中前身大夏大学附中教师郭大力在上海真如（今普陀区真如镇街道）翻译的《资本论》中文全译本在上海一经面世，旋即在中国大地引爆了一场传播马克思主义的风潮。

这部被誉为"工人阶级圣经"巨著的翻译，出自大夏大学校友、附中教师郭大力之手绝非偶然，乃学校中共党员邵力子，以及进步知识分子郭沫若、李石岑、田汉和郭大力等两代学人相互影响和传承接力的成果。

1938年9月，郭大力、王亚南翻译的首个中文全译本《资本论》在上海出版

一、郭沫若考证《资本论》中唯一提到的中国人

1924年6月，在同盟会元老王伯群的资助下，大夏大学在上海创办。次年春，郭沫若被聘为大夏讲师，主讲《文学概论》和《诗歌》。大夏建校的基础来源于厦门大学，在国共合作革命热潮的推动下，该校300余师生因学潮离校北赴上海，是年10月，学校成立中共和社青团合一的党团组织，红色翻译家吴亮平、马克思主义法学家雷经天等是主要成员。郭沫若在校园感受到一股蓬勃向上的革命气氛。正如王伯群所言，大夏的立校精神是革命、牺牲、创造和合作精神，大夏的这"四种精神"与

105

郭沫若抱持的创造和浪漫的革命精神一拍即合。

早在日本留学期间，郭沫若与郁达夫、成仿吾，以及后来担任大夏教授的田汉在福冈成立创造社，出版的书籍和作品，充盈着积极的和打破旧传统的强烈欲望。郭沫若在翻译河上肇的《社会组织与社会革命》后，逐渐接受马克思主义思想。在大夏任教期间，他准备花五年时间全文翻译《资本论》，"觉得如果能为译完《资本论》而死，要算一种光荣的死"[①]。为此，他与商务印书馆商榷出版事宜，但因《资本论》篇幅宏大，出版商担忧政治和经济上双重风险，予以婉拒。此项翻译计划尽管未能实现，但并未改变郭沫若追求真理的决心和研究《资本论》的热情。

当他读到陈启修先生翻译的《资本论》中译本第一卷时，发现其中唯一提及的中国人是谁都没有搞清楚。在《资本论》首卷第一篇第三章标号为"83"的脚注里，陈把"Wan—mao—in"翻译为"万卯寅"。[②]他着力做了一番深究，并终于考证出这位中国人的姓名及相关情况。郭沫若在上海《光明》杂志（1936年12月第2卷第2号）发表《资本论中王茂荫》一文，他在文章中确定马克思笔下的这位中国人叫王茂荫，系清朝徽州的一名官员。文章刊发后，立即引起了数名专家的响应。郭沫若为《资本论》在中国的传播做出了独特的贡献。

二、李石岑不遗余力传播马克思主义理论

大夏大学初创之始，李石岑与邵力子、鲁继曾等被王伯群聘为教授，主讲哲学、哲学趋势等课程。他在哲学课堂上侃侃而谈，有位从厦门大学理科转入文科的学生郭大力，被他的思想和见解所陶醉。在郭沫若、李石岑、田汉等老师的影响下，郭大力开始涉猎社会科学著作，接触马克思主义。

李石岑是中共早期的马克思主义哲学家。他在日本东京留学时，与

---

① 上海通志馆、《上海滩》杂志编辑部编：《申江赤魂：中国共产党诞生地纪事》，上海大学出版社，2018年8月，第54页。

② 朱典淼：《〈资本论〉提及的中国人：王茂荫》。朱典淼著：《岁月回眸》，安徽师范大学出版社，2018年2月，第102页。

李大钊倡导成立留日学生总会；主编《民铎》杂志，传播革命思想；他还与翻译《资本论》的陈启修成立"丙辰学社"（后改名为中华学艺社）。他大量译介美国杜威、德国倭伊铿等的西方各派哲学。1927年，李石岑辞大夏教职，赴欧洲研读马克思、恩格斯和列宁的著作，思想逐渐转向马克思主义的辩证唯物论。3年后，他返国继续担任大夏大学哲学教授。而此时的郭大力，经王伯群校长延聘，已在大夏附中做了两年伦理学教员。李、郭就这样在一个校园里，继续切磋哲学和马克思主义理论。

1930年，李石岑的《希腊三大哲学家》出版，郭大力衔命为此书作序。郭对恩师的贡献作了高度评价，他指出，李石岑站在研究整个西方哲学的高度，以独特的视角传播古代希腊哲学，促进了中国的民族自觉。他写道："伴随五四运动以来的民族自觉运动，引出了一种个人自觉的运动"，然而，此种运动的影响始终没有超越知识群体。而李石岑所做的工作和努力，"对于新中国的自觉运动，确是一个独到的刺激"。

令人惋惜的是，李石岑不幸于1934年英年早逝。郭大力与恩师合作翻译的《朗格唯物主义史》，于两年之后的1936年在中国书局刊布出版。

三、郭大力全文翻译《资本论》

在郭沫若、李石岑、田汉等老师的影响下，学生时代的郭大力转向对《资本论》的关注。他知道《资本论》有德文和日文版，但由于语言不通，只能望洋兴叹。当他见书店有出售英文版的《资本论》时，便省吃俭用，购买全套。在阅读第一卷后，他被《资本论》的博大精深所吸引。

彼时，郭大力想留学日本。闻之信息，郭大力父亲征求李石岑的建议。李在回函时表示，郭符合留学日本的条件，但从经济能力考量，不宜贸然东渡。彼时，恰好大夏大学副校长欧元怀推荐郑通和教授接替自己执掌江苏省立上海中学，趁此契机，郭大力亦被聘为上中教师。不料不久，郭大力因有向学生就行"赤化宣传"之嫌被学校解聘。

第一次国内革命的失败，让郭大力深感马克思主义理论对中国革命的重要意义，他决定像郭沫若先生那样，全文翻译《资本论》，一为传播马克思主义经济理论，二为谋取生资。寒假期间，他在杭州着手翻译

《资本论》第一卷，并结识了王亚南。两人志同道合，决定联手翻译《资本论》。次年秋，郭大力重返上海，租住在真如火车站附近一家民宅，被聘为大夏大学附中伦理学教师。在李石岑的介绍下，他结识了在校读书的余信芬，不久两人喜结良缘。在随后的几年中，为更深刻理解和翻译《资本论》积累经验，郭大力一边教书和自修德文，一边系统地研究和翻译古典经济学著作。让郭大力始获信心的是他翻译的李嘉图《政治经济学及赋税之原理》出版后，深得学术界好评。这部"全英国不会有 25 个人能看懂"的著作中文版甫一出版，便在沪上引起轰动。随后，他陆续翻译出版亚当斯密的《国富论》、马尔萨斯的《人口论》、伊利的《经济学大纲》等著作，计达数百万字。

正当郭大力醉心于翻译各类古典经济学著作时，日本帝国主义在 1932 年 1 月 28 日悍然发动对上海的进攻，制造了一·二八事变。在淞沪抗战的炮火中，先前完成的藏在真如火车站附近家里的《资本论》第一卷译稿毁于一旦。但这丝毫没有动摇郭大力的决心和信念。直到 1934 年，经过 8 年自我训练，郭大力在对西方古典经济学了然于胸后，他觉得时机已经成熟，便重新着手翻译《资本论》。1937 年，由中共领导的读书生活出版社负责人艾思奇、郑易里主动与郭大力签订出版合同，商定两年翻译《资本论》，并提前每月支付 40 元的稿费。郭大力根据德文原本，参考日文等版本，全力以赴，专心致志埋首翻译。

1937 年淞沪抗战爆发，抗战军兴。王伯群校长决定与复旦大学组成复旦大夏联合大学举校西迁。郭大力因专注翻译《资本论》，便决定暂回江西赣州老家，继续未了事业。1938 年初，郭大力接郑易里的电报，要他速回上海校译出版事宜。是年 4 月，他冒着日军轰炸的炮火，间关千里，绕道广州、香港，住在出版社狭小的房间里，焚膏继晷，与郑易里完成《资本论》最后的编校工作。是年 9 月，《资本论》全三卷中译本全部出版。从此，这部人类文化史上的鸿篇巨制，终于以全貌展现在中国人民面前。

《资本论》首印三千部，按照郭大力的意见，装帧设计尽量和德文原版保持一致。当时因找不到德文版封面用的那种粗麻布，就改用细纹米黄色布代替，封面中间套印三厘米宽的红带，红带上突出印上《资本论》三个大字，既严肃端庄，又美观大方。

《资本论》的出版，深受文化界、学术界的欢迎，不少社会知名人士如宋庆龄、冯玉祥、邵力子等都订购了。后来，这个版本又多次在国统区和解放区重印。据不完全统计，该版本的《资本论》共重印六七次，发行总量达三万多部，在国内得到了比较广泛的传播。当《资本论》出版后，分运到武汉、桂林、重庆等地。运往武汉的一批《资本论》中，有一部分被八路军驻汉办事处转送到延安，毛泽东也拥有了一本。这部 1938 年版本的《资本论》，上面印痕累累，最为引人注目的是毛泽东的藏书印章。在这部书的第一卷中，毛泽东不仅对第一至十二章大部分内容用铅笔进行了圈画，连下方的部分注释也认真读过并且进行了标注。在第三卷中，他不仅用铅笔、蓝铅笔对第十三至二十章、第三十七至三十九章的一些段落进行了圈画，还纠正了原书中的错字，改正了原书中不妥当的标点符号，将漏字一个一个添加上去。可

见，毛泽东读《资本论》时的刻苦用心。①《资本论》中文全译本的出版，它就像火把，给黑暗中摸索的民众照亮了前进的方向，它成为引领民众冲击旧世界，建设新社会的一面鲜明的思想旗帜。

郭大力一生治学严谨，当《资本论》中文全译本和《资本论通信集》中译本出版后，他并未罢手。1939 年，他又开始对《资本论》译文进行校订。一年之后，他把校订结果编制成一个包括近 1700 处更正的详细勘误表，于 1940 年 5 月寄给了读书出版社。出版社便将这个勘误表与彭迪先译的《资本论第一卷

20 世纪 40 年代，郭大力全家福

---

① 中共上海市委党史研究室、上海市档案局（馆）主编：《日出东方：中国共产党诞生地的红色记忆》下，上海锦绣文章出版社，2014 年 6 月，第 62 页。

补遗编》在一起，以《资本论补遗勘误》的书名印出。

在完成《资本论》全书校订后，郭大力再按计划着手翻译《剩余价值学说史》。这部书原为《资本论》的一部分，恩格斯后来曾计划把它编成《资本论》第四卷。因此，郭大力认为，只有把《剩余价值学说史》全部译成中文，才算把《资本论》完整地译介给了中国人民。

郭大力翻译《剩余价值学说史》和翻译《资本论》一样，经历了非常曲折之过程。当他开始翻译的时候，还在江西省立赣县中学临时校址王母渡山区。1940年秋季，郭大力应广东文理学院院长林砺儒之聘，到该院讲授经济学。学院其时驻地为广东连县东坡，这里地处山区，交通闭塞，生活条件甚是艰苦，郭大力没有顾及这些，只希望找到一个更能发挥自己作用的职位。他一面任教，一面在课余翻译《剩余价值学说史》。但是，"皖南事变"发生后，国民党掀起了第二次反共高潮，他们的魔爪同样伸到了东坡，共产党人和进步人士在这穷乡僻壤也无法逃脱迫害。1941年上学期尚未结束，郭大力就被迫辞职，从广东连县又返回江西南康斜角村定居。从此，他回绝了一切聘请，在故里一心从事翻译工作。

郭大力此时既无职业，亦无固定收入，一家四口的生活就靠有限的稿费和他夫人在乡村女子师范学校任教薪水来维持。为节省开支，夫妻俩自己种了一些蔬菜，经常到菜园除草施肥浇水。见此情景，有人曾揶揄郭大力说，人家读书当官光宗耀祖，可是你却在这里挑粪桶。郭大力听后只好付之一笑，因为他不便透露自己的工作。唯有埋头苦干，完成自己订的计划，方能实现远大的目标。1943年秋，他终于将一百多万字的《剩余价值学说史》全部译出初稿。在以后的几年中，郭大力不断地为译稿加工润色。但是，这一浸透郭大力心血和汗水的译稿，又差一点遭到毁灭的命运。1944年冬，日寇侵占了赣南，烧杀掠夺，村民们东躲西藏，郭大力也带领家小东奔西跑，但每次外出，他从不带坛坛罐罐，只带一个沉甸甸的纸包——《剩余价值学说史》的译稿。后来，他怕带在身边反而容易丢失，便把它埋在菜园里。经过精心保护，总算使译稿免遭劫难，最终在1948年由读书生活出版社出版。

（汤　涛）

革命奋斗在普陀

杜星垣：从普陀走向延安

杜星垣

一、在沪西参加抗日救国运动

杜星垣（1914—2011），1914年2月28日出生于福建省霞浦县三沙镇西澳村。1932年，杜星垣考取今普陀区境内的大夏大学高等师范专修科，1933年1月入校学习至1934年9月，并在普陀区境内从事革命活动。

1935年初，杜星垣回到福建省立乡村师范当教员。半年以后再次赴大夏大学学习。杜星垣在校期间修习了教育学、社会学、文学等很多课程，为以后从事教育和宣传工作奠定了基础。

杜星垣在大夏大学学习期间，适逢国家危急存亡之际。他在上海今普陀境内积极参加抗日救国运动，学习马列主义，坚定革命理想，向党组织靠拢。1935年，杜星垣由陈训涛介绍参加一二·九运动。1936年2月，参加抗日救国青年团（即"抗青团"，是党和广大群众中间的桥梁组织，也是党的一个可靠的外围组织），并与杨尚昆等同志组成党支部，分别领导所在学校的"抗青团"小组。杜星垣先后担任上海学生界救国会

常委，全国学生联合会常委、宣传部部长，上海青年救国服务团宣传部副部长。

1936年秋季，杜星垣从大夏大学毕业后，胸怀报效祖国的雄心壮志，于1937年北上延安，在陕北安吴堡青训班、陕北公学高级研究班学习。1938年6月先后在武汉全民抗战社、第五战区文化委员会、恩施《救中国》刊物、伪襄郧师管区第三学兵队宣传队做西北军的统战工作。杜星垣还在上海邹韬奋主办的《生活周刊》担任记者。1938年9月加入中国共产党。1940年12月到延安中央党校学习。1941年5月，杜星垣到中共中央统一战线工作部工作，这是党在延安时期建立的专门负责统战工作的职能部门。杜星垣在《回忆柯庆施》一文中谈到："王明1941年养病后，统战部《世纪》是柯老（柯庆施）负责，统战部的工作很忙，搞了很多材料，现在中央档案馆还保存着这些材料，有友党、友军的材料，国民党、国民党军队、国民党政府的材料，国民党政府内的特任官（相当于部长以上）、现任官、简任官、委任官（一般的官）的情况材料。我们还整理出各社会团体的材料。外面一来人，我们就同他谈话，记录下来各方面，各敌占区的情况，我们还研究国民党的报纸。"

二、积极投身教育工作

1945年抗日战争取得胜利以后，党中央决定从陕甘宁边区调集大批干部派往全国各个革命根据地。杜星垣参加了第二干部大队，1945年底到达热河省承德市，担任热河军政干部学校班主任兼教员、承德省立师范学校校长。后因承德师范学校参与合并组建承德联合中学，他担任承德联合中学的副校长。

1946年，杜星垣担任中共热东地委敌工部部长，冀察热辽分局土改工作团分团常委。1947年，他亲自迎接并指导了200多名来自平津等地的大专院校学生来解放区参加革命工作。这些青年知识分子来到解放区后首先就参加土改，他们朝气蓬勃的工作热情、不怕吃苦的革命精神给杜星垣留下了深刻的印象。多年以后，杜星垣专门写文章《尊重　爱护　信任——对解放战争时期青年知识分子工作的一段回顾》回忆这段工作经历，发表在《光明日报》(1986年12月12日第一版)。

1948年，冀察热辽联合大学在赤峰成立，杜星垣担任教育长兼教育学院院长，负责学校教学工作。当时联大学生的来源比较复杂：一是各级组织推荐保送的干部，二是各中等学校选派的学生，三是向社会公开招收的失业失学的知识青年，四是国统区奔向解放区参加革命的进步青年。联大教育的显著特点是教育理论联系实际，注重社会实践锻炼；发扬艰苦奋斗的精神是其办学的优良校风。杜星垣结合自己的实际工作，于1948年12月8日在冀察热辽分局的机关报《群众日报》上发表专题文章《关于知识分子政策的几个问题》，对联大教育工作进行了基本的总结，也对中国知识分子的产生及其特点等作了较为全面深刻的阐述。

1949年，学校迁往北平后，归第四野战军指挥，招收平津大中专学生，组成四野南下工作团第三团，开赴南方工作，他担任了三分团副政治委员。杜星垣对三分团的感情深厚，曾经写过很多关于三分团的回忆文章，比如《踏遍青山人未老——回忆南工团三分团》《进军中南的一支生力军——南下工作团》《回忆欧阳钦》等，让那段南下历史在后人眼中更加鲜活。

中华人民共和国成立后，杜星垣担任第四野战军政治部宣传部副部长、部长，中南军区政治部宣传部部长。著名作家、花城出版社原副社长苏晨在《非常可敬的杜部长》一文中提到，杜星垣是他在中南军区政治部的老部长，一个瘦瘦高高、戴着眼镜、温文尔雅的老将军。以后无论杜星垣在什么岗位上，大家都习惯叫他"杜部长"。"杜部长"对部下既要求严格，又关爱有加。苏晨结婚时，杜部长来家里看望他，说按照规定，结婚只准花五元，不准超过，临走时硬是给他放了五元钱。苏晨就是用这五元钱买了水果、糖果，简单操办了自己的婚礼。①

1953年9月起，杜星垣先后任广州市委工业部部长、市委副书记。1955年10月起，先后任第二机械工业部七局局长、部长助理。1958年2月任第一机械工业部副部长。1960年9月任国家经委副主任。1962年3月任第三机械工业部副部长。1963年11月任水利电力部副部长、党的核

---

① 韩三洲：《苏晨眼中的杜星垣》，《湘声报》，2013年3月4日。

心小组副组长、党组副书记。

三、矢志不移搞经济改革

1976 年粉碎"四人帮"后，中国进入改革开放时期，国家经历了经济体制改革、包产到户、真理标准讨论、特区对外开放等一系列重大事件。杜星垣作为时代的亲历者，坚持改革开放，冲锋陷阵。他政治经验丰富，并且长期主抓经济工作，较早地提出了停止阶级斗争，搞改革促生产的想法。[①]

1978 年 8 月，杜星垣任四川省委书记（当时设有第一书记）、省革命委员会副主任。到四川工作以后，只要省里没有特殊安排，他就会到各地市区县调研，特别是了解各地工业生产的情况、企业存在的问题，与干部群众一起研究解决的方法。当时四川主要有两个改革方向，一是农业改革；二是城市的经济改革、扩大企业自主权。四川的农业改革以让农民休养生息、扩大自留地和包产到户为主要内容，粮食总产量步步登高。1979 年，四川省粮食产量比 1976 年增加了 819 万吨，增幅达三分之一以上。杜星垣当时还是主管工业的书记，他最早带头探索扩大企业自主权、调动企业积极性的路子。他选择重钢、成都无缝钢管厂等 6 个工业企业作为扩权试点，1979 年扩展到 100 家。这些企业 1979 年的生产利润增加 33%，是非试点企业的 2.2 倍。杨汝岱同志曾回忆，城市改革从哪里入手，当时省委主要领导同志和省委主持城市经济工作的杜星垣同志讲，要从改革国有企业的经营体制，扩大企业自主权入手，像农村改革那样，首先调动直接生产经营者的积极性和主动性，四川扩大国有企业经营自主权的试点是全国最早展开的，由杜星垣同志具体指导和执行。

杜星垣于 1980 年 4 月底调回北京，任国务院第一副秘书长，中央财经领导小组秘书长，国务院机关党组副书记。1980 年 11 月起，历任国务院机关党组书记、国务院秘书长。1982 年 5 月兼任国家经济体制改革委员会副主任。1983 年 6 月任中央财经领导小组成员兼秘书长。1985 年

---

① 汤涛主编：《大夏大学 90 年 90 人》，华东师范大学出版社，2014 年 5 月，第 122 页。

4月任中央财经领导小组顾问。在党的十二届二中全会上增选为中共中央顾问委员会委员，在党的十三大上继续当选中共中央顾问委员会委员。1995年5月离职休养。

20世纪80年代，在国家当时最重要的经济发展时期，杜星垣殚精竭虑、勤勉敬业，在经济工作和改革工作方面投入了大量的精力。1980年5月，国务院决定设立国务院体制改革办公室，负责制订改革的总体规划，协调各方面的改革工作。国务院秘书长杜星垣兼任国务院体制改革办公室主任。国务院体制改革办公室成立后，陆续从国家计委等部门抽调了一些同志，开展深入调研，着手拟订改革规划。杜星垣在中央的领导下积极倡导改革，1980年9月至1982年5月，国务院体制改革办公室先后拟订了《关于经济体制改革的初步意见》《关于调整时期经济体制改革的意见》和《经济体制改革的总体规划》等文件。

曾经担任全国人大副委员长的田纪云是杜星垣的好朋友，两人在国务院共事多年。田纪云对杜星垣的印象是：少言寡语，性格倔强，为人正直，作风深入，工作细致，特别是对文字工作抠得很细，一丝不苟。很多人都赞同这个评价。退休后，他最爱去的地方是景山公园。他几乎不参与公众活动，有时甚至连老朋友的聚餐也不参加。① 他就是这样一位实事求是、一身浩然正气的"老部长"。

杜星垣同志于2011年3月22日在北京病逝，享年97岁。

（俞玮琦　冯　珺）

---

① 杜小真：《小真随笔》，丽江出版社，2018年9月，第268—269页。

周扬：在普陀的革命岁月

周　扬

周扬（1908—1989），原名周运宜，字起应，湖南益阳人，中国现代文艺理论家、文学翻译家、文艺活动家、中国科学院哲学社会科学学部委员。

周扬早年求学于地处沪西的大夏大学。也正是在今普陀区境内，周扬开始接受马克思主义，并加入中国共产党。毕业后，他在上海开始职业革命家的生涯，积极投身左翼文学运动，并在民族矛盾日渐加深之时提出"国防文学"，为团结文艺界的抗战力量做出了重要贡献。周扬在上海的这些革命经历，为他日后成为中共文艺界的领导人奠定了基础。

一、在大夏大学接受马克思主义

1908年，周扬出生于湖南省益阳县。他祖上算是官宦之家，但是由于幼年丧父，家境日渐衰落，家庭靠变卖田产维持生计。在14岁之前，周扬均由家里延请私塾先生教书识字，并未进过新式小学堂。后来他对旧式的闭门学习感到厌烦，羡慕新学，很想到外面的世界去看一看。因此，他先后进入长沙补习学校、益阳信义中学、长沙复初中学等学校学

习 ①。在国共合作大革命风起云涌之时，17 岁的周扬带着对未来的无限憧憬，从家乡湖南来到上海。

1925 年，周扬来到上海后，先是考入上海南方大学就读。后因师生反对校长江亢虎投靠北洋军阀而新组建上海国民大学，周扬随之转入。1926 年春，周扬转入大夏大学英文系就读。1927 年秋，周扬又从英文系转入两年制的高等师范专修科，学习教育学 ②。

在大夏大学就读期间，周扬受到哲学家兼同乡李石岑的影响较大。李石岑（1892—1934），湖南醴陵人，当时在大夏大学讲授"哲学概论""人生哲学"等课程。当时，周扬对各类现代主义文化新思潮很感兴趣。而李石岑曾主办《民铎》杂志，为国内民众大量介绍西方哲学流派，进行思想启蒙教育。李石岑是国内最早接触和传播尼采思想的学人之一，因此周扬也曾深深醉心于尼采主义。对于周扬来说，尼采思想曾在他的生活中起到"革命的作用"，"他教了我大胆否定一切因袭、传统、权威，在我脑筋中行了一次大扫荡，没有这次大扫荡，接受马克思主义也就不会有这么纯净、干脆。"③

在大学期间，周扬通过阅读有关书籍，开始了解共产主义、无政府主义等思潮。在这些新传入中国的思潮中，对周扬来说，"还是最相信马克思，我觉得马克思主义最好"④。"四一二政变"发生后，国共第一个合作失败，上海首先进入白色恐怖状态。此时正是党的危急时刻，向往革命的周扬对国民党的所做所为十分愤怒，并且有强烈的报复欲望，因此在 1927 年 5 月经大夏大学同学兼同乡夏钟润介绍正式加入了中国共产党。周扬曾回忆说："那时年轻，天不怕，地不怕，党怎么号召就怎么做，也不知道什么是左倾路线，半夜到街上去散发传单，贴标语。"⑤

随着白色恐怖的加剧，上海的共产党组织遭到了严重破坏，各类共产主义书籍也被国民党禁止流通。在这种压抑的环境下，周扬不想等到

---

① 吴敏：《周扬简谱初编（一）》，《现代中文学刊》，2013 年第 2 期。
② 吴敏：《周扬简谱初编（一）》，《现代中文学刊》，2013 年第 2 期。
③ 徐庆全：《周扬与冯雪峰》，湖北人民出版社，2005 年 1 月，第 2 页。
④ 赵浩生：《周扬笑谈历史功过》，《新文学史料》，1979 年第 2 期。
⑤ 荣天玙：《人生难得一知己：周扬与周立波》，《新文学史料》，2004 年第 3 期。

两年后才毕业，因而转到高等师范专修科，从而得以提前一年毕业。当时是日本左翼文化和普罗文学（无产阶级文学）最流行的时候，市面上各种关于马克思主义以及苏联的著作丰富易得。1929年毕业后，周扬便前往日本，进一步大量阅读马克思主义以及苏联的书籍，进而将自己的革命理想融入到左翼文学当中。

二、从领导"左翼文学"到倡导"国防文学"

1930年初，周扬从日本回到上海，开启翻译与写作生活。借助在大夏大学英文系就读打下的语言基础，周扬开始翻译和介绍苏联马克思主义文艺理论作品。对于周扬来说，"当时遇到英文书籍中有关苏联文化艺术的资料，便先睹为快。不论其内容价值如何，迅即移译，以供参考，兼获少许报酬，以资糊口。"①同年，通过朋友介绍，周扬加入摩登剧社，并担任《摩登月刊》文学编辑。1931年，周扬随摩登社并入大道剧社，加入中国左翼戏剧家联盟（简称剧联）。由于周扬在参加演戏实践后自我感觉并不具备演戏的天赋，于是决定专心写文章。因而在当年年底，周扬便由剧联转入中国左翼作家联盟（简称左联）。

当时的左联刚刚成立一年多，虽然面临各种高压但各类活动却开展得有声有色，周扬在这里找到了发挥自己才能的舞台——担任左联机关刊物《文学月报》主编。1933年5月，周扬开始担任中共中国左翼联盟党团书记，并于1935年担任"文委"书记②。"文委"是上海临时中央文化工作委员会的简称，是当时上海文艺界的领导机构，负责领导左联、社联、剧联、美联、教联等革命团体。作为地下党负责人，周扬在上海领导"左翼作家联盟"时，为进步作家做过许多有益的工作。当时国民党在对中央苏区及各革命根据地发动军事围剿的同时加紧进行文化"围剿"，在上海捣毁进步电影公司和进步书局，搜捕共产党人，暗杀进步文化人士。周扬在这种极其险恶的环境中，勇挑重担，使左翼文化团体不

---

① 赵家璧：《编辑忆旧》，生活·读书·新知三联书店，1984年8月，第39页。
② 徐庆全：《周扬与冯雪峰》，湖北人民出版社，2005年1月，第30页。

断得到巩固、发展。

国民党在上海发动三次大逮捕后，周扬与中共中央失去了联系，"茫然如在黑夜行路"。在这种情况下，周扬只好将目光转向共产国际，因为那时不仅中共是共产国际的支部，左联也是共产国际组织的"国际革命作家联盟"的一个支部。在共产国际的指示也无法了解的情况下，周扬通过搜集苏联有关信息，试图从中找到共产国际的最新动态。周扬发现当时苏联作家正在提倡一种新的文学——"国防文学"，希望这种文学能够担负起"防卫社会主义国家，保卫世界和平"以及"揭露帝国主义怎样阴谋发动战争，怎样以科学为战争的武器"的宣传责任。[1] 于是，1934年10月周扬发表《"国防文学"》一文，介绍苏联国防文学作品，并提出"在战争危机和民族危机直迫在眼前，将立刻决定中国民族的生死存亡的今日，国防文学的作品在中国是怎样地需要呀"。[2] 这篇文章发表后，在国内引起了巨大的反响，这是周扬自己也始料未及的。周扬晚年回忆说，"当时思想上只有一条，就是要抗日救国；日本帝国主义已经制造了九一八、一·二八事变，民族危机严重，觉得苏联的'国防文学'好，就介绍到中国来了。当时并没有料到这种小文章在报刊上引起了相当强烈的反应。"[3] 之所以有如此反响，正是因为"国防文学"顺应了当时正遭受日本帝国主义军事侵略的中国人民的现实需求。

不过在当时与中共中央以及共产国际都失去联系的情况下，作为"文委"书记的周扬还需要寻找相应的理论依据。1935年8月，共产国际第七次代表大会提出建立反法西斯统一战线，中共驻共产国际代表团也以中共中央名义发表《为抗日救国告全体同胞书》（即《八一宣言》），提出抗日民族统一战线。在传达讨论以上两个文件之后，周扬等人围绕建立抗日民族统一战线，进行了解散"左联"，正式打出"国防文学"旗帜等系列行动。[4] "左联"从1930年成立以后冲破了国民党的"文化围剿"，为党的文化事业做出巨大贡献。为适应抗战的新形势以及共产国际

---

[1] 徐庆全：《周扬与冯雪峰》，湖北人民出版社，2005年1月，第56—57页。
[2] 周扬：《周扬文集》（第一卷），人民文学出版社，1984年12月，第119页。
[3] 陈漱渝：《周扬谈鲁迅和三十年代文艺问题》，《百年潮》，1998年第2期。
[4] 陈漱渝：《周扬谈鲁迅和三十年代文艺问题》，《百年潮》，1998年第2期。

和中共中央的指示，周扬等人决定解散"左联"，成立团结更广泛作家的"中国文艺家协会"。协会成立之时发表的宣言相当于文艺界的抗战宣言："在全民族一致救国的大目标下，文艺上主张不同的作家们可以是一条战线上的战友。文艺上主张的不同，并不妨碍我们为了民族利益而团结一致；同时，为了民族利益而团结一致，并不拘束了我们各自的文艺主张向广大民众声诉而听取最后的判词。"①

周扬在国内率先倡导的"国防文学"口号，在全国文艺工作者中间引起了很大的反响，迅速团结扩大了文艺界的抗日力量。全国各地出现轰轰烈烈的国防文艺运动——"国防戏剧""国防电影""国防诗歌""国防音乐"，引导广大人民群众投身于抗日救亡运动之中。也正是在 1937 年全民族抗战爆发之时，周扬根据党的安排离开上海前往延安，开启另一段革命生涯。

（陈华龙）

---

① 中国社会科学院文学研究所现代文学研究室编：《"两个口号"论争资料选编》，知识产权出版社，2010 年，第 235 页。

邰爽秋：创办沪西民生教育实验区

邰爽秋

邰爽秋（1897—1976），江苏东台人，中国近现代教育家，长期担任大夏大学教育学院院长。先后参与创办了"梵王渡普及教育实验区""大夏民众教育实验区""沪西民生教育实验区"等，在今普陀区境内的各个教育实验区积极开展并推广其民生教育理论的研究与实践。

一、提出民生本位教育主张

1897 年，邰爽秋出生在江苏东台一个贫寒的私塾家庭，1913 年考入扬州江苏省立第五师范学校，毕业后考入南京高等师范学校（东南大学）教育系。1919 年，五四运动爆发，邰爽秋深受影响，于 1920 年参加了由李大钊、王光祈等发起的进步青年组织少年中国学会（南京分会）。该学会的宗旨是"本科学的精神，为社会的活动，以创造少年中国"，要求会员恪守"奋斗、实践、坚忍、俭朴"的信条。① 在校期间，他发起成立儿童用书研究会，任总干事。他在《中华教育界》发表论文《新教育

---

① 郭衍莹：《被遗忘的民国平民教育家邰爽秋》，《钟山风雨》，2014 年第 5 期，第 30—31 页。

的三大要素》，认为"本能乃是教育的天然基础，习惯乃是教育的终结，就可算是教育的目的，环境乃是把本能变成习惯的利器，就可算教育的方法"。①

1923 年毕业后，邰爽秋因成绩优异赴美留学，同时担任江苏省特派欧美教育考察职务，后获美国芝加哥大学教育硕士学位。1927 年获美国哥伦比亚大学教育博士学位。归国后，历任中央大学、中山大学、河南大学教授，暨南大学教育学系主任，大夏大学教育学院院长，中国民生建设实验院院长，国民政府教育部战时教育委员会委员等职。

1928 年，江苏省中小学缺乏校舍，他第一个提出"庙产兴学"主张，江苏基础教育，因此而受益匪浅。1930 年，他亲自到河南等地农村考察，亲眼目睹了农村、城镇经济的衰败，农民生活的贫困。在深入调查研究之后，提出了以救国救民为宗旨的"民生本位教育"主张，号召教育要走出书斋，与民众的生产生活结合起来，"以发展人民生计的经济活动为脊干，来改造民众生活，扶植社会生存，保障群众生命，从而达到民族复兴的教育"。②他设想的最终目的，就是为了让劳苦大众过上幸福安康的美好生活，达到民强国富。

二、创办沪西民生教育实验区

邰爽秋于 1933 年出任大夏大学教育学院院长。任教期间，他教授的课程有教育行政、教育调查、教育行政概论等。

1933 年冬，邰爽秋发起"提倡土货、实行社会节约、努力社会生产、发展国民经济、改进民众生活、协谋中华民族之复兴"的"念二运动"。因该年正值中华民国廿二年，故称"念二运动"。为积极响应该运动，邰爽秋身体力行，身着土布短装，奔走在工人农民中间，每月把自己教育学院院长工资的三分之一拿出来资助生活贫苦的平民。工人农民因此亲切地称他为"布衣博士"。在邰爽秋的带领下，大夏大学师生成立了沪西

---

① 顾明远总主编、《中国教育大系》编纂出版委员会编：《中国教育大系　历代教育名人志》，湖北教育出版社，1994 年 7 月，第 583 页。
② 邰爽秋：《民生教育刍议》，《教育杂志》，1935 年第 25 卷，第 6 期，第 57—61 页。

念二社，下设秘书处、纺织训练所、生产合作所、工艺训练所、土货介绍所，并创办"梵王渡普及教育实验区"，推行民本位教育。①

在"念二运动"中，为"把教育普及到民众面前"，邰爽秋经反复试验，发明了一种普及教育车，真正实现了把教育送到街头巷尾，广受欢迎。南京国民政府教育部曾专门发文通令全国采用，制定实施巡回教学方法的法令。蔡元培闻讯后，在上海《新闻报》上介绍说，这种车"包含流动书库、游行教坛等十二种设备（按：其他十种为民众报社、巡回展览、代用会场、农业指导、娱乐场所、平民书案、临时医院、合作商店、简便工场及露天茶园），以一人推挽、装置及讲说之劳，而使各地民众均有领受常识之机会，以不及法币一百元之开办费，教员一人之生活费，而可以充小学及民众教育馆之代用，用力少而成功多，教育之工具莫良于此矣！"② 由于民生教育适合劳动人民的需要，"念二社"组织迅速遍及沪西金家巷、曹家渡、徐家宅、江桥、秦家阁等劳动人民居住区，以金家巷念二社最为著名。美国纽约大学教育学院教授梅戈登专程来华考察沪西民生教育活动，并把该区教育活动拍摄成电影回国宣传。

1934年，邰爽秋与大夏大学副校长欧元怀、文学院院长吴泽霖、前社会教育系主任马宗荣等人会商，在大夏大学附近创设"大夏民众教育实验区"。1935年，念二运动促进会成立，邰爽秋被推选为干事长，并深觉民生教育有扩大实验的必要。于是，联络上海市社会局局长潘公展、大夏大学副校长欧元怀等人研究，决定将梵王渡普及教育实验区和大夏民众教育实验区合并，扩设为"沪西民生教育实验区"。全区分东西两部分，实验范围由东而西，就数村或一村民众，组成若干念二社，并依各社民众之需要，分别组织各种合作团，从经济活动出发，贯穿各种教育，养成各种公民，创造公平社会，以期实验宗旨的完成。③ 沪西民生教育实验区的实验经费主要源于上海市社会局与大夏大学资助，不敷之数，则

① 唐茂槐：《实验的民生教育》，《民生教育》，1937年第1卷，第2—3期。
② 蔡元培：《新闻报》，1937年；另见《爽秋自传诗》，手稿本，第62页。
③ 熊明安、周洪宇主编：《中国近现代教育实验史》，山东教育出版社，2001年9月，第534页。

由郐爽秋创办的教育编译馆发行书刊、出售普及教育车所得予以贴补①。

郐爽秋于 1936 年在上海发起组织成立中国民生教育会，并被推选为理事长。该会成立后，将工作重点放在实验与研究两方面，大力推广民生教育，出版有《民生教育》《建国教育》《联合年报》《联合年会总报告》等刊物，开展对民生教育的实验与理论研究的热烈讨论。

1937 年，抗日战争爆发，大夏大学内迁，时任教育学院院长的郐爽秋随迁庐山。1938 年，郐爽秋至重庆，将实验区亦迁至重庆。1939 年，在巴县创办"中国民生建设实验院"，担任院长，专门从事民生教育的理论研究和实验推广工作，仍然主张"提倡土货可以维持抗战资源，可以抵制经济封锁，可以增加后方生产，可以安定国计民生"。② 以郐爽秋为理事长的中国民生教育学会还编制了《青年从军歌》，表达了学会面对外敌入侵所应采取的态度。大夏大学转赴贵阳后，郐爽秋又随即辗转奔赴贵阳，在大夏大学教书之余，继续其民生教育理论的研究与实践。其民生教育与陶行知"生活教育"、晏阳初"乡村建设教育"鼎足而三。

三、倡议设立教师节第一人

郐爽秋认为，发展民众教育必须提高教师的政治、经济和社会地位，遂于 1931 年 5 月与程其保等人联络教育界人士在南京中央大学集会，发表要求"改良教师待遇，保障教师地位和增进教师修养"的《教师节宣言》，并拟订每年 6 月 6 日为教师节。这个提议虽然没有被当时的国民党政府批准、立案，但在中国各地的影响却不断扩大，南京、上海、杭州、开封、徐州等地，甚至连当时苏区的教师也在这天集会纪念，希望教师能有一个自己的节日。1932 年 6 月 6 日，郐爽秋等人在致全世界教育工作人员一封公开信中，向全世界教育会提议确定 6 月 6 日为国际教师节。郐爽秋还撰写了《教师节运动史略》《教师节与教师幸福问题》等，进一步明确了教师节运动的意义，即"一方面是为教师谋求福利的斗争，另

---

① 汤涛主编：《大夏大学 90 年 90 人》，华东师范大学出版社，2014 年 5 月，第 40 页。

② 郐忠民：《谈谈民生教育思想的来源和内涵——纪念我的父亲郐爽秋诞辰一百二十周年》，《教育史研究》，2017 年第 3 辑，第 238—246 页。

一方面是与反动政府进行的一场政治斗争"。1949 年 6 月 6 日，徐特立发表《教师节谈新民主主义教育》一文，肯定了"六六"教师节在中国近现代教育史上的历史作用和进步意义。①1985 年 1 月 21 日，第六届全国人大常委会确定每年 9 月 10 日定为中国教师节。此后，这一天真正成为全国性的节日，邰爽秋的理想终于变为现实。

此外，邰爽秋还是第一个把电化手段用于教学实验的人。1947 年，中国教育学会理监事会在苏州开会，邰爽秋提出推行"自学制度"以改革传统教学方法，他在《自学制度》一文中提出："今日教育，就方法言已臻电化时代，广播、电视、录音等工具纷纷出现，这些工具给我们启示：受教育者不一定到学校，讲课者不一定到课堂，它为教学领域建立个体自学环境，大规模培养人才，广发开展自学运动提供了条件。"他还提出建议："于各大都市普设广播站，并于国内各城市、乡镇设收音站，按时广播、转播。"② 这些设想，对照今日广播电视教育及大学中专自学考试等的蓬勃发展，足证其远见卓识。

中华人民共和国成立后，邰爽秋历任辅仁大学、北京师范大学教授。邰爽秋毕生尽瘁于教育事业，1976 年 12 月 24 日在北京病逝，享年 80 岁。他一生研究不辍，著有《民生教育》《教育经费问题》《教师节与教师幸福问题》《地方教育行政之理论与实际》《普及教育问题》《教育行政测量法》(英文) 等多部著作与数十篇论文。他毕生致力于民生教育，为民生教育思潮主要代表人物之一，对我国现代本土教育理论的构建做出了重要贡献，与晏阳初、梁漱溟、陶行知并称"中国教育界四大怪杰"。

邰爽秋办公室曾有副对联："欲凭只手救民生，剩有丹心报祖国"，可以说是邰爽秋一生尽瘁于我国民生教育、献身祖国发展的写照。

（俞玮琦）

---

① 邰忠民：《谈谈民生教育思想的来源和内涵——纪念我的父亲邰爽秋诞辰一百二十周年》，《教育史研究》，2017 年第 3 辑，第 238—246 页。
② 重庆市文史研究馆编：《巴渝故实录》，上海书店出版社，1994 年 10 月，第 76 页。

欧阳山尊：早期的戏剧之路

欧阳山尊

　　1933 年，欧阳山尊考入大夏大学就读。大学期间，他参加大夏剧社、大夏歌咏团等团体，还在今普陀区境内的工人区积极宣传抗日救亡。

　　1937 年欧阳山尊毕业后前往延安，开启在战斗中的戏剧生活，并参加延安文艺座谈会。这些早期经历为其在中华人民共和国成立后长期担任北京人民艺术剧院副院长兼歌咏团团长，最终成长为我国著名戏剧家奠定了基础。

一、在大夏大学的戏剧生涯

　　欧阳山尊（1914—2009），原名欧阳寿，湖南浏阳人，现代著名戏剧艺术家。1914 年，欧阳山尊出生于湖南浏阳县城营盘巷。早年过继给伯父、中国话剧创始人欧阳予倩，6 岁来到上海生活。他先后就读上海博文小学、沪江大学附属中学等学校。虽然父亲欧阳予倩是从事文艺工作的，但欧阳山尊却自小就爱好科学，希望以后能当一名工程师。1931 年沪江附中毕业之时他本来可以直升，但由于学校没有工科专业以及父亲当时在广州工作，便考入广东国民大学土木工程系。不久随父亲回到上海并准备投考交通大学，但交大等各大高校因为受一·二八抗战影响未能如期招考。① 在父亲建议下，他进入杭州电厂实习。1933年，欧阳山尊投考交通大学，但考试前日突然患病，未能坚持考完。② 病愈后，欧阳山尊考入大夏大学。由于大夏大学当时没有电机专业，欧阳山尊便进入数理系③ 就读，也算是"曲线救国"。

在大夏大学就读期间，欧阳山尊热衷于参加学校和社会上的业余话剧活动。他和同学组织大夏剧社，先后编排演出了《黄浦江边》《车夫之家》和《居住二楼的人》等剧目④。当时正值九一八事变不久，他们所演的都是以抗日救亡为内容的进步戏剧。作为大夏剧社成员，欧阳山尊邀请刚从欧洲回国的欧阳予倩到学校介绍苏联戏剧的情况。后来他组织同学成立大夏歌咏团，担任歌咏团团长，并且邀请冼星海等人前来为大夏歌咏团做辅导。⑤ 同时他与演员金山、辛汉文、王莹等发起组织"四十年代剧社"，演出《赛金花》和《自由魂》等。当时缺乏经费，他便当了毯子应急，又想办法做木架后糊上几层报纸涂上颜色做布景。总之，他身兼数职，既当演员、剧务主任，又管服装、制作灯光用具、筹借经费，展示了多方面的才能。⑥

由于抗日救亡主题的话剧等活动遭到国民党特务的干涉，以至于生命安全受到威胁，导致欧阳山尊的化学实验等课程无法上课，最后多门功课因缺课过多不能参加考试。大夏大学文学系的两位教授了解到欧阳山尊的情况后，建议他转到英文系，凡是她们所教课程均布置课外作业，不必到校上课。为减少校内特务威胁，同时腾出更多时间从事社会上的戏剧救亡活动，欧阳山尊转到了英文系就读。他晚年回忆说，"迫于客观形式，我先是放弃了电机工程改学数理，现在又放弃了数理改为与莎士

---

① 欧阳山尊：《缅怀先辈激励后人：追忆艺术大师——我的父亲欧阳予倩》，《新文化史料》，1996年第4期。

② 欧阳山尊：《路虽曲折迈步不停——我的学习历程》，《落叶集》，红旗出版社，1995年1月，第577—579页。

③ 按，1932年12月12日大夏大学第126次校务会议决定，将理学院数学系和物理系合并为数理系。

④ 张世英：《欧阳山尊速写》，《传记文学》，1992年第5期。

⑤ 欧阳山尊：《路虽曲折迈步不停——我的学习历程》，《落叶集》，红旗出版社，1995年1月，第580页。

⑥ 张世英：《欧阳山尊速写》，《传记文学》，1992年第5期。

比亚和萧伯纳打交道了。"① 转入英文系后，由于有各种戏剧表演的实践经验，他在学业上表现优秀。

1937年，欧阳山尊从大夏大学毕业。当时，他想好了两条道路：一是和演员金山等合作，将"四十年代剧社"建成专业化的剧团；一是跟随父亲欧阳予倩拍电影。然而，淞沪抗战的爆发改变了他对未来的设想。当时中国守军正同日军在上海市郊进行激烈的交战，文艺界也群情激愤，父亲欧阳予倩等人负责的上海戏剧界救亡协会还专门成立了13个"上海救亡演剧队"。各界群众的抗日热情使欧阳山尊意识到，抗战救国、不当亡国奴才是当前的头等大事。② 他毅然地加入上海救亡演剧队第一队，并于8月20日离开上海，奔赴抗日的华北前线，开始了他战斗的戏剧生活。③

二、亲历延安文艺座谈会

1937年底，欧阳山尊跟随上海救亡演剧队第一队途经武汉、郑州、西安等地，一路演出到达山西抗日前线。1938年春临汾失陷，欧阳山尊前往革命圣地延安。在延安演出一个多月后，救亡演剧队第一队按照组织安排解散，队员分到各处工作。欧阳山尊根据安排参加八路军总政治部组织的部队文艺工作小组，为美国驻华使馆军事参赞埃文斯·卡尔逊担任翻译，陪同前往华北敌后根据地访问。1939年初，欧阳山尊加入中国共产党，并调入抗日军政大学总校文工团担任副团长。同年7月，抗大、陕北公学等学校根据中央安排开赴前线，欧阳山尊被任命为八路军第五纵队宣传队副队长。从1940年直至抗日战争取得胜利之时，欧阳山尊在陕甘宁晋绥五省联防军政治部宣传队工作，先后担任宣传队长、一二〇师战斗剧社社长、鲁迅艺术学院晋西北分院院长等职。④

1942年4月底，欧阳山尊接到上级通知，前往杨家岭参加中央召开

---

① 欧阳山尊：《路虽曲折迈步不停——我的学习历程》，《落叶集》，红旗出版社，1995年1月，第580页。
② 刘章春：《坦荡君子风——记欧阳山尊先生》，《传记文学》，2017年第2期。
③ 张帆：《欧阳山尊的艺术道路》，《新文化史料》，1995年第1期。
④ 欧阳山尊：《参加延安文艺座谈会的前前后后》，《落叶集》，红旗出版社，1995年1月，第591页；张帆：《欧阳山尊的艺术道路》，《新文化史料》，1995年第1期。

的文艺座谈会。5月2日，欧阳山尊穿戴整齐来到与中央礼堂相连的一间会议室。欧阳山尊没想到这次会议上会见到那么多中央负责同志，更没想到能够见到毛主席。他晚年回忆说，"主席走过来顺着次序同大家一一握手。当他走近我的时候，我有一些紧张。他握着我的手，看着我，非常亲切地说，'欧阳同志，你从前方回来了。'真没想到，离开延安三四年了，主席心里还记得我这么一个人，还知道我上了前线又回来了，只觉得心上涌起一股暖流，眼睛被幸福的泪水润湿了。"①

当日，毛泽东在会上发表了著名的《在延安文艺座谈会上的讲话》引言部分，讲话围绕文艺工作的立场问题、态度问题、工作对象问题、工作问题以及学习问题等展开，提出解放区的文艺工作应该为人民大众服务。在发言结束后，毛泽东号召大家踊跃发言，并希望参会人员将意见寄给他。欧阳山尊在会议过程中没有发言，其实他在听了报告以后觉得有很多话要说，但又觉得自己懂得太少，水平太低，没有勇气发言。待晚上回到住的窑洞，他仍然心潮澎湃，把讲话记录读了一遍又一遍，直到深夜。经过几天的思考，欧阳山尊最终鼓起勇气，将自己关于加强党对文艺工作的领导以及动员作家、艺术家们到抗日前线的实际生活中去的意见寄给了毛主席。几天后，欧阳山尊收到毛主席的亲笔信："你的意见是对的。"②

毛主席的七字回信给了欧阳山尊很大的鼓励。当5月16日召开座谈会第二次会议时，他便报名发言了。欧阳山尊围绕前线部队和敌后群众对文艺工作的迫切需要以及实际斗争给文艺工作者的教育等问题发言："战士和老百姓对于文艺工作者的要求是很多的，他们要你唱歌，要你演戏，要你画漫画，要你写文章，并且还要求你教会他们干这些。不能说你是一个作家就拒绝给他们唱歌，也不能说你是个演员就不给他们布置救亡室（即俱乐部）。他们需要什么你就应该把自己所有的一切都毫无保留地献出来。正像鲁迅说的'有一分热，发一分光'，甚至发两分光。初看起来似乎你付出去的很多，但事实上，你从他们身上收到的、学习到

---

① 欧阳山尊：《参加延安文艺座谈会的前前后后》，《落叶集》，红旗出版社，1995年1月，第597页。

② 欧阳山尊：《参加延安文艺座谈会的前前后后》，《落叶集》，红旗出版社，1995年1月，第598页。

的东西却更多。"①针对当时一些文艺工作者在部队里开展文艺工作不安心，感到到头来也只是个排级干部的问题，欧阳山尊在发言中提出：文艺工作者"把注意力集中到当哪一级干部的问题上是趣味不高的，鲁迅和高尔基又是哪一级干部呢？要注意的倒是如何满足群众的要求，如何把工作做好的问题"②。

5月23日，文艺座谈会第三次会议召开。参加此次会议的人比前两次多了很多，会场满满的都是人。在会议的最后，毛泽东发表了《在延安文艺座谈会上的讲话》结论部分的讲话。当时天已经黑了，会场专门点了一盏汽灯，毛主席就着灯光看提纲发表讲话，而当时欧阳山尊正好就在灯架旁边，因此听得格外清楚、仔细。③

参加延安文艺座谈会后，欧阳山尊离开延安前往晋西北筹备鲁迅艺术学院分院。路过绥德时，战斗剧社正在那里做前往延安演出的准备。当时剧社人员就去延安表演什么剧目方面存在争议，有人主张演《雷雨》等，但又怕演出水平太低出洋相；有人主张演出刚创作的反映前方战斗生活的戏，但又怕不受欢迎。在欧阳山尊向剧社成员传达毛主席关于文艺工作应该为人民大众服务等精神后，剧社内部意见得到了统一：大胆去延安演出反映前方战斗生活的剧目。等到欧阳山尊从晋西北再次回到延安时，战斗剧社正好在杨家岭中央礼堂演出，而演出受到了延安群众以及中央领导的热烈欢迎。毛泽东后来在给欧阳山尊等人的回信中对他们予以了热情鼓励："你们的剧我以为是好的，延安及边区正需要看反映敌后斗争生活的戏剧，希望多演一些这类好戏。"④

（陈华龙）

---

① 欧阳山尊：《参加延安文艺座谈会的前前后后》，《落叶集》，红旗出版社，1995年1月，第598页。

② 欧阳山尊：《参加延安文艺座谈会的前前后后》，《落叶集》，红旗出版社，1995年1月，第598页。

③ 欧阳山尊：《参加延安文艺座谈会的前前后后》，《落叶集》，红旗出版社，1995年1月，第599页。

④ 钟敬之编：《延安十年戏剧图集1937—1947》，上海文艺出版社，1982年12月，第46页；欧阳山尊：《参加延安文艺座谈会的前前后后》，《落叶集》，红旗出版社，1995年1月，第601页。

吴觉：四次被捕的大夏党支部书记

吴 觉

吴觉（1912—1984），字延恪，江苏淮阴人。他曾任淮阴义勇军总指挥、淮海地委书记兼专员、苏南高等法院院长、国务院治淮委员会秘书长兼政治部主任、南京工学院（今东南大学）党委书记兼院长、江苏省政协副主席等职。

一、在大夏参加革命

吴觉早年考入大夏大学政治系就读。在读书期间，在今普陀区境内加入共青团和中国共产党。在大学读书期间，吴觉先后四次被捕，然而数度入狱并没有让他对革命畏惧不前，反而坚定了他的革命意志。

1912 年，吴觉出生于苏北淮阴县城外渔沟村祖宅。父亲吴引湘为清末秀才，曾任私塾教师，后考入两江优级师范学堂，毕业后在位于淮阴县城的省立第六师范教书。1921 年，吴觉随母亲移居淮阴城内，就读于省立第六师范附属小学。1925 年，吴觉小学毕业后考入江苏省立师范第九中学。1928 年因参加中学学潮被开除学籍，次年考入南京私立正谊中学。①1930 年春，吴觉进入上海私立建设大学，并参与校内学生运动反

---

① 吴觉：《我的历史自述》。王永久主编：《吴觉纪念文集》，东南大学出版社，1989 年 7 月，第 65、66 页。

对学校以营利为目的行为。不久该校被教育部勒令停办 ①，吴觉随之考入大夏大学政治系。

1930 年 8 月，大夏尚未正式开学之时吴觉被误捕入狱，这是他参加革命以后第一次被捕。当时淮阴的两位同学来到上海投考学校，住在工厂区亲戚家。某日吴觉前去拜访，恰好碰到密探巡查该区域。当时两位同学携带有很多伪造的学校印信文件，为巡警所拘捕，吴觉虽然只是访客也未能幸免被拘捕。最初巡警有敲诈之意，后因两位同学未屈从，三人连同房东被带到市公安局审讯。最终其中一人因承认伪造印信被科以罚金外，其他人无条件释放。②

出狱后，吴觉便前往大夏大学登记报道。入学后吴觉加入了大夏校内由共产党员秘密领导的革命学生会。不久，又在大夏大学校内两位同乡同学党员吴天木、团员方超的介绍下，参加了共产主义青年团。吴觉入团后在工作上、行动上表现得非常积极与**勇敢**。在 1930 年到 1931 年夏天这段时间里，上海的党组织经常举行各类游行、示威以及飞行集会等活动。当时国民党的白色恐怖十分严重，每次行动都有一些同志在现场被逮捕。但每次党组织有活动，吴觉都是积极的参加者。由于表现积极勇敢，吴觉多次被上级党组织选派参加捣毁反共反苏的现代书店、捣毁放映反共电影的黄金大戏院等行动。由于在革命行动中的积极表现，吴觉被选为大夏大学青年团的支部书记。③

虽然有着满腔革命热情，但随着行动中大批同志的被捕、革命力量的逐渐损失，吴觉开始怀疑行动的效果及其是否正确问题。因此他一度革命情绪消极，休学回到家乡淮阴。然而随着"九一八事变"的爆发，吴觉内心的爱国情绪和革命火焰再次被点燃。他在淮阴组织进步青年成立了国难剧社，在广大市民中开展爱国救亡宣传工作，批判国民党的不

---

① 沈伟：《摩登法律人：近代上海法学教育研究（1901—1937）》，上海三联书店，2020 年 8 月，第 129 页。吴觉：《我的历史自述》，王永久主编：《吴觉纪念文集》，东南大学出版社，1989 年 7 月，第 68 页。

② 吴觉：《我的历史自述》。王永久主编：《吴觉纪念文集》，东南大学出版社，1989 年 7 月，第 69 页。

③ 吴觉：《我的历史自述》。王永久主编：《吴觉纪念文集》，东南大学出版社，1989 年 7 月，第 70 页。

抵抗主义。到1932年初淞沪停战协定签订后，南京地区大学已经开学，但上海高校由于受到战争破坏影响未能及时开学，因此吴觉便前往南京借读于中央大学。①

当时中央大学是国民政府的最高学府，因此政府对学校控制得十分严格，完全没有一点革命气息。因此当大夏大学正式复课以后，吴觉便于当年9月重新回到上海，继续在大夏大学就读。虽然离开大夏一年多，但大夏大学党团支部的很多同志都还在。当他汇报过去一年的情况之后，被编入党支部过组织生活，算是从团员转为党员了。入党以后，吴觉的革命热情更加高涨，奋不顾身地从事党的工作。他经常忙着编写各种公开或者秘密的墙报，还经常化妆后去工厂做突击工作。由于优异的表现，不久吴觉便被选为大夏大学党支部书记。

1932年10月，《国联调查报告书》(又称《李顿调查报告书》)正式公开发表，对九一八事变的前因后果进行了调查并提出解决建议。该报告书虽然指出了日本的侵略行为，对伪满洲国也不予承认，但对日本的侵略行为没有制裁只有妥协，因而引起中国民众的不满。②吴觉领导下的大夏大学党支部决定公开组织李顿报告书研究会，借以发动群众，掀起沉闷已久的学生运动。当时签名支持该活动的达到五六百人。在随后召开的研究会成立大会上，吴觉被选为李顿报告书研究会主席。当时大夏党支部已经有党员60余人，团员数十人，再加上有革命意向的群众，总人数在200人左右。而当时大夏大学总人数也就1200多人，因此革命力量在上海各大学中算是比较雄厚的了。李顿报告书研究会的活动开展得轰轰烈烈，引起了上级党组织的重视。党组织准备以大夏大学运动为基础组织全上海学生运动，并派中共江苏省委沪西区巡视员刘顺元来直接领导。为加强领导，大夏大学党支部改组为支部局，吴觉被选为支部局书记。吴觉努力与上海其他各大学进行联络，并召开了一些联络会议，但由于当时学生运动遭到国民党的严重打压，整体处于低潮，上海其他

---

① 吴觉:《我的历史自述》。王永久主编:《吴觉纪念文集》，东南大学出版社，1989年7月，第70—73页。
② 周美云:《重评李顿调查团报告书》，《安徽师范大学学报（人文社会科学版）》，1992年第3期。

高校未能很好地发动起来。但上级党组织在"左"的思想影响下，仍然决定先在大夏大学进行罢课运动，以此来策动其他大学响应。大夏大学罢课动员大会召开之时，上海国民党当局派来大批军警包围了会场，李顿报告书研究会被迫解散。①

二、回到家乡继续革命

大夏大学放寒假后，吴觉回到家乡淮阴。学校利用寒假开除了一些参加学生运动的学生，而吴觉作为公开领导学生运动的人反而未被开除。

寒假回校后，吴觉才得知留校同志组成的寒假支部在假期中讨论了大夏党支部的工作问题，认为吴觉在领导运动中犯了"左"倾错误以及右倾逃跑主义。吴觉因此受到留党查看三个月的处分，工作也有所调整。

1933年初，吴觉开始负责社科学家联盟（社联）沪西分盟的组织工作，实际负责领导沪西区周家桥、大夏大学以及闸北区暨南大学、东南医学院、真如镇等五个支盟的工作。同年5月1日，党组织在公共租界举行五一大示威，吴觉担任其中一段示威指挥工作。吴觉等人在这次游行中被捕，这是他第二次被捕。在狱中吴觉坚决否认参加共产党，后来江苏高等法院也无法证明他们是共产党，被迫将他无罪释放。② 当时上级党组织领导、沪西区巡视员刘顺元也被捕，吴觉趁监狱放风期间向他报告了在法庭上审讯斗争的情况。刘顺元判断吴觉他们将会被释放，因而将一封向中共江苏省委报告叛徒情况的信交给了吴觉，由其秘密带出监狱。

出狱后吴觉重新回到上海，将信件交给了大夏大学党支部书记，由其转交省委。此外，他还向大夏大学党支部成员介绍了他被捕以及斗争的经历。当时党支部书记为吴觉同乡胡增煌，团支部书记为赵倜（赵瑞），学校共有党团员六七十人，但由于白色恐怖与上级党组织经常失去

① 吴觉：《我的历史自述》，王永久主编：《吴觉纪念文集》，东南大学出版社，1989年7月，第74页。

② 吴觉：《我的历史自述》，王永久主编：《吴觉纪念文集》，东南大学出版社，1989年7月，第77页。

联系。因此，吴觉便报名参加留苏工读团，想去共产主义革命起源地苏联读书学习。

不料刚报名几日，吴觉便在学校宿舍内第三次被捕。他先后被关进上海市公安局、上海淞沪警备司令部。这次被捕与前两次被捕原因有所差异，是因为家乡淮阴的党支部有人叛变。吴觉此次只好采取承认曾经参加过共青团且后来脱团，但后来没有入党的策略与法庭斗争，最终被军事法庭判处一年三个月徒刑，并送到江苏反省院执行感化教育。① 在吴觉被捕入狱期间，大夏党团支部没有一个人因吴觉被捕而受到牵连。

1934 年 2 月，吴觉离开反省院回到家乡淮阴。吴觉原本打算等年后重回大夏大学读书，但寒假回乡的大夏党支部书记胡增煌告诉他，上海校内蓝衣社活动猖獗，虽然党团支部仍然存在但早已和上级党组织断了联系，而且学校已将吴觉开除。② 因此，吴觉便留在家乡参与《大众日报》副刊的编辑工作。吴觉团结了一批进步青年为报纸撰写文艺作品，自己也兴趣浓厚地撰写了一批暴露社会黑暗面的文章。

1935 年初，由于淮阴地方党支部有人被抓叛变，吴觉第四次被捕。被投进淮阴县监狱，由于吴觉坚决不承认参加共产党，更不愿意做叛徒，最终被判死刑。后经父亲设法营救，案件才提交江苏省重新审理，最终被江苏高等法院镇江第五分院判处有期徒刑两年半，并送至苏州反省院。在反省院期间，吴觉消极应对各种诱惑，因而在到期后未能如期释放。后因西安事变发生，国共合作渐成现实，再加上友人协助，吴觉才最终在卢沟桥事变前两日被释放。尽管数度入狱，吴觉并未因此对革命有消极畏惧心理，反而更加坚定了革命的念头。第四次出狱后，吴觉在家乡淮阴积极发动群众，团结进步力量，组织成立了苏北抗日同盟会，全身心地投入到了全民抗战的洪流之中。

（陈华龙）

---

① 吴觉：《我的历史自述》，王永久主编：《吴觉纪念文集》，东南大学出版社，1989 年 7 月，第 79 页。
② 吴觉：《我的历史自述》，王永久主编：《吴觉纪念文集》，东南大学出版社，1989 年 7 月，第 86 页。

巨赞法师：佛教界抗日救亡运动领导者

巨赞法师

巨赞法师（1908—1984），俗名潘楚桐，字琴朴，江苏江阴人，著名佛学家。中华人民共和国成立后，他曾担任全国政协常委、中国佛教协会副会长等重要职务，积极宣传党的宗教政策，投身"新佛教"建设运动，为新中国佛教建设做出了重大贡献。

一、受大夏教授田汉影响从事革命活动

巨赞法师早年曾在普陀区境内的大夏大学就读，并从事革命活动。读书期间，他受到老师田汉等人影响，并结识夏衍等革命人士，开始参加革命活动。也正是大学期间的这段缘分，开启了他在抗日战争时期从事的佛教界抗日救亡事业。

1908年，巨赞出生于江阴县东门外贯庄村，先后就读于私塾以及贯庄村小学。他自幼喜欢思考周围生活，思考人生的责任，曾自学先秦诸子百家、四书五经，尤其喜欢老庄学说。1924年考入江阴师范学校，在校期间常与同学讨论人生哲学，创办刊物，并写就《庄子刍议》。

1928年，巨赞进入大夏大学读书。读书期间，他与老师田汉相熟悉，

并结识夏衍等人，开始秘密参加革命活动。① 后受地下党指派，他返乡担任金童小学校长，领导小学教员开展"罢教""索薪"等运动。1930 年，巨赞因遭到国民党江苏省党部通缉，前往杭州灵隐寺隐匿并出家，取法名传戒，字定慧，后改名巨赞。此后，他在南京支那内学院、陕西报恩寺、重庆汉藏教院、厦门闽南佛学院等处深造或任教。这期间，他研读佛经 7000 多卷，写下数百万字笔记，并发表《评熊十力所著书》等佛学论文。②

二、周恩来题赠"上马杀贼，下马学佛"

1937 年全面抗战爆发以后，巨赞转而"专门在世间学问上用功"③。他经香港、广东等地来到湖南南岳上封寺。1938 年，国共两党决定共同在南岳举办游击干部训练班。后来中共中央委派周恩来、叶剑英、田汉、冯乃超等 30 余名中共党员参与训练班。

1939 年 2 月，时在国共合作期间军委会政治部第三厅第六处负责文艺宣传工作的田汉，率抗日宣传演剧队抵达南岳。由此，巨赞和他在大夏大学时的老师田汉重逢于南岳。④ 当年 4 月，巨赞邀请田汉为僧人们演讲，介绍当时的抗日形势。后经田汉引荐，巨赞拜会了时任中共代表团团长的南岳游击队干训班副教育长叶剑英。4 月 20 日，叶剑英陪同前来南岳游击队干训班检查工作的周恩来，在上封寺会见了巨赞和演文等人。巨赞拿出草拟的佛教救国协会宣言、简章等请周恩来指导，周恩来认真看过并结合佛教特点，提出了建设性意见。⑤ 此外，周恩来挥毫写下了

① 朱哲：《巨赞法师：爱国爱教的光辉典范——纪念恩师巨赞法师诞辰 110 周年》，《法音》，2018 年第 9 期。

② 黄明泉：《巨赞法师年表暨纪念事略》。江阴市暨阳名贤研究院编：《传承乡邦文化、建设美好江阴：江阴市暨阳名贤研究院成立十五周年纪念文集》，2012 年印，第 186—187 页。

③ 巨赞：《名僧巨赞的自述》。中国人民政治协商会议全国委员会文史资料研究委员会编：《文史资料选辑》第二辑（总 102 辑），文史资料出版社，1986 年 3 月，第 197 页。

④ 蒋炎洲：《中国共产党指引下的佛道教联合抗日行动——以南岳佛道救难协会为例》，《宗教学研究》，2021 年第 3 期。

⑤ 蒋炎洲：《中国共产党指引下的佛道教联合抗日行动——以南岳佛道救难协会为例》，《宗教学研究》，2021 年第 3 期。

"上马杀贼，下马学佛"八个大字，鼓励僧人投身抗日救亡事业。当被问及"杀贼"与"学佛"是否矛盾时，周恩来解释说："阿罗汉的第一个汉译就是'杀贼'，不杀烦恼之贼，就成不了阿罗汉。我写的是'杀贼'不是杀人，这个'贼'当然是指佛教中所指的不能容忍的歹徒。现在日本强贼正在大批杀戮我同胞，我们不把杀人的贼杀掉，怎么普渡众生？这是善举。杀贼就是为了爱国，也是为了佛门的清静。你们出家人只出家没出国，所以同样要保国、爱国！抗战就是杀贼，杀贼就是抗战救国。"巨赞听后倾心佩服："我明白了，只有上马杀贼，才能安心学佛！国之将亡，何能保身？身将不保，如何学佛？周先生真是博学，精于教义，通晓佛理，令人钦佩！"①

在叶剑英等人支持下，巨赞等人开始组织南岳佛道救难协会。1939年4月14日召开第一次筹备会议时，参加者仅有5人且次日又有2人退出。虽然如此，巨赞的决心没有动摇，继续完善协会宣言与简章。4月23日召开第二次筹备会议时，参会人数较多并达成初步共识。会上，巨赞被协会选为宣传股股长。5月7日，南岳佛教救国协会成立大会上，巨赞慷慨激昂地发表了题为《僧道走出寺观，投身抗日，把日本鬼子赶出中国去》的演讲。叶剑英则发表了题为《普度众生要向艰难的现实敲门》的演讲。叶剑英还建议协会名称在"佛"字后面加上"道"字，并将"国"字改为"难"字。大会成立仪式后，各寺观住持、道长就协会名称进行磋商，最终决定将"南岳佛教救国协会"改为"南岳佛道救难协会"②。

协会成立后，作为宣传股股长的巨赞通过《海潮音》发表了《南岳佛道救难协会告各地救亡团体同志书》和《湖南南岳佛道救难协会组织大纲》等文章，宣告南岳僧道已经联合起来成立了抗日团体，并号召全国佛道教徒踊跃抗日。③他在《告各地救亡团体同志书》中写到："一、

---

① 梁贤之：《周恩来与南岳僧道》，《中华魂》，1998年第12期。
② 蒋炎洲：《中国共产党指引下的佛道教联合抗日行动——以南岳佛道救难协会为例》，《宗教学研究》，2021年第3期。
③ 蒋炎洲：《中国共产党指引下的佛道教联合抗日行动——以南岳佛道救难协会为例》，《宗教学研究》，2021年第3期。

所有南岳的佛道同人，从十八岁到四十五岁，都分别编入宣传队、救护队、慰劳队，在岳训班政治部的监督指导下，举办一个'战时知识训练班'，施以一个月的训练，即开始各队的工作。二、用英、法、俄各国文字，散发《告各国佛道同仁书》，广泛推动国际佛道信徒的反侵略运动。三、用日本文字，编印传单小册，以爱护和平正义的佛道理论，唤醒日本人民。四、签请全中国的佛道同人，为抗战广作法施、财施、无畏施。"①

随后，巨赞协助协会组织全体僧道开展了为期一个月的"战时知识训练班"。训练课程开设了政治、军事、救护、佛学等课程，并穿插主旨讲话、抗战歌曲等内容。周恩来还专门委派薛子正兼任南岳佛道救难协会的军事教官，对青年僧道开展擒拿、格斗、战地救护和防空常识等实战、实用训练。集训结束后，受训的一百多僧道中留下七十多人并被分为两队：佛教流动工作团和佛教青年服务团，分别由暮笳、绍贤和巨赞、演文率领奔赴各地开展抗日救亡活动。1939 年 6 月 30 日，巨赞接到第九战区政治部邀请，率领佛教青年服务团紧急奔赴长沙参加七七事变二周年扩大纪念会。服务团成员在巨赞带领下连夜赶往长沙，通过印发传单、发动游行、推销戏票、出席各种抗日集会和公演等多种方式宣传和鼓舞民众抗日。②田汉在得知巨赞的消息后专门写诗称赞道："缁衣不着着锦衣，敢向人间惹是非。独惜潇湘春又暮，花前趺坐竟忘归。"③

三、唯一一位登上天安门参加开国典礼的僧人

在长沙期间，巨赞经田汉介绍结识了徐特立。当时徐特立以国民革命军第十八集团军高级参议的名义在长沙担任八路军驻湘办事处代表。

---

① 李湖江：《抗战时期南岳佛道救难协会研究》，《宗教学研究》，2016 年第 2 期。
② 蒋炎洲：《中国共产党指引下的佛道教联合抗日行动——以南岳佛道救难协会为例》，《宗教学研究》，2021 年第 3 期。
③ 朱哲：《爱国爱教的光辉一生——纪念巨赞法师诞辰一百周年》，《中国哲学》，2008 年第 10 期。

1939 年，中国共产党湖南省工委成立后徐特立任统战部长，对巨赞等人在长沙的抗日宣传活动提供了很多支持与指导。巨赞与徐特立的频繁接触曾引起国民党的猜忌，为此国民党长沙市党部专门传讯他。巨赞巧妙地以"我是唯心的，徐特立是唯物的，唯心和唯物是谈不拢的"搪塞，体现出了他的机警应变和革命智慧。①

1940 年，在南岳佛道救难协会、佛教青年团、佛教流动工作团等组织由于各种原因无法运作后，巨赞等人前往广西桂林。巨赞受广西佛教协会会长道安法师邀请，继续以南岳佛道救难协会的名义共同创办佛教进步刊物《狮子吼》月刊并担任主编。他们提出"服务即弘法，广大民间是道场"的口号，决定发挥佛教的反侵略思想，在佛教的岗位上巩固抗日民族战线，支持长期抗战。②《狮子吼》月刊为抗日宣传做出了重要的贡献，太虚大师曾写诗《书感》称赞："五夜阵风狮子吼，四邻鞭爆海潮音。大声沸涌新年瑞，交织人天祝瑞心。"在桂林期间，巨赞因为"鼓吹抗战与佛教革新运动，和社会的接触面更加宽广"③。他当时与夏衍、田汉、欧阳予倩、聂绀弩、万仲文兄弟、朱蕴山、郭沫若、柳亚子、方孝宽、盛成、端木蕻良、廖沫沙、关山月、尹瘦石、林半觉、龙积之、林素园、李焰生等诸公时相往来，过从甚密。"边关未复生民瘃，何惜萧萧两鬓华"，正是巨赞在桂林贺郭沫若五十诞辰诗中的两句，其中也表达了他忧国忧民的共同心愿。④

1949 年 4 月，巨赞克服重重困难，毅然离开香港北上。在北京考察一个月后，上书毛泽东主席，提出佛教改革意见。不久，巨赞当选为全国政协委员，并作为宗教界代表登上天安门城楼参加开国大典。

想起早年从事的革命活动以及抗战中的佛教界抗日救亡活动，他写

---

① 蒋炎洲：《中国共产党指引下的佛道教联合抗日行动——以南岳佛道救难协会为例》，《宗教学研究》，2021 年第 3 期。
② 蒋炎洲：《中国共产党指引下的佛道教联合抗日行动——以南岳佛道救难协会为例》，《宗教学研究》，2021 年第 3 期。
③ 巨赞：《名僧巨赞的自述》，中国人民政治协商会议全国委员会文史资料研究委员会编：《文史资料选辑》第二辑（总 102 辑），文史资料出版社，1986 年 3 月，第 197 页。
④ 朱哲：《当代名僧巨赞法师传略——仅以此文纪念巨赞法师逝世十三周年》，《世界宗教研究》，1997 年第 2 期。

下了《共和国开国观礼志喜》诗 ①：

殷殷雷震动欢声，民主新都定北京。
铁骑千群惊丑虏，红旗万幅照千城。
富强独立除前耻，统一无私载首盟。
保卫和平真佛意，环球从此可休兵。

（陈华龙）

---

① 朱哲：《巨赞法师：爱国爱教的光辉典范——纪念恩师巨赞法师诞辰 110 周年》，《法音》，
2018 年第 9 期。

吴泽：在普陀入党，参加革命

吴　泽

吴泽（1913—2005），原名吴瑶青，江苏武进人。1930年，吴泽从常州中学考入今普陀区境内胶州路的大夏大学附属中学高中部①，开始在中学和沪西参加革命活动。

一、在大夏附中参加一二·九运动

1931年，日本帝国主义悍然发动九一八事变，吴泽出于爱国义愤，参加上海大中学生赴南京请愿活动，要求国民党抗敌御侮。通过这次请愿活动，把他的爱国热忱与民族解放事业联系起来，在他心中播下了反帝反封建的种子。

在大夏附中学习期间，吴泽开始接触中国有关马克思主义的著作，特别是李达的《中国产业革命概观》。李达当时是中国大学经济系教授。为追求真理，吴泽于1933年高中毕业后考入中国大学经济系，师从李达、吕振羽、黄松龄、张友渔等一大批进步学者、教授，开始系统地学

---

① 高增德、丁东编：《吴泽自述》，《世纪学人自述》（第四卷），北京：北京十月文艺出版社，2000年1月，第316—335页。

习马克思主义理论，以此研究政治经济学和中国社会经济史，并参加中国社会史大论战。从 1934 年起，吴泽先后发表《殷代经济研究》《传说中夏代之经济考》《史前期中国社会的亲族制》等文章。

1935 年底，吴泽在师友的帮助和指导下参加了"一二·九"爱国学生运动。1936 年，参加了中国大学共产党地下外围组织——民族先锋队，开始投入反帝反封建的革命运动。"一二·九"运动前后，吴泽相继撰写了《中国先阶级社会的崩灭》和《奴隶社会论战总批判》（上、下篇）等论文，提出：中国历史的发展与世界各国家民族一样，在"先阶级社会"——原始社会解体以后，进入了奴隶制社会，并进一步批判了"空白"奴隶制社会的"四阶段"论，阐述并论证了马克思主义的五种社会经济形态理论。①

二、任教大夏大学，在普陀入党

1937 年 7 月，吴泽从中国大学经济系毕业。卢沟桥事变爆发后，吴泽几经辗转回到常州，积极组织抗日力量，创办《抗敌导报》，宣传全民族抗战。在《抗敌导报》的创刊号上，因发表《从淞沪抗战看中日战争的前途》一文，抨击国民党政府消极抗战政策而被捕入狱，亲友营救其出狱后，颠沛流离于镇江、武汉等地。1938 年春，吴泽辗转至重庆。抗战时期，吴泽一边在复旦大学、朝阳学院等校任教，从事教学和学术研究，一边积极开展抗日爱国宣传工作。他先后发表《中国社会发展史纲》和《中国历史是停滞倒退的吗》等论文，驳斥日本法西斯御用文人秋泽修二等人在《支那社会经济构成》和《东方哲学史》等书中散布的中国社会具有"亚细亚停滞性"的谬论，揭露其歪曲马克思主义亚细亚生产方式理论的反动实质和罪恶用心。他还发表《中国人种起源论》和《地理环境在社会历史中的作用》等文章，力主中国人种和中国文化起源于中国本土的"本土起源论"，对帝国主义殖民主义者们散布的中国人种和

---

① 高增德、丁东编：《吴泽自述》，《世纪学人自述》（第四卷），北京：北京十月文艺出版社，2000 年 1 月，第 316—335 页。

中国文化"西来说""南来说"和"东来说"以及"地缘政治论"等谬论，予以迎头痛击。

吴泽于1945年秋，应邀赴赤水任大夏大学文学院历史社会系教授。1946年夏，随大夏大学迁回上海，同年10月，在今普陀区境内由华岗、翦伯赞介绍加入中国共产党，以一个单线联络的党员身份，在上海从事文化教育工作，并团结文化教育界的进步人士，共同为迎接上海解放做出努力。1947年，为营救被国民党逮捕的进步学生，签名参加《大夏大学教授为本校学生被捕陈诉书》(1947年6月9日的上海《大公报》)。①1949年，任大夏大学校务委员会委员、文学院院长兼历史社会系（后改名历史系）主任。1950年兼任大夏大学教务长。

三、坚守高教岗位，深耕史学研究

1951年，大夏大学与光华大学等合并组建华东师范大学，吴泽担任华东师范大学历史系主任。1954年，受国家教育部委托，华东师大历史系首次开设中国通史研究生班，招收新中国第一批中国通史专业的研究生，先后三届，共培养三十多名研究生。这批研究生毕业后，奔赴全国各地高等院校和科研单位，从事历史学的教学和研究工作，壮大了中国的史学队伍。1956年，吴泽被国家评定为二级教授。

1978年，吴泽任华东师范大学历史系主任、中国史学研究所所长、客家学研究中心主任，是国务院学位委员会第一、二届历史学学科评议组成员。参与创建中国史学会和上海史学会，先后担任中国史学会理事和常务理事、上海历史学会党组书记和副会长。1981年，被国务院学位委员会任命为中华人民共和国首批博士生导师之一，同时在中国古代史和中国史学史两个学科指导博士研究生，在两个领域都培养了一批出色的人才。与此同时，还受国家教育委员会的委托，与南京大学韩儒林教授共同组织、制定中国古代史专业硕士研究生的培养方案。1998年，吴泽离休。2002年，《吴泽文集》（四卷）由华东师范大学出版社出版。

---

① 汤涛主编：《大夏大学90年90人》，华东师范大学出版社，2014年5月，第23—25页。

2005 年 8 月，吴泽在上海逝世，享年 92 岁。

吴泽从事史学研究七十余年，在深化中国古史分期问题、阐明东方社会经济形态学说和推进史学理论及史学史研究等方面成就卓著，是我国著名的马克思主义史学家。[①] 他先后发表《中国先阶级社会史》《中国原始社会史》《中国历史大系古代史》《中国历史简编》《中国社会简史》等著作，有力推动了我国马克思主义史学的发展，填补了古史研究领域的重大空白。其中，《中国历史简编》以马克思主义社会经济形态学说为指导，是我国马克思主义中国通史体系形成阶段中的重要代表性著作。

吴泽治学历程和学术思想发展的第二个时期（1946 年至 1949 年）正是在大夏大学度过。这一时期，他开始探究中国历史上的学术思想源流，先后发表了《孔孟的伦理政治思想》和《荀子封建改制论》，随后把明末思想家李贽作为研究重点，认为李贽的思想是中国历史上反封建儒学专制独断主义的先身，连续发表多篇论文，并于 1948 年结集为《儒教叛徒李卓吾》，于次年出版。该书一度风行海内，几年内印销数万册，直到 20 世纪七八十年代港台等地仍在重印。同期，吴泽还对当时知识界现状有感而发撰写了《批判旧文化、建设新文化》《新知识分子的理论与实践》等文。

1947 年后，吴泽研究魏源、康有为等今文经学家思想时，有感于南京国民党政权的"维新"闹剧，发表多篇论文。以康、梁的政治实践论证了在半殖民地半封建的中国，任何自上而下的改良和维新都是行不通的；只有自下而上的社会革命，才能彻底完成反帝反封建的民族民主革命任务。这些论文 1948 年结集为《康有为与梁启超》《论自由主义》出版。

20 世纪 50 年代中后期，吴泽的研究重点在史学理论及古史理论，主要关注马克思的东方学理论，并尝试运用该理论来研究中国古代社会。他曾就亚细亚生产方式问题、中国奴隶制社会与封建制社会的分期问题、古代东西方历史发展的统一性与差异性问题等发表论文多篇，后结集为

---

① 《吴泽先生学术传略》。吴泽、盛邦和编：《吴泽学术文集》，上海人民出版社，2013 年 4 月，第 314—321 页。

《中国通史基本理论问题论文集》(1960年出版)。这一时期，吴泽还就中国古代思想学说发展问题进行了系统探讨，并主持设立了华东师范大学史学史研究室，先后完成了对魏源、康有为、梁启超、章太炎和王国维的个案研究。

之后，吴泽继续进行对马克思主义社会形态学说及东方学的研究。1993年出版的《东方社会经济形态史论》，是他在这一领域数十年研究的总结和心得。在史学史研究方面，吴泽继续之前的研究工作，将华东师范大学史学史研究室发展为中国史学研究所。他先后选编《中国史学史论集》和《中国近代史学史论集》，共同主编《中国历史大辞典史学史》分卷，推动了新时期中国史学史学科的发展。他于1989年主编出版的《中国近代史学史》一书，是首部系统研究中国近代史学发展史的专著。

在吴泽的组织和推动下，华东师范大学历史系在20世纪80年代中后期曾两次举办国际性的王国维学术研讨会，前后出版了三辑《王国维学术研究论集》。基于对中国通史体系的新思考和对中国民族史研究的关注，吴泽提议加强对华侨史和科学家的研究，他于八十年代在华东师范大学历史系开设华侨史讲座，成立了华侨史研究室，并于1991年成立了华东师范大学客家学研究中心，吴泽任中心主任，进行了大量开拓性工作。这一时期，吴泽还对乡村城市化问题、先秦社会政权和神权的关系等进行了思考与初步研究。

（俞玮琦）

红色记忆

大夏大学党组织在沪西的建立与发展

　　1951 年 10 月，为"培养百万人民教师"，华东师范大学在大夏大学和光华大学等校基础上成立，成为新中国组建的第一所社会主义师范大学。在近百年的学脉赓续中，中国共产党党组织始终带领和团结广大师生，不断追求民族独立与富强。百年初心回望，百年使命如一，回顾沪西的大夏大学党组织的建立与发展，对于未来更好开展党的各项工作具有重要的意义。

　　大夏大学创立于 1924 年 7 月 7 日，由从厦门大学去职来沪的著名教授欧元怀及离校学生团总代表施乃铸等负责筹备。于 9 月 20 日借槟榔路（现胶州路）潘家花园举行开学典礼，并在小沙渡路（现西康路）201 号本部上课。1930 年在中山路（今中山北路）以近 300 亩土地为校园并兴建校舍，可容 2000 名学生上课。抗日战争爆发，上海沦为孤岛，学校决定内迁。有一部分教职员工和学生迁往庐山，辗转贵州省贵阳、赤水等地。一部分留在上海静安寺路（现南京西路）重华新村弘毅中学楼上继续办学，由教务长鲁继曾负责。这两部分在抗战胜利后，于 1946 年迁回中山北路原来校址。

一、大夏大学是上海最早一批建立党团支部的大学

　　1924 年 10 月，大夏大学在沪西建立了中国共产党和中国共产主义青年团合一的党团支部。党支部召集人是施乃铸，党员有陈平、熊映楚、吴亮平等。

1925 年 5 月 30 日，大夏学生上街宣传日华纱厂工人顾正红（中共党员）被日寇枪杀的实况，有 20 余人被捕。次日，大夏学生也积极参加全市举行的罢工、罢市、罢课斗争。1926 年配合北伐军的进军，上海工人举行第一次武装起义，大夏学生熊天荆等人参加了宣传活动，散发传单时，途遇孙传芳部属李宝章的大刀队，陈骏、陈亮、胡宏模等大夏学生被捕。陈骏、陈亮惨遭军阀杀害于曹家渡五角场。残酷的军阀把他俩的头颅挂在电线杆上，这种暴行激起了广大群众的愤怒。上海市学生联合会举行陈骏、陈亮两位烈士追悼会，有师生 5000 余人参加。1927 年上海工人第二次武装起义后，大夏部分学生和其他大学学生一起，以纠察队名义，在社会上进行募捐活动，将捐款购买急救药物，以备暴动救护之用。1927 年 3 月在周恩来同志领导下实行总同盟罢工，进行第三次武装起义。大夏学生熊天荆等和其他学校学生一起积极参加组织学生军，配合工人纠察队作战。1931 年 10 月成立了抗日救国会，在党支部领导下积极开展抗日救亡宣传。1932 年大夏学生袖戴黑纱，在图书馆开展"九一八"一周年纪念活动，并出版专刊，在校内举行募捐，支援东北义勇军抗击日本侵略者的活动。但在 1934 年底，在国民党反动统治白色恐怖下，大夏党支部屡遭破坏，有的党员被捕，有的隐蔽起来，党组织活动基本停止，但共产主义青年团的活动仍然存在，暂时填补了没有党支部活动的空白。1936 年初大夏又重建了党支部，1937 年"八一三"后，组织决定党支部带领一部分学生随校内迁，去内地开展救亡运动。留沪的重华新村校部，重新调入党员再建党支部。随着形势的变化，党一再调党员进入大夏，并从积极分子中发展新党员，加强党支部的战斗力，认真贯彻执行地下党"荫蔽精干，长期埋伏，积蓄力量，以待时机"的方针，团结教育广大群众，从黑暗走向黎明。

二、重建大夏党支部，开展爱国救亡活动

1935 年震惊中外的一二·九运动又进一步激发了爱国学生救亡热情。当时地下党虽和中央失去了联系，但在仍独立作战的由江苏省文化界运动委员会成立的江苏省临时工作委员会的领导下，大夏大学党支部

又开始重建。1936年1月史地系的李毓琰（改名余昕）、教育系的杜星垣（1936年夏毕业）、法律系的陈训涛由陈家康同志介绍参加了中国共产党，又有从北京来的党员刘开基，以后又陆续发展了史地系的黄文荃（张英）、邱淑燕（郭敏）、教育系的袁德济。重建的党支部由李毓琰担任支部书记。当时共青团员先后有9人：杜星垣、陈训涛、黄尔尊、张端、李百岑、田冲、刘开基、程天赋、王世焕等。上级领导为徐方略同志。党团之间没有横的关系。独立作战的共青团江苏省委，由陈国栋领导，学委由金乃华负责。此时在党支部领导下积极开展的爱国救亡宣传活动有：

成立"学救会""妇救会"，开展学术活动和课余活动。史地学会经常进行学术讨论，出版《史地知识》并以"救国会"名义组织阅读艾思奇、易卜生、高尔基的进步书籍，组织60多人参加歌咏队，大唱救亡歌曲。"妇救会"组织"光明社"，请进步教师姜平（孙兰）来校座谈："如何学习文学作品""妇女在社会中的地位"。还出版墙报《晨钟》，传播国内外消息，深受群众欢迎。1936年开始创办工人夜校，坚持学习的校工有10余人，以扫盲为名，利用课堂，宣传我党抗日救亡的主张。其中门警老徐、信差小卢和校工小王，经过一段时间学习，都参加了救国会，成为抗日救亡的积极分子。1938年7月小卢、小王奔赴了新四军抗日前线。

发动群众参加各项救亡活动。1935年12月24日，大夏大学也有同学参加救国会组织的赴京请愿，未出校门即遭特务学生的阻拦，但是仍有六七十个同学勇敢机智地冲出校门，奔赴北站，加入请愿行列。1936年3月8日，女同学参加了妇女界"三八"大游行。3月18日，大夏学生在参加纪念巴黎公社游行途中，因散发传单，被警察殴打，田冲（共青团员）和沙欧被捕，被关押了半个多月后，在校方交涉和社会舆论压力下才释放。3月底的一个早晨，为声援复旦大学被捕学生，张端、李百岑（共青团员）登上群贤堂楼顶，敲响大钟号召全校爱国同学到大操场集合，一同去复旦大学。特务分子到操场大打出手，并追捕同学。李百岑、张端也被捕关在看守所里，到"八一三"才被释放（他俩后来分别参加新四军和八路军，壮烈牺牲在战场）。通过这次活动，许多同学对特务横行表示万分愤慨，主动要求参加救国会，积极靠拢党支部。

1936 年 10 月 19 日鲁迅先生逝世噩耗传来，大夏同学无限悲痛，许多同学加入护送灵柩的人流，把哀思化为抗日救亡的巨大力量。11 月 23 日"七君子"被捕，在救国会的组织下，开展了"慰问七君子""营救七君子"活动。由于敌人疯狂镇压，许多工作转向秘密，大夏支部和邻近大学加强协作，共同反帝抗日。卢沟桥事变后学生抗日情绪激昂，党支部发动和带领群众到市中心进行街头宣传演讲。"八一三"日寇侵犯上海，党支部把留校的同学组织起来，有的去前线救护伤兵（去过二次），有的募捐慰问伤兵，绝大多数同学到大世界难民所服务，向难民宣传抗日救亡的重要意义。敌人的飞机大炮不仅没有吓倒爱国学生，反而使他们觉醒起来，坚决斗争。

三、加强上海大夏大学党的力量，开展工作

1938 年夏，组织上为开展大夏大学的工作，先后调来朱世英、王守廉（王洁民）同志，又发展了朱培华，建立了党小组。1939 年夏秋，林乃夫、雷兰同志又转入大夏。1940 年初冯志琼从复旦转来，并有张钰荣（张纪元）、周树华同志，支部书记先后为周鲁泉和林乃夫，担任领导的上级区委书记为周鲁泉和林修德。

1939 至 1940 年春，汪伪在南京粉墨登场，大夏学生开展了反对汪逆的群众斗争，并成立了护校会。发表了致全校师生及社会各界人士的公开信，并向校方提出五点要求：（1）公开表明态度，拥护抗战到底；（2）驱逐已附逆之傅式说（升任汪伪浙江省省长）等五汉奸教授及隐藏在校中之汪派分子；（3）学生有言论、结社、集会等民主自由，校方不得无故开除同学；（4）（资料缺）；（5）学校行政、经济彻底公开。当时还出版了《大夏生活》(铅印半月刊)，由党员王守廉具体负责，通过这一文化阵地，反映了大夏学生的思想、生活动态，引导启发了同学的社会意识和民族精神。如周鲁泉同志在 1940 年春，以袁则的笔名在此刊物上发表了多篇文章，有介绍和宣传我国青年一代的历史使命的《五年来的学生运动》《从春天想到青年》，有漫谈青年生活问题应和社会问题相联系解决的《喜剧到悲剧》《牧歌和小夜曲》等文。

　　1940年秋季，党组织又调一批高中毕业生的党员考进大夏，再建支部。这时进校的有奚舜生、程祖春（程熠）、潘祖云（潘学敏）、袁宜发、葛继成（葛中平）、缪克新（缪廉），又从之江大学转来了蒋松林，由"市学协"转来黎鲁任支部书记，蒋松林为支委。二三个月后黎鲁提出与蒋松林职务对调，由蒋任支书，黎任支委。党组织为了避免支部再遭破坏，又从大同大学调来肖孝逊（肖子岗）同志另立预备支部。1940年底黎鲁调离大夏去搞党领导的大学生刊物，两个支部合并，由肖孝逊任支书，蒋松林、陈慎言（1940年寒假进）任支委，上级大学区委领导人为马飞海、邵洛羊。

　　1941年夏，肖孝逊和缪克新转到保卫部门工作，组织又派大同大学支部书记陈黎洲（陈向明）来任大夏支书，改组了支部，由潘祖云任支委，后又增补顾庸之（顾诚）为支委。党员中又增加了一批力量，如殷云芳、曹舜琴、金祖荫，并发展了高仰坚、陆秀琦入党。上级为大学区委的分区委委员陈慎言（陈福供），区委书记为陈一鸣。从此支部力量日趋稳定。

（汤　涛　林雨平）

英烈谱：千古英雄气　千秋尚凛然

习近平总书记说："一个有希望的民族不能没有英雄，一个有希望的国家不能没有先锋。"华东师大前身大夏大学是一所具有光荣革命斗争传统的学校。1924年10月，在大夏学生中就建立了中国共产党和中国社会主义青年团合一的党团支部。在中国共产党地下党员和进步教师的影响下，大夏师生或读书济世，矢志为国，积极投身革命洪流；或奋起救国，践行我志，历经磨难不改初心；或投笔从戎，心系万民，以天下兴亡为己任。

英烈们始终将自己的命运同祖国和人民紧密相连，为民族独立、国家富强和人民幸福英勇献身，谱写了可歌可泣的壮丽华章，铸就了中华民族独立解放的丰碑。回顾历史，纪念英烈，为的是重新出发。我们要继承和发扬先烈们天下兴亡、匹夫有责的爱国精神，心中有责、敢于担当的敬业精神，百折不挠、坚忍不拔的奋斗精神，努力在坚持和发展中国特色社会主义伟大进程中创造无愧于时代、无愧于人民、无愧于先辈的业绩。

一、读书济世　矢志为国

1925年入学的陈骏烈士与1926年入学的陈亮烈士，在校读书期间就关心国家大事，成绩优良，"生平的志愿是做一个有益于民生的人"。1927年2月19日，上海总工会发布了总同盟罢工令，全市学生声援支持。大夏进步师生在陈骏、陈亮等学生领袖的发动和领导下，走上街头散发传单，宣传革命。陈骏、陈亮不幸被捕，面对威逼利诱坚贞不屈，后于曹家渡英勇就义。著名教育家蔡元培曾为两位烈士题写《二陈烈士碑铭》。铭曰："于疾风见劲草，志侠气深自保。只手欲挽狂澜倒，为义而死真寿考，英灵不灭长浩浩。"

1930级文学院学生汪曼生品学兼优，经常与进步同学探讨人生哲学，认为"人生的理想即为社会服务"，主张"必须投入社会的生产劳动中"，反对当不劳而获的"寄生虫"。课余时间，汪曼生参加了学校师生组织的"大夏剧社"，并成为主要成员之一。"大夏剧社"成立于1925年，著名戏剧家田汉曾受聘担任艺术顾问。剧社组织演出的《月亮上升》《到明天》等剧目曾得到社会的广泛好评。汪曼生后来加入"中国左翼戏剧家联盟"的中心剧团——"大道剧社"，在极其艰苦和危险的环境下坚持从事爱国文艺运动。一·二八抗战爆发后，汪曼生一面随"剧联"组成的战地服务队和慰问队赴抗战前线进行慰问，一面积极参加抗日救亡宣传活动，演讲街头，募捐劳军。他还与同学们一起奔赴抗战前线与十九路军并肩战斗。他们为伤员包扎伤口，送饭送水，战事激烈时，就直接投入杀敌的战斗。汪曼生还秘密组织师生参加抗日游击队，并因此遭到租界当局的逮捕。获释后，受上海地下党组织派遣赴赣东北苏区，在方志敏部下工作，曾任苏区宣传部长，在第二次国内革命战争中壮烈牺牲。

陈训涛烈士1934年9月至1937年春在大夏大学法学专业学习，在校期间，加入中国共产党。陈训涛与校内外进步学生一起积极投身一二·九运动。学生救国会组织了复旦、大同、大夏近十校80余人的救国宣传团，沿沪宁公路到嘉定、昆山、太仓、苏州等地进行宣传活动。他们演抗日话剧，教农民唱抗日歌曲，还协助当地人组织农民救国会、民众救国会。1936年3月，大夏大学学生救国会发表《为拥护救国运动紧急宣言》。同年4月，陈训涛参与重建大夏大学党支部工作。1937年秋抗战爆发后，在江西庐山的复旦大夏第一联合大学，陈训涛等党员带领大夏同学继续组织读书会，发展学运积极分子。当时陈毅同志还曾到联大学生宿舍给同学讲述游击战争的经历，大家很受教育并留下了深刻的印象。1938年，中共江西省委派陈训涛等人参加遂川试验县工作，从事抗日宣传工作。由于政治风云变幻，1941年陈训涛地下党员身份暴露，英勇就义。

张端烈士 1935 年考入大夏大学文学院外语系，积极投身学生活动。1936 年 3 月 25 日，国民党反动派在上海逮捕了复旦大学 7 名进步学生。大夏地下党安排张端和李百岑去群贤堂楼顶敲钟，以此号召同学们集合前往声援。队伍集合后，国民党当局闻讯，立即派警察赶至大夏大学镇压，逮捕了领导游行示威的张端、李百岑等 20 余名进步学生，并押送到苏州反省院监狱囚禁。张端在苏州囚禁期间，拒绝"悔过"，坚贞不屈，坚持革命的立场和气节。1940 年，党组织派张端到皖南参加新四军，"皖南事变"发生后，张端在突围后遭遇日军袭击，英勇牺牲，时年 24 岁。

黄刚培烈士 1938 年进入大夏大学文学院中国文学系，在校期间，他接触到马列主义先进理论与革命思想，不断追求进步。他为人正直，组织能力强，创建了大夏歌咏队，并任第一任队长。他在进步同学中威信很高，同学们都亲切地称他为黄大哥。在地下党的领导下，黄刚培等进步学生通过大夏歌咏队组织同学们开展反对国民党当局的游行、抗日救亡宣传活动，得到进步人士和学生的支持。后来，为了进一步加强革命理论学习，黄刚培又和同学们成立了大夏读书会。读书会成为大夏歌咏队强有力的核心组织，一切活动及事务处理都经读书会研究决定。大夏歌咏队逐渐成为一个政治性的进步学生组织。1940 年，黄刚培转移至国际红十字会工作，12 月，在皖南参加新四军。"皖南事变"发生后，黄刚培不幸被捕。1941 年他在狱中加入党组织。1942 年 5 月，在集中营搬迁过程中，黄刚培被秘密杀害。

奚舜生烈士 1940 年 9 月进入大夏大学社会教育系，1941 年 9 月转入教育学系。在中学时，他已经加入了中国共产党。进入大学后，奚舜生更是积极从事党的各项工作。他积极贯彻执行"三勤"方针，即勤学、勤业、勤交友。根据教育专业特点，筹办了"克诚补习学校"，后改名"克诚义务夜校"，招收失学儿童。奚舜生家也成为大夏大学党支部的一个秘密联络点。1942 年秋，奚舜生按照组织安排，回到老家扬州，建立地下交通站，掩护干部转移，为新四军传递情报。1944 年，他积劳成疾，不幸病逝，时年 26 岁。

聂汝达烈士 1931 年考入大夏大学附中，高中毕业后升入大夏大学法学院。在"一二·九"学生运动中，聂汝达作为学联主席团主席之一，与上海市各学校同学一起游行示威，呼吁国民党政府采取积极的抗日政策。12月24日，聂汝达又参加了上海市13所学校和民众团体在南京路举行的游行示威活动。火车行至途中遭到国民党兵车的严重阻拦，请愿学生推举聂汝达等几位学生代表前去与宪兵司令交涉，不料反遭扣留，经请愿学生坚决抗争才被放出。次年1月，聂汝达同大夏、复旦、大同等学校的学生80余人组成上海的大学、中学学生宣传团。1937年，聂汝达毕业后返回家乡贵阳，先后在黔西县中学、兴义县中学任教，向学生宣传抗日爱国思想及介绍进步书刊，策划、参与学生救亡运动。1945年10月16日，聂汝达被国民党省党部所派特务秘密逮捕入狱。聂汝达被敌人囚禁四年之久，但仍坚贞不屈。1949年11月11日，聂汝达被国民党反动派杀害在贵阳市纪念塔附近。

戴绍民烈士1946年考入大夏大学法学院经济系。1947年11月，大夏地下党在上级党组织的领导下，在思群堂（大礼堂）召开抗议国民党反动派无辜杀害浙江大学进步学生于子三的大会，戴绍民等学生利用墙报、标语等形式在校内外进行宣传，更好地发动了群众。同年12月，大夏大学召开抗议美军强暴北京大学女学生的大会，戴绍民担任学生会主席。由于与敌特进行了针锋相对的斗争，戴绍民等几位进步同学被学校以"鼓动风潮、破坏学校秩序"的莫须有罪名开除，最后学校在强大的舆论压力下，又恢复了戴绍民的学籍。1948年底，戴绍民从上海回贵阳继续从事革命活动。1949年8月19日，戴绍民不幸被捕。在贵阳解放前夕，1949年11月11日，戴绍民与其他烈士被残忍杀害，时年24岁。

二、奋起救国　践行我志

吴志骞烈士1926年考入大夏大学教育行政系，系统地接受了教育学、心理学的教育。1930年毕业后，致力于女子教育，培养新中国女性，先后创办沪南小学等九所小学，以及上海女子中学和上海女子大学。1938年，吴志骞拒绝加入伪"教育委员会"，并在各大报刊刊登启事，声明自己完全拥护抗日政策，痛斥汪精卫卖国行径。吴志骞抱定了牺牲的决心，他在日记中写道："窃思人生终有一死，只求死得其所，别无所求。此次抗战牺牲何止千人，地位高于余者，学问高于余者，不知凡几。他人可以牺牲，我又何独不可？他人用头颅与敌抗战，用热血换取胜利，我又何独不可？"1939年9月4日，吴志骞在校园内遭汉奸特务暗杀牺牲。

张似旭烈士是大夏大学商学院保险学教授，主要从事新闻事业和保险事业。1932年7月，在《大美晚报》曝光国民党特务组织蓝衣社共30多人的暗杀对象名单，并大量刊发抗日爱国文章，激励民众抗日情绪。面对各种威胁，他毫不畏惧坚持挥笔作剑，以办报宣传抗日。1940年受到汪伪政府的公开通缉，他表示为国家民族鞠躬尽瘁，宁死无悔。1940年7月19日，张似旭在静安寺路遭日伪特务暗杀，为国捐躯。

蒋文华烈士1940年2月根据组织安排转入大夏大学教育系，曾任大夏大学党支部书记。蒋文华善于与家庭出身不同、生活条件不同的人打交道。根据组织的安排，蒋文华在大夏期间一直和韦悫教授保持联系。1942年夏，蒋文华被党组织派往苏皖边区新四军军部主办的江淮大学学习。蒋文华在江淮大学期间一如既往地探索学问，钻研理论。在学生会组织讨论学校办学方针和校训时，他结合实际，提出在校训中加上"要为劳动大众谋福利"的意见，被学校采纳，同学们称誉他是"江大"理论家。1946年10月，蒋文华调任涟东中学指导部主任。此时，新四军主力北撤，斗争形式更加恶劣，涟东中学校长也叛变投敌，但蒋文华与涟东中学的师生们依然坚持游击办学。1947年1月27日下午，蒋文华外出执行任务时被杀害，时年27岁。

胡有猷烈士1938年4月考入大夏大学教育学院教育心理学系。1936年加入中国共产党。在大夏大学，他也是学生抗日运动的领导者。他与进步学生组织"读书座谈会"和"战时社会科学座谈会"，吸引进步青年学习革命理论，宣传抗日救国运动。1938年夏天，他加入"中华民族解放先锋队贵阳地方队部（简称'民先'）"，并创办《民先导报》，转载《新华日报》文章，宣传中国共产党的抗日救亡政策。1943年至1946年，他在地下党重庆市委领导下从事学运工作，积极组织学生运动。1948年4月，胡有猷被叛徒出卖，在北碚被捕，囚禁于渣滓洞监狱楼二室。他在狱中受尽酷刑，但坚贞不屈，严格保守党的秘密，竭尽全力保护革命同志。1949 年 11 月 14 日晚，胡有猷牺牲于渣滓洞附近的"中美合作所"。

郭莽西烈士是大夏大学中文系副教授，1946 年加入了中国农工民主党。为迎接解放上海，他积极开展地下工作，联络上海铁路局警务处的警员等，开展策反、护局、护路等活动。他还号召进步青年积极奔赴解放区，并撰写与印发《告上海同胞书》，号召上海人民保护好大上海，积极迎接解放。1949 年 5 月 10 日，郭莽西遭国民党军统特务诱捕，从被捕到牺牲的短短 10 天中，遭六次提审，少则 4 小时多则 10 小时，他严守秘密，坚贞不屈。5 月 20 日英勇就义，牺牲于上海解放前夕。

三、投笔从戎　心系万民

熊映楚烈士 1924 年秋考入大夏大学理科。1925 年积极参加"五卅"运动，同年加入中国共产党。大革命时期，任湖北黄梅县委书记，领导当地农民运动蓬勃发展，"开湖北农运之先河"。1927 年，他领导鄂南秋收暴动。1928 年 2 月在汉口被捕，2 月 19 日英勇就义。

周传鼎烈士 1926 年入大夏大学高师科。1925 年"五卅"运动爆发后，参加反帝示威游行被捕入狱。1926 年加入中国共产党，并参与筹建中共阜阳小组。1928 年任中共阜阳县委委员，在中共皖北特委领导下，参与组织武装暴动以建立苏维埃政权。1929 年春，周传鼎被捕入狱，遭遇酷刑却坚贞不屈。10 月 9 日被杀害，时年 23 岁。

肖炳焜烈士 1937 年考入大夏大学。在大学期间，他积极参加抗日救亡活动，1938 年 3 月加入了中华民族解放先锋队（简称"民先"）贵阳地方队部。1938 年 11 月，肖炳焜参加"青年记者战地新闻服务队"，从事战地新闻报道工作。1941 年，他加入中国共产党，担任华北《新华日报》出版科科长。在 1941 至 1942 年敌后抗日根据地极端艰苦的环境下，他以高度的责任心，忘我地工作，克服重重困难，保证了《新华日报》的正常出版发行，同时还印行了大量马克思主义基础理论书籍及毛泽东的著作，为广大抗日军民提供了宝贵的精神食粮。1942 年 6 月 2 日，肖炳焜随华北《新华日报》社转移过程中被敌人包围，英勇牺牲。

林基路烈士 1933 年考入大夏大学文学院英文系。1934 年初赴日本留学，并加入中国共产党，担任中共东京支部书记。1937 年春，在日本发起中国留日学生联合会。1938 年被党组织派到新疆进行统战工作，先后任阿克苏教育局局长、库车县县长，深受各族人民真诚的拥护和爱戴。1943 年 2 月，军阀盛世才投蒋反共，林基路被捕入狱。在狱中他坚贞不屈，9 月 27 日被残忍杀害，邓小平题词："陈潭秋、毛泽民、林基路烈士永垂不朽。"

谭雨文烈士 1936 年春季进入大夏大学法学院政治系学习，1938 年随大夏大学内迁庐山。谭雨文等同学在大夏大学地下党同志的号召下参加了"江西省乡村抗战宣传巡回工作团"（简称"乡抗团"），深入南昌、宁都等地农村，宣传党的抗日政策和抗战活动。1938 年，参加新四军。1939 年春，谭雨文担任中共南陵区区委书记，1940 年改任中共铜陵县委组织部长。"皖南事变"发生，谭雨文不幸被捕，被囚禁在江西上饶集中营。1942 年，在"赤石暴动"中成功突围，1943 年 2 月前往江苏溧水县开展情报收集工作，后被捕，在越狱时被日军杀害。

高仰坚烈士 1940 年入大夏大学文学院历史社会学系，1941 年转至教育学院教育学系。1941 年加入中国共产党。1942 年高仰坚改名陈凌，在苏北根据地搞民运工作和武装斗争，并任射阳区区委委员和联防大队教导员。1944 年 8 月，在处理叛徒投敌事件时，被杀害。当地政府和人民为了纪念他，将牺牲地凤凰乡改为陈凌乡。

丁基烈士原名李百岑，1936 年 2 月进入大夏大学法学院经济系。丁基在大夏时加入了共青团，1936 年 3 月上海市部分大、中学学生四五百人到大夏大学集会，准备前往市府抗议请愿，丁基和张端跑到大夏大学群贤堂楼顶敲响校钟，号召全校爱国同学到操场集合，参加集会。后被捕入狱。1937 年 11 月，加入中国共产党，后赴晋察冀边区工作。1940 年 1 月调配至八路军一二〇师，任晋绥军区《战斗报》特派记者。丁基以一个朝气蓬勃的年轻的共产党员的战斗姿态，经常深入部队基层和战斗一线，采写了大量反映部队生活的报道，写出了许多宣传抗日军民英勇作战的报告文学作品。1944 年 9 月，丁基被派往晋绥抗日根据地的前线采访，不幸遭敌射击，中弹牺牲。

朱敏烈士 1947 年 9 月考入大夏大学，进入理工学院土木系。1945 年加入中国共产党。1947 年底，出于安全，组织上决定让薛家德转移到浙东，任政治交通员，负责与四明山地区的联系。1948 年 3 月中旬，朱敏任中共鄞慈县工委直属民运工作组组长。他挨家挨户发动山民组织"穷人翻身会""脚板工会"和"竹器工会"，发动群众减租减息、抗丁抗粮。他还在积极分子中发展党员，成立党小组，把民运工作搞得有声有色。1949 年 2 月 24 日夜，朱敏下山执行任务时遭遇敌人，不幸被捕。在狱中他坚贞不屈，视死如归。1949 年 3 月 10 日深夜，敌人将朱敏等四人押往余姚鹿亭乡中村活埋。朱敏壮烈牺牲，时年未满 20 周岁。

（林雨平）

著名学者扎根普陀

徐中玉："大学语文之父"

徐中玉与钱谷融（中）、王元化（右）合影

2014年，华东师大终身教授徐中玉荣获第六届上海文学艺术奖"终身成就奖"。

徐中玉教授毕生投身大学教育与学术研究，乃著名的文艺理论家和语文教育家，享有"大学语文之父"之盛誉。在超过百年漫长而艰难的人生岁月里，他相当长时间居住在长风新村街道华东师大二村，始终如一地坚守知识分子的良知与中国文论和文学的标杆，历经磨难而以民族、国家大义和中国文化传统的传承与发扬光大为己任，生命不息，奋斗不止，身处逆境而沉静，面临危局而敢言，兢兢业业俯首工作，甘于清贫埋首学问。

一、负笈南北的求学历程

徐中玉中学读的是省立无锡中学高中师范科，毕业后当了两年小学教师。1934年凭服务证考入国立山东大学。当时山东大学中文系主任是闻一多，外文系主任是梁实秋，师资力量很强。徐中玉进校时，这两位先生因为学生学潮问题离开了，继任者是老舍和洪深。读了三年大学后，抗战爆发，学校内迁重庆。因为内迁后学生减少，山东大学就按照国民政府教育部规定停办，学生转入中央大学，徐中玉便在中央大学读完了大学。在重庆，他经老舍先生推荐加入了"中华全国文艺界抗敌协会"，是当时会员中唯一的学生，因为文章写得多，大家觉得他有作家的资格了。大学期间，徐中玉经常写文章发表在各种刊物上，如林语堂主编的《论语》《人间世》《东方杂志》《世界日报》等。

中央大学学生多，规模大，学生社团活动氛围浓厚。作为"中华全国文艺界抗敌协会"会员，徐中玉成为了中央大学的学生文学会主席。任主席期间，他曾先后请老舍、胡风来校作报告。老舍是他在山东大学读书期间的老师，又推荐其入"文协"的，一直到1957年被划为右派之前，徐中玉一直和老舍先生保持通信。划为右派后，因担心连累老舍先生，便停止了通信。邀请胡风来讲座之前，他们还并不相识，只是之前给胡风主编的《七月》投过稿，还发表过两篇文章。此外，也请过郭沫若、李长之等人来校做过报告。中央大学以保持传统古学著称，因先后邀请新文学的代表人物来校讲学，在中央大学乃至在重庆都引起了轰动和争议。

大学毕业后，徐中玉到中山大学研究院文科研究所又读了两年研究生，后留在中山大学教书五年。研究生期间他写的论文是研究宋代文学理论的，学校指定陆侃如、冯沅君两位先生做他的导师，两位老师的著作《中国诗史》，对他后来的研究很有益。两位先生又同意郭绍虞和朱东润两位从事古代文论的学者做他的校外导师。所以，那一段时间，他能够到几所大学学习，学校里学问高的老师多，学习氛围好，使他的学问快速精进，受益终生。在读研究生时，很多书在图书馆都是独本，只能阅览，不能借出，因为需要其中的材料，就只得抄下来制作卡片，花费了不少气力。"反右"之后的一段时间，徐中玉拥有较多时间看书，阅读了几百本书，同时摘录卡片。他曾说："现在恐怕不少人都不愿意花这个功夫了，未能掌握足够的资料也是文章写不好的一个重要原因。就拿书评写作来讲，针对作家作品评论，如果你看只看过他一两篇文章且恰好是比较好的，你就说他样样都好，恰好看到比较差的，你就说他样样都差，这都是不符合实际的。这个问题目前还存在。"

二、不拘一格降人才

华东师大中文系建于 1951 年，首任系主任是许杰。1952 年全国范围高校院系调整开始，徐中玉在那一年来到华东师大，刚开始担任中文系副系主任。后来因许杰年事已高，便不再担任系主任，徐中玉成为中文系主任兼文学研究所所长。

20 世纪 80 年代是中文系的辉煌时期，当时的很多学生后来成为著名教师、作家、出版家、批评家，由此出了作家群、批评家群、出版家群，还有教育家群。"群现象"的出现与当时的招生制度与人才培养制度有关，华东师大独有的思想解放之处在于不排斥大龄学生，他们中很多人下过乡，在乡下没有机会学习，一进大学，学习格外用功。很多人在下乡时往往还从事了跟文学、文字表达有关的工作，对语言、文学本身就兴趣浓厚，进了大学，能得到系统的、扎实的训练，得到名师指点，他们非常珍惜。这部分同学因为社会阅历丰富，办事能力也特别强。根据他们的实际情况，中文系鼓励他们继续写作，并可以用创作出的作品代替本科生必须完成的毕业论文，也就是可以用文学代替学术，这也是当年中文系在人才培养上的大胆突破。徐中玉对研究生的指导并不是在教室里正式授课，他把学生叫到家里交流，会面前先指定阅读书目，布置讨论问题，会面时，研究生们各自谈看法，畅所欲言，每次谈两个钟头，一个问题一次讨论不完，下次接着再谈，有时中间换题讨论，气氛很热烈，学生们感到十分轻松愉快。讨论时也会有很多争论，他喜欢听到学生的不同见解。关于研究生的培养，对于学术问题，徐中玉认为学生要尽可能说自己的看法，没有禁区，这样做也符合百家争鸣的文艺政策。

中国文艺理论学会会长南帆就是徐中玉的"高足"，他的本名叫张帆，南帆是他的笔名。张帆毕业时徐中玉打算把他留在系里工作，但他因为父亲身体不好就回原籍工作了。他的文章写得很多，散文创作也很有成就，还任福建社会科学院院长，后来徐中玉等人又推举他担任了中国文艺理论学会的会长。徐中玉对于现代青年人的成长提出建议："现在的学术评价机制日渐公平，青年人从事学术研究的环境非常好，机会难得。一个人终归要靠真才实学才能立足，青年人无论如何要真正用功，研究方向也要对路，要潜下心去，切不可急功近利。"

三、复兴《大学语文》课程

作为公共课，《大学语文》建国初在我国各大学基本上都开设，但1952年高校院系调整后，《大学语文》课程随即不再开设，从此中断了三十年，令大学人文通识教育几乎成为一片荒漠。二十世纪八十年代初，徐中玉与时任南京大学校长的匡亚明教授共同倡议，在高校中重新开设"大学语文"课程。此举立即得到了南京大学、华东师范大学等数十所大学同仁们的热烈响应和积极支持。经教育领导部门批准，中断了整整三十年的《大学语文》课程得以重新开设。自此之后，全国开设大学语文课程的高校逐年增加，逐渐蔚然成风。课程的恢复需要与时代接轨的教材，徐中玉便与全国高校专家、学者一起来共同编写新的《大学语文》。

《大学语文》第一版由华东师范大学出版社于1981年出版，1982年又出了补充教材，此后一直在不断修订，二十多年间已经出到了第八版。二十多年来，我国的思想、政治、经济、文化、学术等各方面都有了巨大的发展变化，但徐中玉及其团队一直坚持以精选我国丰富优秀的文化、文学遗产为主，择优选入教材，作为感悟、熏陶、启发大学生人文素养的基本材料，这样做的信念从来没有动摇过。他们认为，《大学语文》这门课，不仅可以让大学生们进一步掌握丰富的语文知识，培养他们对祖国优秀文化、文学精品的鉴赏水平和审美表达能力，而且更有利于提高他们的人文精神和高尚的品德，铸造"中国人为人的道德"。无论在培养人才、发展科学，还是在激发大学生爱国热情、培养创新精神等方面，《大学语文》都能起到积极的作用。开设《大学语文》课有巨大、深刻的意义。

这本书供普通高等学校非中文系的大学生学习语文之用，求量很大，多次再版，发行量巨大，一些统计数字显示达到了3000万册。后来各地都有组织编写《大学语文》教材，版本很多，质量良莠不齐。但凡是以徐中玉名义编的，他都要亲自编审，他将自己很多时间和精力都放在《大学语文》的修订工作上。在他看来，大学语文学科性质的定位，必须把重点放在讲好文学精品本身上，经过教师引导和课堂讨论，把作品讲活、讲透，使学生把握到其中所蕴涵着的人文精神实质，不是一味讲字、词、句、篇，而忽视了整体把握。不是在《大学语文》课中来学习文学史、文化知识，而是要把它变成又一个思想课、观念课。因此，在《大学语文》教材的编写上，徐中玉是十分审慎的。他赞同不同教材之间正当光明的竞争，各具特色，为共同提高教材质量而努力。

四、参与创办《文艺理论研究》刊物

二十世纪八十年代初，徐中玉参与创办了中国高等学校文艺理论研究会，后来改名叫中国文艺理论学会。学会决定创办一份刊物，这个想法得到了周扬、陈荒煤等几位中央领导的支持，指定华东师范大学、北京师范大学和南京大学作为骨干力量，周扬任学会的名誉会长。会刊命名为《文艺理论研究》，周扬同志为刊名题字，文化部副部长陈荒煤担任会刊主编。三个学校中文系系主任做副主编，当时北京师范大学的系主任是黄药眠，南京大学的系主任是剧作家陈白尘，华东师大就是徐中玉。《文艺理论研究》创刊后，挂靠华东师范大学。

《文艺理论研究》创刊初期，大小事情都是华东师大中文系教师去做，因为经费等原因，编辑工作都由教师来承担，没有一个是专职工作人员，编辑工作人员最少的时候，只有两三个人。发展到现在，还都是由中文系的教师兼职来做，一审、二审、三审，都是由系里的教师来做。这个杂志对于徐中玉而言，就像自己的孩子一样，见证着它从创办到成长。

徐中玉有一套自己的办刊标准。一直以来，对于内容比较空洞的文章《文艺理论研究》都不大采用。另外，他还要求文章对教学能有较多帮助。至于观点方面，要有创新的意见，并且文字要写得简练。《文艺理论研究》要对大学的教学更有帮助，文章要有新意，研究题目不要过大，不能搞空洞和华而不实的东西。翻译外国的理论文章要跟中国本身的需要结合得起来。

（胡　琨　徐晓楚）

钱谷融：散淡的文学人生

钱谷融

2014年，华东师大终身教授钱谷融荣获第六届上海文学艺术奖"终身成就奖"。钱谷融教授常住普陀区长风新村街道师大二村，是现当代文艺理论家，长期从事文学理论和中国现代文学的研究与教学。他的一生崇尚魏晋风骨，淡泊名利，代表作《论"文学是人学"》是学术界公认的具有创新性、又能产生重大社会影响和在理论上取得重大突破的理论成果。他曾说，文学是人写的，文学也是写人的，文学又是写给人看的，因此，研究文学必须首先学做人，做一个文品高尚、人品磊落的人，这是人的立身之本。

一、人格比才学更宝贵

1942年，钱谷融毕业于国立中央大学国文系。大学毕业后，曾任重庆市立中学教师、上海交通大学讲师。华东师范大学中文系成立于1951年，钱谷融来时正是筹备期。那时他本来已经收到了南昌大学的聘书，要他们夫妻二人过去做副教授和讲师，结果当时上海市高教局副局长张宏说上海要筹备建立华东师范大学，他也是筹备委员，让钱谷融留下来。中文系第一任系主任是许杰先生，还有两个是原来大夏大学的老师，他是第一个从外校调来的教师。华东师大刚开始邀请他做中文系讲师兼华东师范大学图书馆临时主任，他觉得做不了图书馆主任，就一直拖着没报到，直到许杰先生说，就只来做中文系讲师，他便正式进入华东师大。

当时华东师大的中文系，除钱谷融之外就两个教师，一个是原大夏大学中文系主任程俊英，还有一个是光华大学的赵善诒。当年许杰先生是研究现代文学的，他找钱谷融来上"现代理论文选"，这门课开了好几年，后来教"现代文学史"，"现代文学作品选"。据钱谷融回忆，当时他开"现代理论文选"的班级是四年级毕业班，刚开学校就教毕业班，是因为这部分学生都是从大夏大学过来的，四年级学生的水平来接受这门课还是可以的。后来的"现代文学"和"现代文学作品选"从一二年级就开设了，作为中文系的基础课。

在钱谷融看来，华东师大二十世纪的作家群的出现是和当时的特殊社会背景相联系的。当时高中学生毕业以后，要插队好几年，他们当中的有些人，在插队时就开始写东西，是有一定影响的作家了。他们本身就爱好文学，下乡插队没事就读小说和文学著作，对他们的写作都是很有帮助的。所以华东师大中文系80年代招收的学生中，有一批年龄大的，不是应届高中毕业生，但有一定的社会经验和写作基础。

二、真知灼见论文学

钱谷融代表作《论"文学是人学"》写于20世纪50年代。当时国内文艺理论研究领域受苏联"工具论"的影响，强调文学人物应该服从于对社会整体现实的描写。但在钱谷融看来，这样使得主人公的形象在作品中被冲淡了，仅仅成为反映现实的工具，反而远离了艺术的初衷。他曾表示，文学中"人学"的思想并不是他的首创，包括高尔基在内的过去许多睿智的哲人和伟大的文学家，都曾表达过类似的意见。但是，选择在当时的历史背景下毅然发声，他的理论勇气，显然赋予了"文学是人学"更多的意义。

"我那时也不懂得什么顾虑，只求能把自己的一些想法写出来就是了。"于是，"一向只知道教书，很少写文章"的钱谷融，便写下了这篇著名的文章，主张文学应该回到活生生的、有血有肉的"具体的人"。但强调"人"并不意味着文学要脱离现实。在他看来，文学"抓住了人，也就抓住了生活，抓住了社会现实"。而如果本末倒置，一个支离破碎的"工具人"反而无法反映现实。

钱谷融还认为，作家不仅仅是现实的旁观者，他应该与这个现实发生一种"痛痒相关、甘苦与共的亲密关系"："他和他笔下的好人一同欢笑，一同哭泣……对于那些坏人，则总是带着极大的憎恶与轻蔑，去揭露他们的虚伪，刻画他们的丑态。作者就用这种他的热烈分明的爱憎，给了他笔下的人物以生命；又通过他的人物来感染读者，影响读者。"因而，"伟大的文学家也必然是一个伟大的人道主义者。"

他认为评价一个人的作品，首先要细读别人的作品，你没有读过别人的作品怎么评价呢？中国当时就有一些人还没有细读作品就开始评论，这个当然是没有前途的。文学批评，应该是建立在鉴赏的基础之上。一个作品，准确说是文学作品，如果不值得鉴赏，就不必去读，一篇文学作品要你去批评，肯定是有它的长处，所以他认为批评一定是在鉴赏的基础之上的。鉴赏一篇作品要真正地钻进去，知道作品的长处在哪里，特点在哪里，真正好的作品都是用生命写成的。若对此不够了解，当然不好鉴赏和批评。了解它，但不喜欢它，并不同情它，并不欣赏它，即使批评它，那也不是真正的文学批评。他觉得文学理论文学批评，一定要建立在细读作品的基础之上，不读作品，不深入读作品，不真正理解作品，谈不上批评。

《雷雨》是钱谷融很喜欢的一部文学作品。当年在中央大学读书时，他还从沙坪坝步行到重庆去看。二十世纪五十年代的某一天，他回家看见电视里面正在转播《雷雨》的演出实况，他一听演员的声音口气感觉不对，完全是概念化的。他想一定会招到批评的，但隔了很久，仍不见有人批评，所以他就自己写了篇《〈雷雨〉人物谈》寄给《文学评论》，不批评那次演出，只谈自己对《雷雨》的看法。后来尽管受到批判，

《〈雷雨〉人物谈》仍被学界视为当代评论家解读中国现代文学作品非常经典的评论文章。钱谷融拒绝给曹禺笔下的人物简单贴上各种"标签"，而是力图揭示他们个性的复杂性以及艺术上的审美魅力。后来有团队要排演《雷雨》，去征求曹禺的意见时，曹禺的建议是，你们可看钱谷融的文章。

三、洒脱求真情谊深

"享乐""会玩"，是钱谷融百年人生的乐观底色。熟悉他的人都称赞，这种达观心态，让他的治学为人多了几分难得的洒脱。他最喜欢的书是《世说新语》，觉得这本书的每个章节都可以独立拿出来看。他曾写道："《世说新语》里所记载的谈吐，那种清亮英发之音，那种抑扬顿挫之致，再加之以手里麈拂的挥飞，简直如同欣赏一出美妙的诗剧，怎不给人以飘逸之感，怎不令人悠然神往呢？"还有《红楼梦》，也是可以随便从哪一页都可以看，不需要从头开始起，这本书写得非常具体，就像生活一样，生活无所谓起点和终点，它什么时候都是流动的。国外作家里他偏爱简·奥斯汀和托尔斯泰，在他看来，相较18、19世纪的文学经典，20世纪乃至现当代一些小说多了理性，少了情感。"昆德拉、卡夫卡我也看，还有魔幻现实主义，但它们都很难使我激动。今天的有些作家似乎理智远胜于感情，好像更多的是在用头脑而不是用整个心灵写作，思想力量大于感情力量。而后者恰恰是我以为文学所迷人的地方。"对待文学作品的态度就是他的人生态度。平时生活中他每天七点左右起床，吃早饭，喝点茶，然后就是看书，下午五点半去长风公园散步，然后回来吃晚饭。他平时也很喜欢下棋、打桥牌、打麻将。他个人是比较喜欢闲适，一生就好游山玩水，好美食。

钱谷融一生洒脱，有很多文坛好友。王瑶比钱谷融大五岁，他们是开会期间认识的。大概在1978年前后，钱谷融在受批判时期有一次去泰山开会，会上让他作报告，但他当时并无准备，只能即兴就鲁迅杂文的艺术特色谈了一些看法，后来将讲话内容整理出来发了文章。他的好友还有王元化，当时是兼任中文系教授，第一次开会碰到彼此并不熟悉，第二次或第三次开会，王元化便邀请钱谷融到他家里吃饭，王元化的夫人张可是研究戏剧的，读过钱谷融的《〈雷雨〉人物谈》，十分欣赏。后来系主任徐中玉请王元化到华师大中文系兼任教授，他们又成为同事和好友。施蛰存是钱谷融的前辈学者，比钱谷融大十四岁，是个非常好的人，很直率，做学问古今中外都很有造诣。钱谷融很欣赏他，认为做人就是诚恳正直，虚假的人做不好学问。

四、百年树人满桃李

钱谷融讲过一个故事：法国的泰纳曾经跟学生讲课，他说，一个人的学习一要有天赋，天赋是你们父母给你的，与我无关，二要肯努力，努力是你们自己的事情，也与我无关，我所能做的，就是把美学当做植物学一样，讲明在什么样的土壤里哪一种植物最容易生长。他说他和泰纳不同，认为天赋固然是父母的事情，努力是你们自己的事情，他要做的就是使你们愿意努力，肯努力，推动大家努力，告诉你们文学是很美的，很值得研究的，使你们愿意去研究。天赋虽然是你们父母的事，但是很多人并没有意识到自己的天赋，不晓得自己的长处在哪里，使你们知道自己的长处在哪里，要你们发扬自己的长处，避开你们的短处，我就是做这样的事情，既是帮助你们认识到文学的美，也是帮你们认识到自己的天赋，要你们肯努力，使你们爱好文学。在读钱谷融的论文时，读者不但能感受到作者的思想之美，还能感受到文学的美，钱谷融认为：在专业教学中文学素养的培养是理所当然的，人要做正直诚恳的人，要说自己的话，不能还没有理解就把别人的话拿来讲。要有自己的见地，不要人云亦云，第一是要求真，第二是要求深，要真并深了自然就能新。

钱谷融喜欢考查学生作文。因为作文考察一个人的文学素养，是最见才情的，一个人有没有培养前途，以及他的信仰和操守都从作文上可以表现出来，考查作文的目的是发现学生的培养潜力，即灵机。在他看来一篇好的论文，首先当然是在论点上要站得住，一定要求真，在求真的基础之上，再求深、求精。为人一定要正直诚恳，学术的看法不要求学生一定要是和他一样的。

　　戴厚英是钱谷融的学生，钱谷融说："戴厚英批判我时，她就是直呼其名，连先生也不加的，这个在当时有些出格。但是后来她要升职称时，还是我给写的推荐，她这个人还是很真的，我欣赏她的真。"

　　钱谷融对中文系的学生提出这样的希望：一个人要有真性情，要有真的爱好。要肯把整个生命扑上去，那么就必然能有所成就。不深入你就很难有成就。要深入，就要爱好，不爱好就深入不了，没有爱好也要培养爱好。对什么有爱好，然后整个人都扑上去，可能有成就，也可能没有成就，如果毫无爱好，不大可能有成就，即使能轰动一时，其实也是没有实际东西的。

（胡　琨　徐晓楚）

陈涵奎：周恩来总理多次接见

陈涵奎

1951 年 8 月，出于对祖国的热爱和建设新中国的强烈愿望，陈涵奎放弃在美国优越的工作环境和生活条件，冲破重重阻挠，毅然取道香港，回到祖国的怀抱。

陈涵奎回国后，常住普陀区长风新村街道师大二村。他作为国家重要科技领域的研究专家，多次受到周恩来总理的接见。他一贯重视理论联系实际，积极响应党和政府的"科学技术面向经济建设"和"科学家要到实际工作中去找课题"的号召，解决了电子学方面的许多重要的实际问题，为我国微波事业的发展、微波能的应用、数值方法在天线和电波传播方面的应用做出了杰出的贡献。

一、学成归国展鸿志

陈涵奎是江苏省武进县夏溪镇人，家里有八个兄妹，他排行第五。父亲对国学深有造诣，藏书极多，喜爱字画。他最早是在夏溪镇小学学习，1929 年至 1932 年在武进县立初级中学学习。1932 年考入私立无锡中学读高中。这所学校在 1920 年建校时，由原南洋大学校长唐文治兼任校长并义务在校授课，高中部除了语文一门课程外，其余课程均采用英文教材，在学习上对学生严格要求，校风严谨，在当地享有盛名。1935年，他考入中央大学电机工程系学习，先在南京学习了两年，抗日战争爆发后随校内迁，又在重庆学习了两年。1939年毕业后，留做助教，后来进入重庆国民政府资源委员会工作。

1944年，陈涵奎考取了公费留美的资格。1945年抗日战争胜利后，他从重庆回到南京，在南京的资源委工作了一段时间。1946年8月，他前往美国求学，一年后在该校电机系电信专业获硕士学位，1948年，又转到伊利诺伊大学，在美国工程学院院士、著名天线专家约敦的指导下，攻读博士学位。他先在天线组任助理研究员，半工半读，从事螺旋天线的研制。1949年，经系主任爱佛瑞脱教授的推荐，获得了博士生奖学金。1950年的夏天，获得了电信工程专业的哲学博士学位。同年，美国荣誉学会授予了其荣誉会员的称号。毕业后，他在美国留校任研究员，继续从事天线方面的研究。1948年至1951年，他在天线方面的重要研究成果有：提出测量天线三维方向图的方法，提出关于平面导电板上槽形天线的互阻抗与互补天线的互阻抗之间的正确关系；指出在线天线辐射场的计算中有磁流的忽略。

1951年，陈涵奎决定回国，用留学所学建设自己的国家。他先乘美国威尔逊总统号取道香港，后回到国内，一开始在上海沪江大学物理系任教并主持系务。1952年院系调整时，调到上海交通大学。不久，又调至新成立的哈尔滨中国人民解放军军事工程学院。1954年进华东师范大学任教。1976年到1978年，调任至上海科技大学工作，1978年又回到华东师大。十一届三中全会召开之后，全国重视科技知识，1979年起，他开始担任行政工作，后来也培养了不少研究生，直至1998年，从华东师大退休。

二、得到周恩来总理多次接见

周总理在北京召开知识分子会议可以说是一个里程碑，陈涵奎受邀参加了会议。在会上，周总理说，解放以后，共产党对知识分子的思想进行了改造，知识分子在各方面都大有进步了，是人民的知识分子，劳动人民的知识分子，不是资产阶级的知识分子，知识分子应该要属于劳动这个阶层了。后来当时上海市的市长陈毅又对他们说："我为你们脱帽！为你们加冕！"但是，北京方面有一些人还是认为知识分子有些姓"社"，有些姓"资"，认为知识分子是附着在其他阶级的毛皮上，意思就是说，不能把全部的知识分子归到劳动阶层里。

1962 年，陈涵奎作为参加广州会议的上海市科技界、华东师大的唯一代表，受到了周恩来总理的接见。当时各界代表一共去了二十多人。去的时候是搭乘飞机，回来时是坐的火车。他记得那时在火车上和复旦的苏步青、同济的谷超豪坐在同一个车厢里，进行了一些学术上的交流。

1963 年，周总理到上海时，又接见了陈涵奎，同他亲切握手，他又一次当面聆听了周总理勉励知识分子"过五关"和"活到老、学到老、改造到老"的亲切教导。后来他又有多次机会和周总理接触，周总理一心为公的无产阶级革命家的伟大形象和善于团结人民的豁达胸怀，时刻鼓励着他奋发前进。

三、协建中国首个微波仪器厂

20 世纪 50 年代，陈涵奎协助建设了我国第一个微波仪器厂。当时上海市市长很重视这件事情，中华人民共和国成立初，上海只有一家无线电厂，即亚美电器厂，主要产品是高、低频讯号发生器。微波仪器当时在国内是缺门。1957 年捷克到上海举办展览会，展出了一台三厘米微波仪器，上面都是用英文标注的。这个仪器陈涵奎在美国用过，对它很熟悉。1958 年上海计划委员会确定由亚美电器厂和华东师范大学共同承担三厘米仪器的研制任务，这件事情就由他来做技术指导。那时候，上海工厂里的工人们的技术与其他地方相比要高明一些。国外的仪器，只要拿一个样子过来，工厂基本上都能仿制出来。

当时国家号召"走出去，请进来"，"走出去"就是去国外学习，"请进来"就是邀请国外的专家学者到中国来讲学。陈涵奎曾"走出去"到国外学习，但他觉得在把很多国外专家"请进来"的时候，国内刚开始并不能很好地接受那些国外专家带来的先进知识。他们讲的那些东西，必须要有相应的学科背景知识，才能被很好地吸收。他很庆幸，归国之后，有机会学以致用。

1975 年，在陈涵奎的积极倡导和技术指导下，中国第一套微波加热干燥设备在上海儿童食品厂投产，大大缩短了食品制作时间，并实现了生产自动化，节约劳力 50%。在微波加热的研究中，他遇到一个计算加热箱中谐振模式数的计算公式，在仔细研究后，发现这个在国际上沿用了 20 多年的公式是错误的，它忽视了电磁波与声波的区别。于是他根据电磁波的特点，导出了正确的公式，在国际上得到了普遍的赞扬，并和当时他带的博士生朱守正一起，把数值计算和优化方法用于箱式微波加热器设计，改善加热均匀性，取得了有效成果。这项研究成果 1988 年在国际上发表时被认为属突破性创新。

1980 年，上海市打算建造 98 米高的虹桥宾馆，由于建筑地址在上海人民广播电台附近。广播电台担心虹桥宾馆的建造会影响正常广播而提出异议。上海市计委就委托陈涵奎去进行论证。于是，他带领人员用两种不同方法从理论上进行了研究和模拟测量，最后证明这幢大楼的建造是有可行性和合理性。之后陈涵奎团队将写的总结论文在《中国科学》期刊上发表，被评为 1980 年上海市优秀论文。

还有一个例子。有一次，他到上海广播电视台开会，那边的局长告诉他，上海电视台八频道电视节目在宝山、金山、闵行等重要工业区的接收信号都不好，碰上下雨等天气不好的时候，信号就更差了，工人们在休息的时候都没有办法收看电视。后来，陈涵奎帮他们解决了这一问题，将原本蝶形的传播的信号改为环形传播的，这样他们就能看到上海电视台发出的电视信号了。他还用矩量法和几何绕射理论相结合的混合方法计算了导电柱体近旁双环天线的输入阻抗，为设计这类天线提供了依据。陈涵奎在做这些事情的时候很不容易，遇到各种困难，像风向、底部、热度等等。这项研究后来在 1988 年获得了上海市重大科技进步成果奖。

20 世纪 60 年代中期，陈涵奎在华东师大除了负责本科的教学工作，还创办了研究班。研究班的组建主要是为了培养研究生和进修教师。他当时办了两个两年制的班级，人数不多，一班大约有七八个学生，另一班则只有三个学生，另外还办了一个三年制的班级，有八九个学生。办班期间，除实验课外，他承担了全部专业课程的讲授。三年制的班级里的学生有吴程里，后来成了上海大学党委书记。陈涵奎觉得他的学生们在学术上的成就，社会和国家自会给予评价，不需要再去多加品评，不过可以很肯定地说，他教过的学生里面，没有在外面做过坏事的人，都是比较规规矩矩地在过自己的生活，在立身立德方面都做得很好，努力为国家做着自己的贡献。

陈涵奎曾对学生提出希望说，首先要好好学习，掌握能力，要有真本事，真学问，不能唯利是图。

（胡　琨、伯　召整理）

陈彪如：中国国际金融教育的启蒙者

陈彪如

2021 年 10 月，我国著名经济学家、首批"上海社科大师"、中国国际金融学创始人陈彪如学术成就陈列室正式揭幕。陈彪如教授常住普陀区长风新村街道师大一村。他把一生都献给了中国国际金融学科体系和服务国家改革实践。

一、寻求经济救国之路

1910 年 12 月 10 日，陈彪如生于湖北孝感的一个知识分子家庭。九岁那年，随家移居河北周口店，入私塾，诵读四书五经，历时五载。私塾先生对于学生近乎苛刻的要求，养成了他严格的自律。1924 年，陈彪如来到河南信阳读中学。两年后，入读北京汇文中学。

为何帝国主义肆意祸我中华？为何中华大地军阀混战，害得民不聊生？究竟何为国际关系之基本准则？到底什么是一国政权组织之最好形式？ 1929 年，19 岁的陈彪如带着这些困惑走进清华大学政治学专业。他笃信，只有在这里，才能找到答案。

水木清华，韶华四载，从政治思想史、比较宪法，到国际关系，再到国际公法，十几门政治学课程的研习并没能给他一个明确的答案。课余时间，他埋头在图书馆里，博览群书，如饥似渴地追寻真理的脚步。有一点，年轻的陈彪如倒是想明白了——如何改造旧的中国？路，只能靠国人自己去求索。

1931 年，九一八事变爆发。陈彪如拍案而起，和同学撰写长文《国际舆论与东北问题》，发表在《大公报》上。他如梦初醒，日渐明白建立一种合理的国际政治秩序，绝非柏拉图的《理想国》和康有为的《大同书》那般纸上谈兵。

1933 年，陈彪如本科毕业，进入研究院继续深造。一年后，由于家庭负担过重而辍学，不得不为生计奔走。这段日子里，他走过很多地方，目睹了同胞在贫苦生活中的痛苦挣扎。他陷入了理想与现实的矛盾之中，却也夯实了一位书生对于真实、对于生活、对于社会、对于国家的理解。几十年后，作为大经济学家的陈彪如依旧训导学生："青年人应当有远大的抱负，但不能抱有不切实际的幻想。多读书，多观察，多接触社会。"

1937 年，抗战全面爆发，他毅然投笔从戎，加入了抗日救国的行列。从南京辗转入川，一路上目睹日本侵略军的凶狠残暴，国民党政府的腐朽与无能，怒其不争，却无所适从。国民经济因连年战事而遭受严重破坏，陈彪如深感战后恢复和发展中国经济是一项多么艰巨、多么重要的任务。无疑，没有正确的理论作为指导，一切都无从谈起。就此，经济救国的种子埋进了这位政治学科出身的年轻学人的心里。

1944 年，陈彪如远渡重洋，入哈佛大学研究院。是时的哈佛校园里汇集了熊彼得、汉森、哈勃勒和后来获得诺贝尔奖的里昂惕夫等数位世界一流经济学家。这一次，经济学成了陈彪如的不二之选。就此，陈彪如走上了经济学研究的道路，终其一生。

学政治的转身搞经济，其难度或许超出了"可想而知"的范畴。其一，当时国内外在经济学研究上存在巨大差距：在西方，凯恩斯理论已经占据了统治地位，广泛应用数据和模型对经济进行宏观分析，而国内学界还停留在马歇尔经济学时代。这种脱节使得陈彪如眼中的西方经济理论愈发玄奥、神秘；其二，大师学养远非常人所及，其授课风格自然行云流水，要跟上老师的节奏，课前、课后的功夫只有学生自己才知道；

其三，哈佛大学特别注重培养学生独立思考、独立解决问题的能力，对于习惯了"为师乃父，为师如父"的中国学生而言，教育理念之差异需要学生一一应对。在近乎无师的情况下，证明自己也在世界经济的"最强大脑"之列，其中的辛苦，只有陈彪如自己才清楚。是时，凯恩斯的信徒吹嘘其理论是西方经济思想的一次"革命"。对此，陈彪如感到很新鲜。它确在资本主义世界产生了很大的影响，不仅统治着经济学界，而且左右着一些主要资本主义国家的经济政策，值得花精力和时间去研究。

此时的陈彪如对于马克思主义理论，还没有非常了解，没有掌握阶级分析的方法。因此不可能对凯恩斯主义作出科学的剖析。但至少有一点，陈彪如是肯定的：凯恩斯的理论是以发达资本主义社会为出发点的，并不适合经济落后的国家，所以解决不了中国的经济问题。他只身西行取经，是为探索经济治国之道路。而求取"真经"后，却得出"任何要从资产阶级经济学中，寻找解决中国经济问题的努力都是徒劳的"的结论，不免让他痛心疾首。

1946 年底，陈彪如顺利取得哈佛大学硕士学位，他毅然回国，受聘为暨南大学经济系教授，不久兼任经济系主任。在学校教书，本该有充裕的时间从事学术研究。他计划一方面可以翻译几本当代经济学的代表作，使国内学界得以了解西方经济学的最新发展；另一方面，他计划在评价西方经济学的基础上，用科学的方法研究中国现实经济问题。然而当时国民党政府滥发纸币，造成恶性通货膨胀，物价一日数涨，陈彪如为生计所困，无法静下心来做学问。他意识到，脱离健全的政治制度和稳定的社会环境，科学文化是很难发展的。直到中华人民共和国成立后，他的学术理想才成为现实。

二、从西学译介到学术体系建设

中华人民共和国成立后，暨南大学撤销，陈彪如先后在复旦大学、东吴大学、震旦大学任教。1952 年院系调整，转入华东师范大学，任政治教育系教授，教授政治经济学。

通过对马克思主义系统、深入的研究，陈彪如恍然大悟：从前在资产阶级经济学中没有找到的答案，原来都藏身于马克思主义经济学。掌握了马克思主义的观点和方法后，陈彪如着手展开对资产阶级经济学客观、严谨的批判工作，先后完成了《凯恩斯就业理论的批判》（1957年）和《什么是凯恩斯主义》（1960年）两本著作。1975年，《什么是凯恩斯主义》被日本学者译成日文出版，被称为"用马克思主义观点介绍凯恩斯主义的一本书，是中国出版的有关凯恩斯文献中最详细的一本"。

20世纪50年代末60年代初，受左倾思潮影响，经济学界全盘照搬苏联模式，与西方经济学界处于完全隔离状态。陈彪如则保持严谨、科学的治学态度，坚持对西方经济学的研究有两个方面不能放弃：其一，西方国家的经济政策是根据其经济理论制定的，只有了解了他们的理论基础才能理解其政策之形成及发展变化；其二，简单地全盘否定西方经济理论背离了实事求是的原则，应以马克思主义为指导对其进行科学分析。这一时期，陈先生坚持以翻译的形式介绍西方经济思想，先后出版《劳动价值学说的研究》《利息理论》《凯恩斯经济学评述》《统制经济学》《福利经济学评述》《宏观经济理论》《现代经济学导论》《经济理论的危机》《服务业的增长——原因与影响》九本当代西方经济学代表作，共270万字。《利息理论》等书乃中华人民共和国成立后，国内最早翻译出版的西方经济学理论著作，为我国经济学界积累了大量宝贵的财富。

厉以宁先生曾评价说："陈彪如先生是我国国际金融学科的著名学者和创始人，是国内系统提出上海金融中心建设基本框架的第一人，更是国内外公认的中国国际金融教育的启蒙者。"作为我国最早研究和传播现代西方经济学的学者之一、作为我国最早开展国际金融研究的倡导者之一，陈彪如先生在国际货币体系、人民币汇率、国际金融制度改革等方面所做的系统研究，对国家经济建设和金融体制改革产生了重要影响。

陈彪如倡导理论研究要与实践相结合，理论研究要为经济建设服务，为现代化建设服务。在经济体制改革和对外开放的形势下，陈彪如决定加紧对国际金融的研究，尽快开拓这一新兴学科。这主要基于两点考虑：首先，国际金融与"四化"建设的关系更直接、更密切；其次，国际金融在我国还是一个空白，应尽快将其填补。

二十世纪七十年代末，陈彪如就将国际货币制度这一核心问题作为开拓国际金融学科的突破口。他先后在《当前国际货币制度问题》《战后资本主义世界货币体系的危机》《国际储备体系的最新发展》等一系列论文中阐述了他的国际货币制度理论，引起了国内外学术界的极大反响。"作为学人，其学术观点当是冷静思考、深入研究的结果，不可人云亦云"，这话说起来容易，实践起来却难之又难。可是，陈彪如做到了。

改革开放之初，陈彪如就指出，国际货币体系将面临诸如汇率剧烈波动、国际收支严重失调等一系列困难与挑战，这就要求发达国家与发展中国家加强国际合作，建立公正的国际货币制度。布雷顿森林体系崩溃后国际货币秩序的历史事实，恰恰验证了其理论根底之深厚和学术创新之精神。他坚持用马克思主义观点研究国际货币问题，他从货币的本质和形态的辩证统一关系入手，分析国际货币制度的基础。在《从马克思的货币理论看国际货币改革问题》（1983年）一文中他提出，"特别提款权与黄金挂钩、实行一种新型的金本位制，重新建立比较稳定的货币体系"，其主张与同时期的美国著名经济学家特里芬和麦金农的观点不谋而合。

1981年3月，陈彪如在《东西方货币关系展望》一文中指出，东欧国家长期同西方割据的状况将要结束，它们将逐步向国际金融机构靠拢。不出一年，匈牙利、波兰等国申请加入国际货币基金组织。1983年6月，陈彪如教授针对西方经济学界担心发展中国家严重的债务危机将会酿成一场全面的国际金融危机的情况明确提出，金融属于流通领域，它的发展和变化应该同经济周期相联系，而当时世界经济正处于开始复苏阶段，对于国际金融危机全面爆发的担心是不必要的。这次债务危机的最终结果再次验证了他对国际金融研究之深入、见解之独到。

1987年，陈彪如完成了国家教育委员会委托他编写的高等学校文科教材《国际金融概论》（1988年出版），该书的问世标志着陈彪如独具特色的国际金融学理论体系的形成。而此时的陈彪如，已是78岁高龄的老先生。恰是祖国社会主义市场经济建设的春潮使他精神抖擞、壮心不已，又一次在万马奔腾中竞逐东风。1990年，该书获得金融系统教材一等奖。1992年，再获国家级优秀教材奖，不出两年四次重印，占据全国各大高校讲台十余载，培养出了一批又一批的金融人才。今天，多少中国金融学科栋梁之材都是当年读着陈彪如的这本教材成长起来的。

三、系统提出上海金融中心建设基本框架第一人

1979 年，华东师范大学建立世界经济研究室，由陈彪如教授领衔，着重研究国际金融。很快，这个研究室成为了全国最有影响的国际金融研究机构之一。1984 年底，华东师大设经济系，陈彪如受命任系主任。虽已近耄耋之年，他却仿佛刚刚开启了人生最美的韶华。老骥伏枥，志在千里。这个经济系究竟该长个什么模样？陈老先生心里有数。建系需要哪些人才？陈老先生心中始终盘算着。至于系办公室主任的人选，陈先生认为哲学系的一位女同事最合适。于是，他请自己的学术秘书周洁卿去找冯契教授要人。小周不敢耽搁，隔天一早就去登门。冯契正在吃早饭，听明来意，只说"不要紧，可以的。老先生那么多事情，还要考虑这个"。当大师遇到大师，这世间就有了一种默契，叫做惺惺相惜。

早在二十世纪八十年代初，陈彪如教授就从理论和实际两方面出发，论证了上海发展金融市场的必要性和可能性，并提出了具体的发展战略：坚定地走外向型道路，金融中心建设与经济中心、贸易中心建设相协调，上海与邻近境内外金融中心的关系应是既合作又竞争，上海国际金融中心建设必须先规范化、然后向深度和广度拓展。

那还是一个"高等教育常常把重心落在教学上面"的时代。对此，身在其中的陈彪如却有自己的想法："科研搞上去，教学才有生命力。至于如何把一个项目从小做大？切入点可以很小，然后一步一步做大。"他积极组建科研团队，将国际金融理论联系实际，着重探索"人民币汇率的长期稳定"等改革开放过程中的重大问题。为我国外汇储备管理提供咨询、为利用外资提供理论依据，进行汇率预测，进而规避汇率风险。

引进外资需要了解和熟悉国际金融市场，但改革开放初期国内尚无一本系统研究国际金融市场的书籍。为了尽快填补这一领域的空白，1982 年陈教授的《国际金融市场》与读者见面。美国匹茨堡大学的一位教授在中国人民银行讲学时称，"这是当时国内唯一一本系统研究国际金

融市场的书籍，内容不亚于国外同类教材"。该书被一些高校引进，作为攻读国际金融硕士研究生的教材之用。

陈彪如赞赏爱因斯坦那句："科学研究好像钻木板，有人喜欢钻薄的，而我喜欢钻厚的。"更爱宋人黄庭坚"泛滥群书，不如精于一"的主张。书海浩如烟海，即便废寝忘食、争分夺秒，也不可能将所有书籍都从开头读到结尾。采用精读与泛读相结合的方式，对经典著作进行精读，仔细琢磨。对于一般参考书目，则采取泛读的方法，浏览中也常常会收到"有意栽花花不开，无心插柳柳成荫"的效果。既"破万卷"，又"攻一书"，两种方法有机统一起来，学业自然会大有长进。

陈彪如常勉励年轻学者：其一，近年来，经济学变得愈来愈专门化，其门类也愈来愈多，所以现在的经济学家只能专门研究经济学的某一分支；其二，早期经济学基本上没有数理分析，而现在经济学家则注意建立模型，进行实证研究，用逻辑方法解释经济现象，这是很可取的；其三，早期经济学家更多地关心抽象的经济理论问题，现在经济学家更多地参与政治和商业活动，研究现实经济问题，探讨本国经济和世界经济如何运转等问题。这恰是陈彪如先生认为"我们要走的路"。他常说："每个人在世界上都只能作短暂的逗留，只有献身社会，才能真正理解短暂生命的意义。我要在短暂的生命旅途中，攀登科学高峰。这是一生中推动我不断前进的内在动力。"

（刘　迪）

刘佛年：教育改革的探索者

刘佛年

2021 年 9 月，在第 37 个教师节和华东师大迎接 70 周年校庆之际，"孟宪承刘佛年教育成就陈列室"建成并正式开展。

刘佛年教授常住普陀区长风新村街道师大一村，作为华东师大建校委员和第二任校长，被誉为"共和国老一辈教育家"、入选首批"上海社科大师"，他主编了全国第一部《教育学》教材，引进国外教育理论并应用于中小学教育改革实验，牵动着中国教育教学的整体改革进程。他提出的"给高校一点办学自主权""教学质量要大面积丰收""师范教育要适应新技术革命"等主张，对中国高等教育、基础教育和师范教育的改革发展产生了深远影响。

一、主编全国首部《教育学》教材

1914 年 4 月，刘佛年出生在湖南醴陵县大林乡一个书香之家。1929 年从长沙明德中学毕业，考入武汉大学预科，两年后进入本科。1935 年毕业，又考入广州学海书院。1937 年出国留学，先后在英国伦敦大学、剑桥大学、法国巴黎大学攻读研究生，撰写了关于古希腊哲学和古代中国哲学中辩证法的比较的论文，并在德国柏林考察教育。他广泛阅读马克思主义著作，参加了两国共产党及英国左派书社组织的一些活动。

1940 年初，刘佛年结束留学，带着开阔的视野和丰厚的学识回到国内，先后在西北联合大学、湖南蓝田国立师范学院任教，介绍自然科学的原理。因在课堂上引申讲授马克思主义哲学的唯物辩证法，令国民政府教育部不满，密令蓝田国立师范学院解聘他，被迫到醴陵一所中学教英语，后到攸县一所临时中学教课。时局不稳之下，他青灯苦读，在煤油灯下翻译了爱因斯坦和茵菲尔德合著的《物理学的进化》，交商务印书馆出版。

抗战胜利后，刘佛年来到上海，最初被暨南大学聘任为哲学概论和教育哲学的教授。他积极宣传马克思主义唯物论和辩证法，参加进步教授组成的联谊会，声援反美、反内战、反饥饿等斗争，用"林布"等笔名，在进步刊物上发表文章 20 篇。还用纵谈时事、评论学术的方式，公开向社会特别是向文教界宣传马克思的唯物辩证法观点，揭露帝国主义、封建主义的罪行。解放后任暨南大学校委会常委兼秘书长，后任上海师范大学校长，兼任上海教育工会副主席、上海哲学会副主席。1951年参加筹建华东师范大学，历任教务长、副校长、校长，为中华人民共和国成立和改革开放初期华东师范大学的建设和发展做出了十分重要的贡献。

20 世纪 60 年代初，为了改善我国文科教材长期落后的局面，在时任中共中央宣传部副部长、中国文联主席周扬主持下，开始在全国范围内组织一批中坚学术力量，着手编写包括文学、哲学、历史、教育学等人文学科的"中国化"教材。当时，文科教材编写的主编大都已经选定，却唯独教育学的主编人选尚未敲定。1961 年 2 月 19日，周扬在上海召开的高校党委书记会议上，最终提议请刘佛年主编《教育学》。

这对于早年曾打算在教育思想史研究领域深耕下去的刘佛年来说，是始料不及的。当时要求其半年内完成教材编写工作，以解国内教育学教材空缺的燃眉之急。刘佛年当即表示如果不进行充分的调查研究，空发议论，恐怕难以服众。而周扬的答复很明确："先编出一本来，教材总是先'有'后'好'，以后教材还可以换。现在编的教材字数不要太多，是纲要式的。"

在这种"只争朝夕"的氛围之下，刘佛年着手主持《教育学》的编写工作。为此，华东师大同意刘佛年脱离行政工作，全力以赴做好教材编写工作，并抽调教育学的教学、科研骨干教师组成编写班子。编写组进京封闭作业，以专心编写工作。为了摆脱"政策资料汇编"的传统窠臼，刘佛年与编写组将教育学教材定位于既遵循或不违背现行教育政策，又使教育理论的陈述与政策保持适当的距离，使其接近教育的专业研究。基于这一定位，他意识到《教育学》的编写工作一定要打破既定的框框，直面中国教育的基本问题。而这些问题大致可以分为四个部分：教育学的学科地位及其与其他基础学科的关系问题；教育学的理论性质；教育学问题域及其研究对象；教育学研究方法。

受命后不满半年的时间里，刘佛年领衔的《教育学讲授提纲》便告完成。翌年，讨论稿亦撰写完毕。新中国第一本《教育学》由上册、下册与附录三部分组成。上册涵盖了"教育与政治、经济的关系""教育与儿童身心发展的关系""教育目的与教育方针""学校教育制度"等7个章节；下册包括"思想教育的意义、任务与内容""思想教育的过程与原则""思想教育的途径与方法"等7章；而附录则对教育与经济发展（1979年版增补）、电化教育（1979年版增补）、美育等内容进行了介绍。教材完成初稿后于1962—1964年四次内部印刷使用，每次付印前均有修改。1978年，应教学需要内部重印了这部《教育学》，并于1979年正式出版。

这部成书于1963年的《教育学》是我国第一部社会主义教育学教科书，它改变了我国沿用甚至照搬西方教育学教材的局面，重新推翻了凯洛夫在苏联版《教育学》中所形成的框架以及长期以来国内教育学教材"政策汇编"式的惯习，奠定了新中国社会主义教育学教材编写的基本框架与原则。

作为主编，在《教育学》的编写过程中，刘佛年突破了一些当时尚未涉猎的思想禁区，提出了一些难能可贵的理论创见，为20世纪60年代教育科学发展注入了新声。譬如关于教育本质的讨论中，首次提出了教育不完全是上层建筑的问题并肯定了教育自身的独立性，同时还确定了"教育学主要是从教育与社会生活的关系，教育与儿童身心发展的关系等方面去研究教育工作的规律"。

二、求贤若渴，知人善任

1977年，刘佛年辗转找到了王智量。彼时，王智量正"忙"着修防空洞、在街道小厂搬钢板、在黄浦江边扛木头，旁人眼中不过一个靠股子力气养家的临时工。但刘佛年清楚，他找的人正是北大第一届俄语专业毕业生，20余年坚持翻译普希金名作《叶甫盖尼奥涅金》的翻译家。当时王智量家里特别困难，父亲生病躺在床上，家里能卖的东西都卖了。刘佛年邀请王智量去华东师大任教，所有手续都由其亲自督办，并给了对方三个选择：一是去中文系的外国文学教研室，二是去夜大学的外语系，三是去他自己所在的教育系，从事外国教育史的研究。王智量毫不犹豫地选择了教育系，从事外国教育史的研究。理由很简单，他说："士为知己者死，刘校长给了二十多年没有工作的我一个机会，我当然要去他那里工作，报答他。"

1977级是恢复高考后的第一届大学生。这一届学生精英荟萃，后来也出现了一批全国知名的学者，如中国哲学史专家杨国荣，西方哲学史专家童世骏，国际问题专家、华东师大人文学院院长冯绍雷等等。为何"人才"如此"济济"？当年上海高考招生委员会主席恰是刘佛年。据说，当时招生的时候，华东师大比其他学校早到半个小时。上海文科考生中的佼佼者、当年在社会上小有名气的青年作家之中大半，被抢到了华东师大。

2011年夏，数学家郑伟安彻底辞去供职20年的美国加州大学终身教职，全职回到母校华东师大任职。作为一个自学成才的典型，郑伟安从房修队的小木匠成为数学家的故事，在20世纪70年代可谓家喻户晓。当年，对于未通过统一考试、提前破格录取郑伟安为研究生，华东师大校内外亦不乏"不符合规章制度"的反对声音。刘佛年从早出人才、出好人才的大局出发，毅然批准了数学系的报告，迅速安排郑伟安进行考试，及格即吸收他进校当研究生。1978年春节过后，郑伟安便来到了华东师大报到。

三、教育一定要理论联系实际

作为改革开放初期引进国际先进的教育理念并用以指导中国教育实践问题的先行者，刘佛年是扩大大学办学自主权的发先声者，是推进教育研究走向基础教育一线、开展与推广教育实验成果的力行者，是师范大学师范性与学术性相统一的提倡者与实践者。

1985年底，中国教育学会第二次全国讲座会在武汉召开。闭幕式上刘佛年提出了两个重要的教育理论问题：第一，人学习的潜力究竟有多大？潜力很大，现在还找不到极限，因此，不能相信有什么固定的差生，优秀的教师应把差的学生教成好的；第二，学习成绩究竟由什么决定？教育与环境起决定作用，但人的主观因素、主观能动作用也是很大的，因此对于掌握知识来说，态度是很重要的，甚至发挥超预期的作用。武汉会议后，那位日后成长为华东师大数学科学学院荣誉教授的中年人——顾泠沅，便常常有机会在中国教育学会、全国教育科学规划领导小组的会议上，遇到刘佛年，彼此渐渐熟络。刘佛年曾语重心长地对顾泠沅说："中小学教师积累的经验很多很多，有人说叫'汗牛充栋'。但是，你有没有看到，随着时间的推移，凡是没有作出理论概括的，往往只能热闹一阵，开了花不结果，有人说叫'过眼云烟'。于是，新来的教师只好从头摸起。这是多大的浪费，多么可惜。破解这一困境，办法是什么？一是理论工作者深入到中小学去，二是中小学教师都能做些教学研究工作。"1986年，教育部要培养一线教育家，提议顾泠沅去师范大学硕博连读。刘佛年便成了他的导师。

教育学的基本理论必须扎根于中小学校，生根于活生生的课堂。破除教育理论与中小学教育之间的鸿沟，刘佛年主张研究人员要深入实践，将理论与实践紧密结合。为了推进基础教育教学实验，总结教育教学的规律，他带头身体力行，曾先后五次来到当时顾泠沅工作的青浦县，听介绍、下学校、进课堂，找教师、学生谈话，然后给予深入浅出的理论剖析与指导。他指出，我国在教育基础理论方面的研究比较薄弱，许多学科还只能介绍国外的研究成果。要出自己的成果，教育理论必须与中小学教学实践相结合，大力加强应用研究。

刘佛年曾说，目前教学改革虽然取得了一些成绩，但就创造性教育来说还很不够。"我们上课强调教师讲，国外教师讲的不多，重点在讨论。学生自己看资料，独立思考，畅所欲言。而我们搞一个学术讨论，总是预先指定一个人，准备中心发言，而后大家围绕中心发言讨论。要创造，就不能太受约束，有太多的框框。创造应有创造的气氛。我带研究生，观念上如有不同看法，我们就争一争，我不勉强他们非要接受我的观念不可。只要他们有道理，大胆思考，我就支持。这样可以让他们在思维的大海里纵横驰骋，自由畅想，激发他们的创造精神，提高他们的创造能力。"

（胡琨整理）

冯契："智慧"追寻之路

冯 契

　　冯契教授常住普陀区长风新村街道师大一村，他的学术著述几乎都是在这里完成。

　　作为中国近代历史上伟大的哲学家，冯契教授的一生以"智慧之学"为最高追求，为中国的哲学事业的发展，做出了不朽的贡献。作为一代哲学大师，他的成长经历不断启迪着后人对哲学的思考，激励着人们对智慧的不断追寻。

一、贵人相助的少年才子

　　冯契，原名冯宝麟，1915 年出生在浙江诸暨的一个普通农户的家庭里。从小学开始，他就显露出聪明才智，学习成绩优异，尤以作文和数学见长。十八岁那年，由于祖父不幸病逝，家境窘迫。杭州初级中学校长唐世芳先生慧眼识才，伸出了援助之手，让冯契在学校兼任文书工作，有一份收入，使他的学业得以继续。后来冯契考上清华，去清华读书的行装也是唐先生帮助备置的。唐先生是冯契的贵人恩师，逢年过节，冯契都要去信或打电话问候，平时也常有书信来往。

　　1935 年，冯契起先报考了南开大学数学系奖学金生，又以全国第二名的成绩考取了清华大学哲学系公费生。公费生每月有二十元生活费，免除了经济上的后顾之忧。他决定入读清华哲学系，用他自己的话说："当时的考虑是：要救国，就要有理论，最根本的理论是哲学；我对数学、科学、文学、哲学都爱好，学哲学大概最能满足我广泛的兴趣。"

1941 年冯契进清华大学研究院哲学部，导师是金岳霖。金岳霖在旁人眼里是个有些古怪的教授，对冯契却非常器重，甚至为他单独开课——每星期六，冯契便到金先生处读书，先是休谟，后是布拉德雷，边读边讨论。冯契说，金先生对休谟的书真是熟透了，还不止一次地提醒他"要认真读几本书。不要浮光掠影把书糟蹋了"。除了金岳霖指定读的书，冯契还给自己开了两个书单：西方从古希腊到维也纳学派，中国从先秦到五四，按历史顺序选读各家主要著作。有的精读，有的略读，"常读到晚上两点钟"。读后常有一些疑问和看法要向老师请教。通常，有关西方哲学的问题，就去问金岳霖，有关中国哲学的，就去问冯友兰和汤用彤。金先生严密而精深，汤先生通达而高明。冯契后来回忆说，能在求学期间同时得到两位老师的指导，从他们那里学到了一点严密分析和自由思考的习惯，真是难得的机遇。

但"真正要在哲学上提出点自己的东西，仅仅继承传统是不够的"，冯契在晚年的一次访谈中这样说。童世骏觉得，冯契先生可能是从一开始就不甘心"照着讲"，而更努力于"接着讲"，不管是对待中国古代传统，还是对待外来各派思想。冯契喜欢庄子和斯宾诺莎，同时重视康德和黑格尔，但诚如他所言，他"既不像庄子，也不像斯宾诺莎"，他更喜欢在不同处境下始终保持自由思考，"甚至可以说喜欢标新立异"。尽管他收到过同窗"温柔"而"内向"的评价，但在他的学生陈卫平眼中，他的性格中存在着拒斥教条主义的基因。对有价值的学说，他认为"后继者只有通过它才能超过它，而也只有像小鸡一样破壳而出，才真正吸取了鸡蛋的营养"，因而"超师之见"成为他学术研究的一个标签。

"对任何一种哲学学说不能够迷信它，研究哲学不能依傍门户，不能人云亦云、随声附和"，"学哲学就要能入而又能出"。自由穿梭于以往的包括马克思主义在内的古今中西的哲学传统，而从未被束缚，冯契的秘诀是秉持宽容的精神、兼收并蓄的胸怀，最重要的是"始终保持心灵的自由思考"——这是他最为看重的哲学家的素质，是"'爱智者'的本色"。这不仅体现在学术研究上，也帮他走过了人生中的困厄。

二、锲而不舍的"智慧"探寻

中华人民共和国成立前，冯契常为进步刊物撰文。"冯契"是当时使用的笔名之一，契与锲通，取"锲而不舍，金石可镂"意，其中可见诸暨人的韧性。从那以后，冯契就成了正式名字，而这名字的寓意也成为他以后研究生涯的真实写照。

冯契感到在中国哲学史上长期争论的"有名"与"无名"、"为学"与"为道"、如何"转识成智"等，实际上都和"智慧"这个问题有关，因此他表示也想就此试着写篇论文。金先生鼓励他循着自己的思路去研究。"元学如何可能？"冯契认为，首先是如何能"得"，即如何能从知识中获得智慧，这是他感兴趣的地方；接着是如何能"达"，即如何能把那超名言之域的智慧用语言文字表达出来，这是金岳霖偏重之处。冯契也请教了汤用彤，汤先生叫他系统地研究一下魏晋时候的"言意之辩"，冯契于是从老庄一派读起，在读《齐物论》的时候得到思想火花，于是发挥心得，写成了论文，题名《智慧》。1944 年，冯契 30 岁，完成了这篇论文。

冯契晚年回顾说，这篇《智慧》确实是他学术工作的起点。"真正感受到自己有一个哲学问题非要解决不可。"此后，他终其一生都在作"智慧的探索"。在这篇论文里，明显可以看到金岳霖的影响，从使用金岳霖的术语便可见一斑；而其中说到和庄子、郭注有着"血缘上的联系"，则是和汤先生讨论"言意之辩"的收获。后来汤用彤之子汤一介给冯契写信："我常想，您的那篇刊于《哲学评论》上的《智慧》可以说对我启发最大。当然，我走上哲学研究这条道路原因很多，而其中原因之一就是《智慧》一文对我的影响。"

1952 年，冯契正式受聘于刚刚组建完成的华东师范大学，3 年后他和刘佛年在政教系下共同创立哲学教研室，并在 1986 年成立了哲学系。冯契 1978 年开始先后招收了数十名硕士、博士研究生，学生们记忆里的冯先生"慢言细语，言谈中常常露出他那特有的迷人的微笑"，"眼神永远的那么亮，那么透，那么静"。有人记得，他上课时从不念稿子，手里拿一本写着提纲的黑皮硬抄，语言并不生动，但是逻辑严密，表达简练，只要能领会他的思路，记下来就是一篇文章，"像吃橄榄一样，放在嘴里，越吃越有味道"；有人记得，他是一个很好的倾听者，在他家里，通常是学生说的比先生说的更多，学生犹豫了，他总会笑眯眯地鼓励他们说下去。

华东师大校园，有着学生们对他的记忆，也记录着他最深的坚持。经历了"文革"，冯契的几百万字手稿、资料下落不明，他后来意识到"脑袋是可以藏思想的仓库，只要保持心灵的自由思考，还是有条件使自己的探索继续下去的"，在人生最后的 17 年，他开始"复活"那些失去的东西。最先被"复活"过来的，是 60 万字的三卷本《中国古代哲学的逻辑发展》，其后他完成《中国近代哲学的革命进程》，这两部著述使他成为以"一己之力"完整勾划先秦到中华人民共和国成立前两千多年中国哲学发展历史的第一人。

三、化知识为智慧

20 世纪 50 年代，冯契认为总的原理仍然是马克思主义与中国革命实践相结合，但他提出一个重要的哲学表述，即"化理论为方法"，"化理论为德性"，他觉得理论与实践的联系，一方面是要让哲学成为方法论，另一方面是要以科学的世界观培养新人。也就是说，哲学理论要化为有血有肉的人格，一种普通人也能及的，"平民化的自由人格"。"只有这样，哲学才有生命力，才能够真正说服人。也只有这样，哲学才既是可信的，又是可爱的。"后来挨了批判，冯契便不提这两句话了，也很少写报纸文章。但冯契说，此后他的思路还是顺着这两方面前进，心里继续发问："逻辑思维能否把握宇宙发展法则？人能否获得自由，或自由的人格如何培养？"冯契觉得，正是这两个问题，将能使中国传统与西方传统趋于合流。

1960 年，毛泽东把《怎样认识世界》这本通俗哲学读物推荐给身边年轻的工作人员，他自己看过的一本上，还满是圈圈画画。有些地方批注说"不讲阶级""不讲历史"，但他还是觉得这是一本值得初学者认真阅读的好书。毛泽东在给秘书林克的一封信里说："我想找四、五、六、

七、八本，送给同我接近的青年同志阅读。"

在"牛棚"的岁月里，冯契也曾心灰意冷，达到濒于绝望的地步。"但我扪心自问，共产主义信念并没有丧失。我还得出了一个结论：不论处境如何，始终保持心灵自由思考，是'爱智'者的本色。"冯契在 1991 年 10 月 12 日给董易的信中这么写道。在政治运动中遇到挫折、经受考验，得把知识转变成智慧，有一种能经受苦难的意志，有一种能对付它、克服它的心灵上的自由。这就是冯契在西南联大写《智慧》论文开始，终身都在探究的"转识成智"。作为理论的哲学，发自真诚，便是身体力行的实践。冯先生的哲学已渗透了他的人格，而他的人格又证明了他的哲学。

1978 年，冯契开始招收中国哲学史硕士研究生，开了《中国古代哲学的逻辑发展》课，每两周一次。接着，杂志开始索稿，各种研讨会开始筹备。他还兼任了一段时间上海社会科学院副院长（1978—1985），上海几个单位准备协作搞《哲学辞典》，也要他挂名。冯契不是独善其身的学者，为了顾全工作与自己的写作，他常常把自己搞得十分紧张。"上海又搞提升职称的事，我虽然并不具体管，但最后还是要处理许多矛盾，开许多会，搞得头昏脑胀。"他在给挚友邓艾民的信中说。"在以前，可以同屈原一样说：'路漫漫其修远兮，吾将上下而求索。'现在却不能这样彷徨求索了。"冯契感觉自己这架身体机器老了，慢慢有点力不从心，心情也急迫起来，"'汩余若将不及兮，恐年岁之不吾与。'老有种急迫感，缺乏从容思考的心情，这实在是不好的。但也控制不住自己，能工作的年数很有限了，怎能从容不迫呢？"

20 世纪 80 年代，冯契陆续发表《中国古代辩证逻辑的诞生》《哲学要回答时代的问题》《五四精神与哲学革命》等多篇论文，写成《中国古代哲学的逻辑发展》（上中下册）《中国近代哲学的革命进程》《智慧的探索》等著作，主编《马克思主义原理教程》《中国近代哲学史》《哲学大辞典》等书。1996 年 6 月，冯契的个人哲学创作《智慧说三篇》，即《认识世界和认识自己》《逻辑思维的辩证法》《人的自由和真善美》作为《冯契文集》前三卷，由华东师大出版社出版。

（胡琨整理）

陈吉余：河海一生情

陈吉余

　　常住普陀区长风新村街道师大二村的陈吉余院士，他的一生将科研与国际命运紧密结合，特别是为上海发展做了大量前瞻的考虑和思索。

　　上海感激他，因为他率先提出利用青草沙修建江心水库，让上海市民喝到优质长江水。他多年坚持为海平面上升、上海咸潮的防治等问题不断呼吁。他首个提出将浦东国际机场建于海堤之外、潮滩之上，为国家节省了数以亿计投资。他提出陈山原油码头选址方案，开创了在杭州湾强潮海湾建港的先例。他创建了我国第一个河口海岸研究机构，发展了以动力、沉积与地貌相结合的我国河口海岸学科体系，建立了河口海岸动力沉积与动力地貌国家综合重点实验室。

一、建议浦东机场迁址

　　陈吉余深受祖父影响。他的祖父陈百川是清末举人，留学过日本，对历史、地理很重视。陈吉余从 5 岁开始读书学习，祖父、父亲都对他的要求很严格。到 8、9 岁时，他基本上熟悉了历史上各个朝代。当时的书上有中国地图，他就经常在石板上或地上照着画，画得很准确。小时候他的床头还挂着一张地图，是他的祖父挂的。对地图的日夜观看，使得陈吉余那时候对中国的 2000 个县都能记住。他的老师曾对他说："你地理很好，以后上大学可以学地理。"陈吉余最喜欢地理、历史。考大学之前看到报纸和杂志的介绍，同学之间也互相沟通了解，知道地理好的大学有两个，一个是中央大学，一个是浙江大学，他选择了浙江大学，并被录取。

陈吉余大学时候的老师都是很有名的地理大师，有谭其骧、张其昀、叶良辅等，对其帮助很大，也就是在他们的影响下陈吉余开始了杭州地貌的研究，并逐渐走上河口海岸研究之路。陈吉余认为浙大"求是"的校风和求学经历对他的影响是最大的，"求是"就是求真、求真理，他一生的科学道路都是这样走的。

浦东机场的建设，是发展的需要。上海以浦东开发为龙头，就要有一个国际航运中心，航运就要有一个大的机场，原有的虹桥机场不能满足需要。因此 20 世纪 90 年代初，有关部门考虑在浦东建一个大型机场，并确定在川沙境内海堤之内，这就是浦东机场的原址。陈吉余对上海的许多建设都比较关心，他认为自己对上海的事情义不容辞，觉得这个方案不可行，于是就决定写信给市长，建议把浦东机场从海堤之内移到海堤之外、海滩之上。

为什么会有这样的建议呢？众所周知，上海土地是很紧缺的，如果把这个机场建在海堤之内，就要用掉很多熟地，但是如果建在海堤之外，就不需要用到熟地，也不需要拆迁。另外，如果建到海堤之外，飞机起落时也不会受高层建筑的影响。再一个，飞机起降的时候声音比较大，建在海堤外就没有噪音的影响。在国外，很多沿海城市的机场都是在海边建的，像美国的肯尼迪机场就是在牙买加沼泽地、湿地上建的，日本的成田机场、关西机场这些都是，还有澳门、香港的机场是在海里面填的跑道。但是，1992 年建设浦东机场还处于开始议论的时候，因此，陈吉余的建议信送上去之后，没有立即收到回音。

1995 年，建浦东机场这个问题又被提出来了，还成立了指挥部，到了马上实施的阶段。陈吉余很着急，于是就旧事重提，又写了封信给徐匡迪市长，把原来的建议又送了一次。大概不到 10 天，机场指挥部就打电话给他，说是徐市长同意他的建议，约他面谈。见面的时候，陈吉余汇报，应该把海堤外面的零米线围起来，在外面建机场。第一期先围一部分，第二期再向南面围一部分。同时，他想到人工河口不能只管人不管自然，要天人合一，人和自然和谐。建机场把鸟赶跑了，鸟没有地方去，那就得有个补偿，后来选定了横沙岛九段沙这个地方做生态工程。九段沙在20世纪60年代曾经种过草，以后逐渐淤涨，上沙就比较高，上面还长着芦苇，需要考虑的是怎么种青的问题。机场把这个种青引鸟生态工程，交给了陈吉余团队来做。于是他们组织了一个种青的生态引鸟研究团队到九段沙进行研究，专门对九段沙的水文、泥沙、沉积、地貌做了系统调查，然后针对九段沙写了一本研究报告，反映九段沙的发育情况，然后再根据这个来布置种青。种什么青呢？当然要种适合这个地区、能够生长的植物，而且能促进淤积，使陆地面积扩大，青草面积扩大就能容纳更多的鸟。对于这个问题，在上海的一般情况是，高一点的地方，平均高潮位向下一点，可以种芦苇，那么再低一点的地方，该种什么呢？经过他们认真考虑，觉得要促进淤涨得快一点的话，种互花米草最好。浦东机场第一期，就围起了7200亩地，避免了一个小镇拆迁，为国家节省了3亿6千万元。同时也解决了机场上空的鸟撞问题，70%的鸟被九段沙生态地吸引过去了。

浦东机场更改建设方案源于陈吉余的一封建议信，但最根本的是因为陈吉余掌握了河口发育的一套规律，同时也对一些植物、生态以及它们的演替规律都十分了解。

二、中国河口海岸研究的开端

陈吉余对上海的事情一直比较关心。他是研究长江河口的，1952年到上海来，1955年开始研究长江河口，1956年完成第一篇长江河口文章《长江江口段地形发育》。这篇文章是在什么样的背景下写成的呢？1956年国家提出向科学进军的口号，华东师大开了第一次学术论文报告会，每个老师都要写论文。1955年陈吉余带了几个苏联专家开的进修班的学生，陈吉余给他们讲水文地理，还经常带他们出去野外工作、实习。在崇明，就开始了长江口的调查。然后又到南通，写了一篇《长江江口段地形发育》，再后来就这篇文章作了一篇报告。报告完了，苏联专家祖波夫主动和陈吉余握手，向他祝贺，说报告很成功，文章有内容，做得好。1956年夏天，中国地理学会第二次代表大会在北京召开，陈吉余在会议上作了这个报告，引起了轰动、备受瞩目，北京的学生听了都觉得没有听过这样的东西，很有兴趣。事有凑巧，中科院当时请了一个苏联专家，是竺可桢先生的顾问，叫萨莫伊洛夫。萨莫伊洛夫是苏联河口学的博士。当时会上只有陈吉余一个人汇报了河口问题。萨莫伊洛夫和陈吉余见面交流后，向中国科学院建议，河口非常重要，中国有这么多的河口，应该对此进行研究。

经华东师大同意，在学校成立了河口研究小组，陈吉余任组长。1957年，南京华东水利学院召开中国河口学报告会，请陈吉余作主题报告，他就在上海、杭州、天津、青岛进行调查之后，写了一篇《中国河口研究特征——以黄河口、长江口、海河口、钱塘江口为例》。开会的时候，他陈述了主题报告，萨莫伊洛夫也有个报告，译成中文由陈吉余代读。主题报告后，其他专家针对中国各个河口也相继作了报告，中国河口研究从此发轫。1957年，华东师大成立了河口研究室，由华东师大地理系和中国科学院地理研究所双重领导，就是现今河口所的前身。

陈吉余曾说："作为一个地理老师，在杭州如果不懂杭州，那我对不起这个称号，在上海如果不懂上海、不懂长江口，那我也对不起这个人民教师的称号。"在杭州的时候，他每到星期天就每个山头到处跑，跑了很多人迹罕至的地方，之后写了一篇文章《杭州之地文》，可以说在解放前后，杭州地质方面的文章属他这一篇最经典。

三、解决崇明南门港深潭问题

1969年，崇明南门港出现一个50多米的深潭，当地老百姓说下面有个老鳖，老鳖一翻身，崇明就下水了。这个地方叫施翘河，有个电厂，电厂这边就是冲刷深潭，崇明人很紧张，上海市也很重视这个问题，批调了250万元人民币来治理这个深潭，并调集了一些师生、同志来研究这个情况。从6月份开始研究，一直到12月份还没有解决这个问题。最后市里找到了陈吉余，他花了三天时间，把之前水文测量的东西拿出来重新看，画了一些图，做了一些研究，最后得出初步结论，这个深潭已经稳定了，也拉长了，能量开始分散，大概已经淤积，不会再继续发展塌陷了。考虑到当时的政治环境，有些话不知道能不能说，他很有顾虑，最终还是实事求是写了一份报告：这个深潭已经稳定了，不会再继续发展，朝着几个丁坝的坝根、坝头上面，尤其四号坝坝头上面抛一点石头，然后加强观测就可以了。最后他的这个建议得到采纳，只花费40多万元，为国家节省了200多万。

四、金山石化原料码头选址问题

1972年，金山石化项目上马，靠运来的石油作原料，需要有一个装卸原料的码头。上海市港务人员在浙江省乍浦的东面看到有四个小山，就定了山中间的地方。选址定了以后，当时的国家领导人还来视察过，肯定过选址方案。

1973年8月1日，金山石化被点火，还有两年就要投产。上海市工交组把陈吉余找去牵头考察，当时他带了11条船去进行调查，同行的有工作组的一个处长，交通部的一位工程师，还有一个领航的老船长。几天调查研究之后，陈吉余发现码头选址的地方水流极其复杂，到处都是漩涡。有一次，他指挥船进这个港区的时候，舵几乎都失灵了，船长也被吓得脸色发白，后来船总算飘着飘进去了，没有翻。于是他认为，这地方不能做原料码头，水域太小，水流不稳，还有，在这个进口的航道外面有一个礁石，非常险。

那时候他每天白天工作，晚上写报告，不断向上反映问题。同时，他亲自到岸边考察更合适的选址，最后发现陈山外有一个深水槽，距海岸只有500米，可以从陈山伸出一条线，一直伸到前面这个冲刷槽，建一个岛式码头。这个地方是一个涨潮冲刷槽，潮比较大，流也比较大，泥沙从这里出去后，不会再回来，因此泥沙在这里不会沉积。后来他就画了一张图，陈述了新的选址方案，很快得到了上面的肯定与批复，方案中的地方就是现在的金山石化所在地。

（胡　琨）

第四编　往事与普陀

　　大夏大学在办学过程中，实施复兴民族教育，倡导师生合作、创造牺牲精神。本编内容分两部分：一是精选部分进步知识分子在大夏大学的演讲；二是华东师大及其前身大夏大学师生参与革命活动，用专业知识服务普陀、服务社会等史迹。本编旨在从一个侧面反映华东师大及其前身，与普陀区拥有大学校区、公共社区和科技园区的历史传统和渊源。

　　（一）进步知识分子演讲。主要遴选杨杏佛、胡适、陶行知、蔡元培、李公朴、鲁迅等进步知识分子和文化名流的演讲。他们在大夏大学校园剖析国际形势，宣传进步思想，复兴民族文化，畅论救国之道。

　　（二）华东师大普陀往事。主要记述华东师大及其前身大夏大学师生参与五卅反帝爱国运动，创办大夏公社服务民众教育，组织沪西民生教育实验区和民众教育委员会深入工农群众，大夏中学部添办农科培养农业专门人才，毕业生创作《我要把金沙江路走一遍》等事迹，唤醒普陀文化记忆。

进步知识分子的演讲

杨杏佛：庆祝总理诞辰的意义 ①

杨杏佛

今天的庆祝，谁都知道是总理的诞辰纪念。大家可以想到，今天各地都有一种庆祝纪念会，上海市政府在普育堂举行盛大庆祝，参加的人很多，并有很多的音乐，我们这里布置很简单，人数也不多，也没有很多的音乐，大家的目的都是在纪念总理。同时我们也可以想到，今天海外一定也有多少人，开着庆祝会，或是一个人一心坎上表示纪念，也许是比我们来得诚恳。

我们年年都举行一次庆祝会，兄弟在各地都有讲演，我们要想想：这种纪念是和新年一样么？这种纪念，是我们不愿意的，就是国民党，也不愿意失了革命的导师。现在来开会庆祝纪念，促醒我们知道前途的紧要——中国的前途。我们这种纪念有三种意义：

一、庆祝

中国在过去受专制的压迫，已经二千多年了。自从六十多年前，中

---

① 杨杏佛讲，戈宝权记：《庆祝总理诞辰的意义》。《大夏周报》第 60 期，1928 年 11 月 26 日。

山先生出世之后，一身的精力，致力革命，推翻了满清，造成了一个共和政体的中国和国民党，中国在今日得着共和，走到革命的路上去，完全靠着民众革命的好导师中山先生得来的，所以我们要开会庆祝他。

二、悲哀

我们在庆祝之外，得着了一种悲哀，在中国的习惯上，人死了之后，每逢一年做一次冥寿，没有什么庆会的。在美国每年举行纪念Washington 和 Lincoln 的礼，在我们中国纪念孙中山先生，这是一种无可奈何的，我们很希望中山先生能多生几年，指导我们民众革命，当有一种更大的光明和效果，不幸在三年前逝世，是不可唤回的，这是使得我们悲痛的！我再回想，当中山先生的时候，费了四十年的心血，造成了一个中国。过去先烈们的牺牲，不是为现在的人造成许多官的位置，来争权夺利、讨饭碗的。他们所想的是为中国无告的人，是为中国的农工，是为中国四万万的人而牺牲的。中山先生的革命，不是来造成阶级斗争的，也不是造成许多军阀的。照现势看来，革命是没有成功的。此次北平政治分会的心理测验，所得的结果，有五万人都是一样地说：革命是没有成功的。这种事使得我们很沉痛。究竟这种责任是什么人负的呢？过去先烈牺牲，不是为自己造成大伟人的，是为民众谋福利的。所以这种责任，要大家负担起来，完成革命。

三、忏悔

有一种事情，是中国往往如此的，不反责自己，只毁谤他人的不好；做些文章来，上不在天，下不在地地空泛说着，既不在中国，又不在世界。还有许多党员，上台谈怎样革命，下台拼命着互相攻击，保护着自己的饭碗和地位。一旦下台，就大发牢骚。或是国民党有饭吃，有位置，就高呼国民党万岁。共产党有饭吃，有位置，就高呼共产党万岁。在中国现在的位置看起来，不问是老年人、中年人、少年人，对于中国的前途，都要负责一份责任的。但是现在情形，青年人骂老年人是老朽腐败，思想不适应时代的潮流。老年人和中年人骂青年人血气清浮，经验及能力幼稚。老年人又骂中年人，做事不妥当，又多危险。这种中年人，不老不少，不左不右；还有做官的也骂，不做官的也骂，有饭吃的也骂，没有饭吃的也骂。一般青年因为停止青年运动，什么事也不问，闲来逛逛大世界、新世界，或是跳舞去运动运动，中年人大都是有家有室的，坐在家里享享清福。老年人在家里，抱抱孙子，看看儿子，俟候终老。照这样看来，中山先生何必要去革命呢？谁教你去革命的呢？谁人指使你去革命呢？又中山先生不革命中国有今日吗？又谁教你不去革命呢？我们把这些事，仔细想一想，谁都是要负责的，中山先生用全身的精力，去推翻二千多年的专政体，造成共和的中国，我们大家要忏悔忏悔，先要认清自己的地位，所以就先要回顾国情：

（1）中国最近有痛苦么？

（2）中国各种问题解决了么？

最近中国各种问题很多，虽云废约，帝国主义者改变了方法来侵略我们，最近的如济案，助长军阀的势力。官僚们，争权利，巩固自己的地位满饱私囊。商人们，用经济压迫农工，用自己的地位来造成一个资本家，一味地腐化，这种问题谁人包的呢？所以我们要完全负责，解决这种问题。

（3）中国需要我们么？

中国的现势，都向末路上跑，要晓得我们就是将来建设中国的人，大家都负一分担子，现在自己颓唐着，就是腐化。

（a）积极的腐化

就是自己想升官发财，造自己的地位。

（b）消极的腐化

就是以为中国的建设不需要我们，平时吃酒吟诗过着浪漫的生活，日日昏昏地过去，明日也不知在何处；有的跳黄浦江。假若中山先生当二三十岁的时候，革命失败，也跳黄浦江，有没有现在的中国呢？

中国现势，很需要我们，所以大家自己要反悔着，首先打倒自己的腐化。

孟子云："天将降大任于斯人也，必先劳其心志，饿其体肤……"这一句话，天就是自己，自己是中国的主人翁，就要认清目的劳心劳力，去做伟人的事业。我们想中山先生的革命，劳心劳力，而造成伟大的事业和精神，他的富贵功名是什么呢？曾子曰："吾日三省吾身"，所以我们要自己反省，不要去批评人，先把昨日的我，和前日的我，都要打倒。对于明日的我和后日的我，未来的我，认清目的建设起来。

我们这一种纪念，不是和教堂里做礼拜读 Amen 一样的是有价值的，中国未来的建设，大家负担起来；再造成许多中山先生，大家反省着，今后的成功，首先要打倒自己的过去！

林语堂：学风与教育 ①

林语堂

一、求学之二事

　　诸位，读书求学表面似乎烦难，认真看来只是二事而已，一读书，二求师。前者为人与书之关系，后者为人与人之关系，关于第一项，即如何读书，鄙人已于前日在光华大学演讲时论到。总括一句话，就是"兴味到时，拿起一本书来就读"。此为读书之本旨，其余如拿文凭，算分数，升班级，这都是题外的事，与读书本旨无关。在学校方面，唯一的义务，是如何与学生充分自由看书的机会。依现在制度，每天摇铃上课，摇铃吃饭，摇铃运动，摇铃睡觉，不但不与学生充分自由看书的机会，简直使自由看书为不可能的事实。现在大学成绩不好，毕业生看过的书极其有限，就是因为现在制度之不良，不与人充分自由看书之机会所致。我会假定光华或大夏学生千名，每人以百元学费，交与学校尽量买书，合千人之学费可得十万元，由学校备一极大空屋，许多书架。将此十万元书籍放于空屋中，由学生胡乱去翻看，其成绩必比一年照例上

---

① 林语堂：《学风与教育》。《中学生》1930 年第 11 期。1930 年 11 月 10 日在大夏大学演讲，
略有删节。

课的成绩优良。现在以一万元的学费，一成买书，九成养教授及教授的妻室子女，实是一种罪过。这是关于读书方面之结论。

但是有人说这是偏激之论。学问之事，必赖师长之启迪指示，窗友之切磋琢磨。所贵乎学校者，在使几位孜孜向学的青年能得前辈学者的教诲诱导，所以十万元中以九万元养教授，也是天理所容，报销得过去。于是我们就不得不来谈这求学的第二问题，就是这人与人的问题。这人与人的问题，说来也是极其简单，一句话说，就是端赖于一种空气作用，就是所谓学风。假定某校能造成一种学问的风气，鼓舞人求学的兴趣，这十万元的学费也是值得花的。否则可谓失了人与教育之本旨。学校团体苟能造成讲学的空气，办学成绩无不成功。反是就一切的章程制度设备课程，都是徒然。现在要与诸位讨论的，就是这学风与空气教育之意义及今日学风何以不振的问题。

二、论读书气味

兄弟个人是深信"学风"两字的一人。学是学问，风是风气，这并没有什么难解，也没有什么玄奥。我深信凡是真正的教育，都是风气作用。风气就是空气。"空气好"，使一班青年朝夕浸染其中，无论上课不上课，考试不考试，学问都会好的。"空气不好"，无论考试如何严格，校纪如何整饬，学问是不会好的。因为学问这个东西，属于无形，所求于朝夕的熏染陶养，决非一些分班级，定分数外表的形式制度所能勉强造成。古人所谓春风化雨，乃得空气教育之真义，必使学者日夕早晚浸润其中，如得春风时雨之化泽，不觉中自然熏陶出来一个读书人的身分。古人又有所谓世代书香，一人在良好讲学的空气中熏陶几年，即使没有什么专精的造就，走出来谈吐举止，总有满身的书香，不至于处处露出俗气俗态。你们能得了这满身书香的气味，即使心理、逻辑、经济、政治都不及格，也已不愧为一位读书人，也可不辜负四年入学的光阴。昔黄庭坚谓三日不读书，便觉语言无味，面目可憎；梁高祖谓三日不读谢玄微诗便觉口臭。我认为你们不升级不毕业，都不要紧，但断断不可口臭，也不可语言无味，面目可憎；这是读书之第一要义。

三、所谓"整顿学风"

依此法讲来，学风者乃学问之风气，由风气之感化熏染而造出一读书人来。现在所谓"学风"已误解二字之意义。凡讲学风者，都是说现在"学风不好"，都主张来"整顿"一下。其实学问之风气，不过是一种空气，如何整顿法子？所谓学风好，都是说不闹风潮，不驱赶员，不在饭厅拍桌摔碗，不抱校长而置之大门之外之类。其实这都失了学风之本意，与讲学之风气无涉。这种的所谓学风是消极的，不是积极的，是注意在保持学生教员相安一时，不相吵架，不是注意于制造学问的空气，来做教育的最大的动力。因为没有这个讲学的空气，所以学风不好，因为学风不好，所以有人为世道人心，狠狠的下了决心要用武力来给他"整饬"一下。夫所谓整顿学风，是整饬学校纪纲而已，与学问之事何涉，与讲学空气何关？上焉者最多叫你们考试时不要抄袭，听先生话时记得"唯唯诺诺"有服从的美德，下焉者叫你们不要在饭厅敲摔饭碗，不要跑到教员家里请教员滚蛋而已。但是除此之外，于你们的学问何补？须知学校纪律严明，校风整饬，最多教了一群驯羊，按部就班，升级毕业，勉强过了读书的苦却而已。但是注册部能强你们得学问的皮毛，决不能强你们得学问的神髓；能强你们拿一张文凭回去告无罪于你们父母家长，决不能强你们读书成名；能教你们做乡愿的塾师，决不能教你们做跌宕的文人。要造成跌宕的文人与旷达的学者，还是要依我所谓"空气教育"着手。

四、空气教育

这个空气教育怎样讲呢？我已说过，凡真正有效的教育都是"空气作用"，在于相当讲学的空气中使人人见贤思齐，图自策励，以求不落人后。谁有这"制造空气"之本领，便是最好的校长。有了这样浓厚讲学的空气，上行下效，学问自然会好。我们看古时中国学风之盛衰降退，都是一种空气的关系。凡有一代名儒大师，翕然为天下宗，便成一代独特的风气。如清朝，我们可以说是文风极盛之时，如阮文达为总裁会试之时，取士极多，为天下开一种治学的空气，后来看他在两江，在江西，在广东到处都是提倡讲学，到处人士开风而起。我们看他计划主编《经籍纂诂》时，幕下真是济济多士。试问乾嘉时代何以忽然有一班很好的学者？都是因为有一种特别的风气。讲学之空气成，人才必出。远如前朱熹之在白鹿书院讲学，顾宪成之主东林书院，近如钱大昕之主紫阳书院，康有为之主万木草堂，都足以起一代的风气，这是兄弟所谓真正的学风。无论经学词章，以至文人习气，都是受了这种空气的支配。阮籍、稽康放荡狂肆，天下称"贤"，而一时士人争相仿效。唐人重词章，宋人讲义理，明人尚气节，清人讲考据，各代有各代的风气。其在诗词，比如王渔洋倡神韵，而成一派，袁子才主性灵，又起一重的反应，这其中都是空气之作用。袁子才之例，尤为明显。因为他收女弟子，而一时有不少女诗家出现，成为一种风气，虽经章学诚之反对，终不能制止此种风气的势力。

所以学问之道，与女生之时装相同。风气所趋，都可不学而能。有时我们听见过女子说她代数几何学不来，但未听见过有女子不会穿高跟鞋，不会烫头发。为什么呢？因为风气使然。所贵乎学校者，在一小小的环境之中，师友所谈，耳目所濡，都能充满一种尚学好学的空气，足以步步引人入胜，或者未见其书，先闻其书名，或者未闻其书名，先知其作者及作者之身世。如此熏染既久，自然对于学问的大体思想之流变，现代之趋势，都能大约了然于胸中了。

五、所谓"学风不好"

如此说来，学风二字真不易讲。广义讲，学风就是士风，并不限于学校团体。士风卑鄙凋敝，学校里讲仁义，毕业后丧廉耻者，于今天下，真是滔滔皆是。在上不足为在下的表率，无学术的创著，无坚孤的操行，都想屈于一人之下，立于万人之上，这些人率军警，荷枪实弹，要来整顿学风，是无补于实际的。但是兄弟是主张不讲仁义道德，圣人不死，大盗不止，于今为信。今日补救道德的唯一办法，是少拍通电，歌颂武人的功德，多置牢狱，惩办贪污的官僚，吓了他们，余者都是空言无补。

所以我们讲学风，也应撇开礼义廉耻不讲，而仅讲学术文章。这狭义的"学风不好"怎样讲呢？一句话说，就是读书人不读书，著作界沉寂，学术浅薄，文章萎靡。这是今日学风不振之真义。有外人来问我最近三年中国出版界，有什么名著杰作。我告诉他最名贵的杰作，还不是"作"，是商务的"影印"百衲本《二十四史》及丁福保的撮集影印《说文诂林》而已。论述思想之文，连前几年梁漱溟《中西文化及其批评》一样的论著，都不可再见。郭沫若的《古代社会之研究》，可谓聊具创解，但是只算一种发轫，未能称为巨著。其余书摊所见都是一些撷拾得来的东西。其在文学，革命文学甚嚣尘上者数年，如茅盾之作品以外，却极少体大思精之作。同时知识界四分五裂，已入散漫不可收拾之状，言论界相率"学乖"，噤若寒蝉，避谈政治，如恶蛇蝎。长辈与后辈之间，截然如有鸿沟，失了彼此提携助励之力。前辈的学行既不足为后辈之表率，青年思想遂失了重心。这是今日学风不振的现象。

六、学风何以不好

所以，这样讲，学风之所以不好，因为三十岁以上的人不读书，不著书。学问之事，必须潜心研究，日积月渐，然后有所成就。若非一鸣惊天下的英才，都得靠窗前灯下数十年的玩摩思索，然后可以著述。责二十岁的青年以维持学风的重任，未免说不过去。现此三十岁以上的人为什么不念书呢？一半因为太忙。学而优则仕，是中国的惯例。你想一人膺党国之重任，又要忧天下，又要做关监督，又要兼校长，又要念遗嘱，又要伺候太太，真是百务猬集，再叫他们开卷读书，未免于心不忍。所以他们大人先生一时被人邀请，莅校演讲，想不起题目，还是来劝你们趁宝贵光阴规矩念书，勿谈国是，想把读书的责任，一齐推在你们身上，如彼拉多洗手将耶稣交给犹太民众，其辞可悯，而其情实可哀。君子不苛求于人，所以我们情愿坐见学风之凋敝，而不可去劝大人先生们看书。

由治学走入干禄，这是中国知识阶级未能团固势力，而埋没了一部分好汉的大原因。至于三十以上未入仕宦的教员，想要读书，又苦无那读书的清闲。古人所谓国家养士，盖明凡士必待人豢养之理。这从孟尝君、淮南子等早已开其先例。满清汪中遗书与毕秋帆想敲其竹杠说"天下有中，公无不知之理；天下有公，中无穷乏之理"，毕制府给他五百金，这可代表中国文人一向在社会上所占经济的地位。现在我们社会破产，养士也养的不好，累的一班大学教授，东奔西窜，以求糊口。听说北平竟有每周担任七十余小时的教授。按每周六日工作计算，每日应作十二小时，睡觉之不暇，遑论读书？这又是犯了以上所谓太忙的毛病。所以我们仍旧情愿坐见学风之颓败，而不可去劝教员先生们读书著书。

因为仕与不仕的三十以上的知识阶级一律太忙，不读书，不著书，所以无书可读，所以学风不好，这还能怪谁呢？移风易俗，有待时日，整顿学风，谈何容易。所以我还是劝诸位认点晦气，将读书责任，由大人先生们的手上接过来，矢志专一，替他们读书，把一切文凭、学位、校纪、章程都置诸度外，到了你们三十时候，也许已经有了多多的著述，有了较好的学风，可为后辈的表率。我知那时的后学将闻风而起，而无你们带军警毛瑟枪去"整顿学风"之必要了。

胡适：为什么要读书

胡 适

青年会有读书运动之举，今天承他找我讲"为什么要读书"，同时并听到明天请王云五先生讲"怎样去读书"，后天请陈钟凡先生讲"读什么书"，三个题目，比较起来，以第一个为最空泛，最不好讲，所以今天讲的，没有多大意义，或者只可以说补他们不足。记得从前我曾做过"怎样去读书"一篇文字，诸位可以去看一看，今天讲的，差不多同那大同小异若谓一定说"为什么要读书"，这话只可以对小孩子讲，诸位均是读书的人，当然知道为读书而读书，所以今天讲的，总是不会讲得好的。

古人说"为什么要读书"，1.书中自有千钟粟，2.书中自有黄金屋，3.书中自有颜如玉，但是我今天说"为什么要读书"呢？

1.从书本中接受古人的遗产，发挥而光大之；2.为读书而读书；3.为解决困难，应付环境，供给我们的材料。现在把我所举的三种，略为给诸位谈谈。

1.最古的时候，没有文字，他们有什么事，全靠记忆力；或者凭他们所画的一种什么，作他们记忆与暗示的工具。从前有几个人上山去打猎，某一个追赶两只兔子，把他们掉了，但是恐怕他们寻找，于是就在

---

① 胡适讲，金宗庆记：《为什么要读书》.《大夏周报》第 97 期，1934 年 12 月 24 日。

树上画了一个人，追赶兔子的样子，使他们看到就领会哩。后来有文字了，他就把这死的东西，父传子，子传孙，因而做出些什么经、史、子、集等等，大家读了之后，于是你来做一本什么传注，他又来做一本什么注疏，翻尸倒骨，支离破碎，完全把古人的本意弄错，这就是发挥古人的遗产吗？光大古人的造诣吗？！所以我希望我们接受了古人遗产的，必须以社会学眼光，来整理、演绎，然后研究古代所谓代表社会意识的工具——经史子集——何以这样；现在社会，又何以这样；把他发挥尽致，这是我们"为什么要读书"的第一点。

2. 古人说"自知致，而后读"，这就是我们"为读书而读书"的好模范，譬如我们戴了付眼镜，依科学的原理，所见各有不同，那末一个人读书的眼光，也就同戴眼镜了一样，我现在且举两部古书来讲讲：

a.《诗经》。《诗经》我觉得他是天地间文学的至宝，我们不可不读；但是以前的人，常会把他弄错了，常会把他当着男女相思情形的文学，他们解释"之子于归"的"于"字，"维桑与梓"的"维"字，说"于"是虚字，"维"是语助词，然而我们拿文法学来看看，他们——"于""维"——却再有意思没有了，假使我们再拿各种科学来批评这全部的经诗，更有意义了。

b.《墨子》。从前人读《墨子》，完全读他的前篇，后篇简直是无人顾问，近年来我们研究起来，才知道里边有声、光、电、化种种之理，所以我们可以说墨子在那时候，已经发明科学，可惜无人知道，同时不去研究，遂致中国科学，落人之后。

现在青年的通病是："怕读书"、觉得"读书难"，或者因为经济关系，购买不易，觉得"读书甚苦"，这全是错了。我希望青年抱"读书乐"的观念，打倒"难"及不怕"难"，叫书为我奴隶，为我导师；要多读，要能读，然后才可以读书，这是我们"为什么要读书"的第二点。

3. 智识即是权力，因为思想材料，思想来源，完全根据智识，智识是行为的向导，马尔索斯，看到人口发达，生存竞争，才做出一部《人口论》。哥克尼额斯，根据希腊哲学家的成言，才敢发明天文学。记得从前我在北京，有一个书店，请我作序，书名《西周圣》，起初我莫名其妙这部书的来源和宗旨，费了六年工夫，用种种方法，由困难便得事实的暗示（Suggestion），假设（Hypothesis），乃发出一种主义（Principle）的来源，才把这混账东西找出来。还有一个穷学生，喜看小说，至夜深人静时，灯心结不着油，他就想到《伊索寓言》上鹤想喝瓶底的水，然而口不能及，于是就将石子放入瓶中，水乃上升，因以得喝的故事的学理，他就将水加入油里，油轻于水，灯心乃结。以上种种，就是所谓"养军千日，用在一朝"的写证啊；所以我们读书，不要读死书，遇到困难，手足无所措，好像"不善用兵，兵多会变"一样；反之，我们学政治、经济、军事……各科，拿来去解决我们所遇的困难，那没有不迎刃而解的，这就是我们"为什么要读书"的第三点。

我国的书，易于读，然多无用，从汗牛充栋中，能找出一部有条理，有系统，有结构，有发挥，富于感情、思想、意义、智识的著作，简直没有。经史子集中，"集"所谓杂货店了，其中不是香草美人，就是花木竹石。今天不是某家小姐出嫁，替人做贺联，明天就是死人，替人做墓志铭。能鼓舞道德，长进智识（的），完全没有。所以我又说中国书不够读，那末我们必须打一条生路，开一个殖民地，至少知道一国文，希望大家不要怕难，多用几年苦功，然后自有乐境，这就是卅五年来老大哥读书的经验。

陶行知：创造的教育 ①

陶行知

　　诸位同学！我今天的讲题是"创造的教育"。什么是创造的教育？先说明创造两个字的意义。我举两个例子来说吧。鲁滨逊飘流到荒岛上去，口渴了，白天他走到海边用手去捧水喝，到黑夜里就没有办法了；他偶而在灶的旁边，看见经火烧过的泥土，硬得和石子一样；他想到软的土，经火烧了，就成坚固且硬的东西；于是他把土做成三个瓶子，放入火中去烧，烧碎了一个，其余的两个可以满满地盛着水，于是他口渴问题完全解决了。我们把这件事分析起来，可以发现三点：他把手捧水喝，到黑夜发生了困难，是他的行动；发现泥土经过火烧变成坚固且硬的东西，也是他的行动；把泥土塑成了瓶，希望同烧过的土一样的坚固，是他的思想；结果，他瓶子盛水的计划成功了，是新价值的产生。由行动而发生思想，由思想产生新价值，这就是创造的过程。这个例子是"物质的创造"。再如《红楼梦》上刘姥姥游大观园，贾母请客，后来唤了两只船来，贾母同媳妇人等在前船先行，宝玉同姨妹们在后船后行，河内余满着破残荷叶，宝玉的船划不快，追不上前船，宝玉心里非常忿怒，马上要铲光破荷叶，薛宝钗说，现在仆人们很忙碌，等他们空了，再叫他们

---

①　陶行知讲，华炜生记：《创造的教育》。《大夏周报》第 9 卷第 7 期，1932 年 11 月 7 日。

铲除吧！林黛玉说，我生平最不欢喜李义山的诗，只有一句还可以！宝玉问她究竟是哪一句呢？黛玉说"留得残荷听雨声"一句。宝玉一想，觉得破荷叶很有用处，就不再要铲荷叶了。这个例子中：船行到荷叶中去，是行动；破荷叶妨碍行船是行动；林黛玉提出李义山的诗句，是思想；宝玉心中恢恶的破荷叶，一变而为可爱的天然乐器，是产生了新的价值。这种新观念的成立是"心理的创造"。

我现在再讲行动，关于教育上的行动，中国现在的教育是关门来干的，只有思想，没有行动的，教员们教死书，死教书，教书死；学生们读死书，死读书，读书死；所以那种教育是死的教育，不是行动的教育。我们知道王阳明先生是提倡"知行合一"说的，他说："知是行之始，行是知之成。"他的意思是先要脑袋里装满了学问，方才可以行动，所以大家都认为学校是求知的地方，社会是行动的地方，好像学校与社会是漠不相关的，以致造成一般只知而不行的书呆子。所以阳明先生的两句话，很可以代表中国数千年的传统教育的思想。现在我要把他的话翻半个筋斗，如果翻得一个筋斗，岂非仍是还原吗？所以叫他翻半个筋斗，就是说："行是知之始，知是行之成。"例如爱迪生发明电灯，不是从前的人告诉他的，是玩把戏而偶然发现的；小孩子不敢碰洋灯泡，是他弄火烫痛的经验，至于妈妈告诉他火是烫人的，不过使小孩子格外清楚一些。所以要有知识，是要从行动中去求来，不行动而求到的知识，是靠不住的。有人告诉你这是白的，那是黑的；你不行动，就不能知道那个是真，那个是假，有行动的勇敢，才有真知识的收获。书本子的东西，不过告诉你别人得来的知识。有许多人著书，东抄西袭，这种抄袭成章的知识，不是自己知识的贡献。你能行动，行动才生困难，想法解决了困难才是真知识的获得，我现在介绍杜威先生思想的反省（Reflection of Thinking）中五个步骤（一）感觉困难；（二）审查困难所在；（三）设法去解决；（四）择一去尝试；（五）屡试屡验得到结论。我的意思：要在感觉困难上边添一步"行动"。因为维其行动，到行不通的时候，方才觉得困难；困难而求解决，于是有新价值的产生。所以我说行动是老子，思想是儿子，创造是孙子；你要有孙子，非先有老子儿子不可，这是一贯下来的。但是我们知道单独的行动，也是不能创造的。如中国农夫耕种的方法，几千年来间有小小的改良外，其余的都是默守陈规，毫无创造。还有许多书呆子，书尽管读得多，也不能创造。所以，要创造非你在用脑的时候同时用手去实验，用手的时候同时用脑去想不可。手和脑在一块儿干，是创造教育的开始；手脑双全，是创造教育的目的。孟子说："劳心者治人，劳力者治于人"，这是孟子当时的教育思想。时至今日，这种传统的思想已经起了一个极大的地震，渐渐地在那里崩溃了。我最近读了世界许多有名科学家的传记，觉得有发明的人，都是以头脑指挥他的行动，以行动的经验来充实他的头脑，中国的所谓学者，他们擅长的是高谈阔论，作空文章。而做劳工的人，又不读书不肯用脑，所以一辈子在这种传统习尚下过生活，大科学家、大发明家那里会产生？现在我们知道了，劳工教育啦，平民教育啦，都是时见时闻的。但是情势一变，"反动""嫌疑"等等名目都加上来，你就陷于四面碰壁的绝境。有许多教育界很有声望的无阻无碍的人，他们又不愿去干，以致这种教育至今还尚在萌芽时代。

行动的教育，要从小的时候就干起，要解放小孩的自由，让他做有意思的活动，开展他们的天才。至于我们一辈，从小是受传统教育的熏陶，到现在觉悟起来，成为一个半路出家的和尚；和尚是半路出家，他往往会想起他的家来。例如，不吃鸦片的人，一见鸦片就生恹恶；但吃过鸦片的人，虽然戒了瘾，至少对他有相当的同情。我们小的时候，有天赋的行动本能，不过一切工作都被仆人们代做去了，被慈善的妈妈代做去了。稍长一些，我们到小学校去读书，有阎罗王般的教师坐在上面，不许我们动一动，中学和大学的课程是呆呆地订死在那里，你要动亦不得动。到现始费尽九牛二虎之力，挣扎着改变不受束缚的人生，还不能回复自然的行动本能。但是我们并不要灰心，时机也并不算晚，佛兰克林四十几岁才发现了电呢！不过行动的教育，应当从小就要干起，因为小孩子还没有斲丧他行动的本能，小小的孩子，就是将来小小的科学家。假使我们给小孩子自由行动，我相信千百孩子之中，一定有一个小孩是天才，是一个创造者、发明者。爱迪生小时候，他是很喜欢行动的小孩子，当时美国的教育，也同中国一样，小学教员是禁止小孩子活动的。爱迪生违反了教师的训条，就蒙到"坏蛋"的声名，不到三个月，爱迪生被"坏蛋"的空气逼走了。爱迪生的母亲不服气，她以为她的儿子并不是"坏蛋"，"蛋"并没有"坏"，她就教他先在地窖里研究化学，后来研究物理，结果成了一个闻名的科学家。所以爱迪生的成功，幸而有他的妈妈，否则老早就把他的天才牺牲了。牛顿生下来的时候，小到像小老鼠一只，体重只有三镑。看护妇去请医生的时候，很不高兴地说，这样小老鼠一般大的东西，等到医生来，早已一命归天了。岂料小老鼠一般的东西，就是以后闻名的科学家，还活到八十多岁呢。据说牛顿小的时候，并不聪明，可见小孩子的时代，很难看得出那一个是天才的儿童。

四月四号是世界儿童节，中华慈幼协会请我编了四支儿童歌：

（一）《小盘古》：我是小盘古，我不怕吃苦，我要开辟新天地，看我手中双斧。

（二）《小孙文》：我是小孙文，我有革命精神，我要打倒帝国主义，像个球儿打滚。

（三）《小牛顿》：我是小牛顿，让人说我笨，我要用我的头脑，向大自然追问。

（四）《小工人》：我是小工人，我有双手万能，我要造富的社会，不造富的个人。

我们要打倒传统的教育，同时要提倡创造的教育，他的办法是怎样呢？我们知道传统的教育，他们一只教室容纳四五十人。试问教师的力量有多么大？能够完全去推动全班学生，所以就发生了教育方法上的错误。我们现在的办法是老师教大徒弟，大徒弟再去教小徒弟，先生在上了几堂课以后，检别了几个较有天才、聪明的大徒弟。以后教师就专门去教大徒弟，所以他的精神容易去推动他们，学问也容易灌输到他们头脑中去。大徒弟再把他所得到的，分别地去教那些小徒弟；学生们很活跃地去找寻知识，解释困难，贡献他所求得的知识，先生不过站在旁边的地位，略加指点而已。我们认为这种教育，是行动的教育。有行动才能得到知识，有知识才能创造，有创造才有热烈的兴趣，所以我们主张"行动"是中国新教育的开始，"创造"是中国教育的完成。我曾经参观过一所学校，这所学校是小孩子办的，我问他们说："你们是大小孩子教小小孩子吗？"有一个小孩子回答说："是的，不过有许多时候小小孩子也教大小孩子呢!"我说:"你的话是对的,是真理,比我的意见更进一层。"现在中国传统教育下的智识阶级,根本就看不起小孩子,看不起农人、工人。但是试问他们的力量有多么大,倭奴侵占我们的东三省,你有力量赶走他吗?不可以!我们要启发小孩子,启发农人、工人,运用大多数人的力量,才能够去创造,才能救国雪耻。我来举一个例子,证明农人的力量并不弱,从前我办一所学校,在校的旁边凿了一口井,专门供给学校用水的。有一年大旱,乡村中旁的井水都汲干了,所以乡民都集到校旁井内来汲,后来这口井也是涸竭了,于是我们校里,因为水的恐慌开了一个会。当时有人主张,把井收回自用;我不以为然,我说:"我们的学校,是以社会作学校的,不应该把社会圈出于学校之外,假使这样,我们将来推广农事和民众教育就不容易办了。用水既是大众的事,还不如请大众共同来解决。"于是请各村庄每家派一个代表,男的女的,小孩子在十三岁上的都可以。没有多少时候,礼堂上已挤满了代表。我们教员们,自觉居于孔明的地位,三个臭皮匠合做一个诸葛亮的地位,所以黄龙宝座的主席,推了一个十三岁的小孩子。我们略略讲了几条会场规则之后就正式开会。那一天的会,非常精彩、有力量。当时发言最多且最好者,要推老太婆!好!我们来听有一个老太婆的宏论:她说,人是睡觉的,井也是要睡觉呢!井不让它睡觉,一辈子就没有水吃。所以当时一致议决井要睡觉。自下午七时起至翌晨五时止,不得唤醒井,违者罚大洋壹元,作修井之用。当这个老太婆发言未完,另有一个老太婆,也想立出来发言,就有第三个老太婆牵牵她的衣襟,制止她的发言说:"不是方才先生说过的吗?"你想他们非但能够自治而且还能管理他人,所以当时会场发言的人非常多,秩序还是一丝不乱的。他们讨论了好久,还制成几条议案:第二条就是汲水的程序,先到者先汲,后到者后汲,违者罚大洋五角,作修井之用;第三条就是再开凿一井,把太平天国时留下的淤塞废井,加以开凿;经费,富者多捐,贫者少捐,茶店豆腐店也多捐一些;其四,推举奉天刘君锡侯为监察委员,掌理罚款,调解纠纷。结果,一个大钱都没有罚到,因为这是出于农人自动的议决,所以大家能遵守。你看农人的力量是多么大,他的话多么的公正和有效,这种问题来的时候,岂是少数人所能干得了的?不过他们的旁边,还是需有孔明在那里指示，否则恐怕到如今，井还没有开凿成功。所以创造的教育应该启发农人、工人、学生……使他们得真的知识才是真的创造。

其次我要讲的：现在中国的教育的组织，是不能创造的，我们可以分两种来说，第一种是学校是学校，社会是社会。他们认为学校是求知的地方，社会是行动的地方；他们说读书不忘救国，救国不忘读书，日本人的炮弹已经飞到他们面前，还是子曰、子曰读他的书，这种教育是亡了中国还不够的；第二种他们已经觉得学校是离不开社会的，所以他们主张"学校社会化"。他们想把社会的一切，都请到校里来，所以学校里什么都有：公安局啦，卫生局啦，市政厅啦，什么都有。但是他们所做的与社会依旧是隔膜的。况且学校有多么大，能够包罗万象？他们的学校好像大的鸟笼把鸟儿捉到笼里来养，又好像一只大缸，把鱼儿捉到缸里来养。结果，鸟儿过不来鸟笼的生活，死了。鱼儿过不来鱼缸的生活，死了。所以这种似是而非的教育，是不自然的、虚伪的和无力量的，也不是创造的教育。创造的教育是怎样的呢？就是"以社会为学校"，"学校和社会"打成一片，彼此之间，很难识别的。社会含有学校的意味，学校含有社会的意味。我们要把学校的围墙拆去，那末才可与社会沟通，这种围墙不是真的围墙，是各人心中的心墙；各人把他的情感态度从以前传统教育那边改变过来，解放起来，实则这种教育，只要有决心去干，是很容易办到的。例如，大夏大学的附近有许多村庄，庄上的人，都是散漫的，无教育的，假使我们把学校与村庄打通，大学生都负责去创造新村，村上的人都受到知识，形成活的有力量、有生命的村庄，再把全中国所有的村庄联合起来，构成一个有大生命的中国，民众的力量，可以集中，国难也可共赴，这样做去，要普及教育，一年就可以成功，我们自近而后远，先小而后大，着手办去，把小孩子农人工人都培养起来，这才是创造教育的目的。中国现在的教育不是平等发展的，是畸形发展的，一方面有博士硕士，一方面有一大群无知识的民众，迟滞的，表示不出多大贡献。

现在我再要讲，创造的教育是以生活为教育，就是生活中才可求到教育。教育是从生活中得来的，虽然书也是求知之一种工具，但生活中随处是工具，都是教育。况且，一个人有整个的生活，才可得整个的教育。举个例来说吧，有一个儿子，他是喜欢赌博的，他的母亲训斥他；不过他的母亲悄悄地到邻舍去赌博了，他在窗内看见他的母亲赌博，于是也到别处去赌博了。这个孩子过的是赌博生活，受的是赌博教育，不期而然而成赌博的人生。某学校他们反对我生活即教育的主张，我去参观他们的学校，适逢吃饭的时候。他们的饭菜是有等级的，厨子巴结先生，先生的菜特别是好；学生的菜，简直坏之不堪。他们请我在先生一桌吃饭，我愿意同学生一块儿吃，学生的饭菜坏到怎样呢？他们名为一碗肉，肉仅在碗面上几小块，学生在未下箸的时候，目光炯炯地早已看准那最大的一块，一下箸，一碗饭还没有吃完，而菜已吃得精光了。这种饕餮的状态，无形中在饭堂更造成了许多小军阀。这所学校，是不把吃饭问题归入教育范围之内的。有许多学校对于男女学生的恋爱他们是讳莫如深的，但恋爱问题，往往闹遍在学校里。现在生活的教育是怎样呢？我们知道恋爱吃饭等问题都是非常重要的，所以恋爱先生我怕你，请你进来，吃饭先生我怕你，请你进来，我们来一块儿干吧！我们的教育非但要教，并是要学要做；教而不学，学而不做叫作忘三。我们要能够做，做的最高境界就是创造；我们要能够学，学从生活中去学；只知学而不知做就不是真的学。我们要能够教，教要教得其所，要有整个的教育平等的、行动的教育，不要像现在畸形的教育。有人说我的创造教育，不成其为学校，我做了一首诗："谁说非学校，就算非学校，依样画葫芦，简直太无聊。"

蔡元培：复兴民族与学生自治 ①

蔡元培

我们为什么要"复兴民族？"

复兴民族的意思就是说，此民族并不是没有出息的，起先是很好的，后来不过因为环境的压迫，以致退化，现在有了觉悟，所以想设法去"复兴"起来。"复兴"二字，在西方本为"Renaissance"一字。在西洋中世纪以前，本有极光明的文化，后为黑暗时期所埋没，后来又赖大家的努力，才恢复以前光明，因而名之曰"复兴"。中国古时文化很盛，古书中常有记载，周朝的文物制度与希腊差不多，周季，有儒、墨、名、法、道家的哲学，此后如汉唐的武功，亦不能抹煞的。但到了现在，我们觉得都事事不如人，不但军事上、外交上，不敢与列强抗衡，就是所用的货物，亦到处觉得外国的物美价廉，胜于国货，这不能不说是我们的劣点。然而我们不能自认为劣等的民族，而只认为民族的退化，所以要"复兴"。

民族乃集合许多份子而成，现在欲复兴民族，须将民族全部份子提高起来。提高些什么呢？我们的答案是：

第一，体格——中国民族为什么不中用？第一步乃是身体不健全。

---

① 蔡元培讲，王凤楼记：《复兴民族与学生自治》。《大夏八婺学会会刊》，1936 年 6 月。

死亡率、病象、作工能力、体育状况，无论那一种统计，都显出我们民族的弱点，所以要复兴民族。第一步是在设法使大家的身体强健起来，我闻张君俊先生说，中国民族衰老的现象，南方人智力较胜于北方人，而体力却较逊于北方人；北方人体魄强壮而智力远逊于古人，因为北方常有黄河之灾，且常为游牧民族所侵略，然而民族之优秀者均迁南方。此为历史证明之事实，如南北朝时代、如辽金元时代皆是；但南方气候潮湿，多寄生虫，不适宜于优秀民族的发展，为复兴民族计，宜注重北方的开发。我以为，北方固要开发，而南方亦可补救，我们若能发展北方人之智慧，增加南方人之体力，何尝不可用人为的力量，来克服自然呢？巴拿马旧以多蚊不能施工事，后用科学减蚊法而运河乃成。我们欲使民族强健起来，一定可用人力来做到！

第二，知识及能力——中国人的智能，并非不如外国人，中山先生在《民族主义》演讲中说：恢复中国固有的智能。足以证明，如指南针、印刷术、火药的发明，长城、运河等建设，素为外人所称道；但到现在，科学的创造，建设的能力，各民族正非常发达，而我民族则不免落伍。然我们追念先祖的智力与能力，知道我们决非不能复兴的。例如波兰，虽经亡国之惨变，今仍能恢复既有民族文化之故；远之如哥白尼之天文，近之如居礼夫人之化学，及其他著名之文学家、美术家，都是主动力，可以证明固有的知能足以兴国的。

第三，品性的修养——民族之文化，一面在智识之发展，一面则赖其品性优良。向来称优良之品性为道德；道德不是绝对的，是相对的，是因为各地方、各时期的不同而定的。不过其中有一抽象的原则，是不可不注意的。此原则即为"爱人如己"。他的积极方面即为"己所不欲勿施于人"；其量则"由近而远"，初则爱己、爱家，继则爱族、爱乡、爱国，而至于爱世界的人类。此种道德观念，与其用信条来迫促他，还不如用美感来陶冶他。我们看美术的进步，亦是由近而远。初则用以文身，继用以装饰身体或装饰花纹于用品上，远则用以装饰宫殿，且进而美化都市。其观念渐行扩大，由近而远，正与道德观念相应。

总之，复兴民族之条件：为体格、智能和品性；这种条件，是希望个个人都能做到。目前中国具了这三条件之人，请问能有多少？可说是少数，但我们希望以后能够达到。不过如何去达到呢？这不能不有赖于最有机会的人——学生，尤其是大学生，先来做榜样了。

大夏大学设在郊外，早已采取了牛津、剑桥大学的导师制，更有做榜样的资格。故如欲复兴民族，应由你们做起。在这里我得介绍一位章渊若先生，他是提倡自力主义的，就是说人人都要从自己做起来再说。我现在就要劝诸位自己先做起来。学生自治会，就是促进各人自己努力的机关。

第一，以体育互相勉励——提倡体育是一个改进民族的很好的办法。日本人提倡体育，很有进步，就影响到了全体民族。所以我们不能不有所认识，体育乃是增加身体的健康，同时谋民族的健康，而非出风头。以前的选手制，常犯了偏枯的毛病，根本失却了体育的本意。因而常会发生下面的几种错误：

（一）不平均——体育为少数人所专有。（二）太偏重——一部分选手则太偏重于运动，牺牲了其他功课。

今后对体育之认识，则为根据卫生的知识，不一定要求其做国手。听说贵大学现在实行普及体育，学生自治会又在促进普及体育的成功，这是可喜的。

第二，以知识及能力的增进互相勉励——大学内天天有教授讲授，但单靠教授的讲授是不足的，这要自己去用功才行；用功要得法，单独的与集合的用功，都有优点，可以并行。同学之互相切磋，都是很有益的。自治会的组织，与同学的智能增进有直接的关系。从前我们有读书会，大家选定几本书，每人认一本去读。读了分期摘要报告，或加以批评，如听了觉得有兴趣的，自己再去详读，否则，也就与自己读过无异了。这一类互助的方法很多，对于学问很有补益的。

第三，以品性修养互相勉励——彼此互相检点，对于不应为的事情，互相告诫，对于应为的事情，互相督促；固然是自治应有的条件，然完全为命令式的，如"你应该这样""你不应该这样"，有时反易引起对方的反感，所以，我主张以美术来代替宗教，希望人人都有一种自然而然的善意。因为人类所以有不应为而为的事情，大抵起于自私自利的习惯。有时候迫于贪生怕死的成见，那就无所不为了。惟有美术的修养，能使人忘了小己，超然于生死利害之外。若人能有此陶冶，无论何等境遇，均不失其当为而为、不当为而不为之气概。前十七八年，我长北京大学时，北京还没有一个艺术学校，全国还没有一个音乐学校，所以我在北大内发起音乐研究会、书画研究会，使学生有自由选习的机会。现在艺术的空气，已弥漫全国。上海一市，音乐艺术的人才，尤为众多。贵自治会如有此等计划，必不难实现了！

贵自治会，如能于右列三者，加意准备，则复兴民族的希望，已有端倪，我不能不乐观！

江问渔：农村建设与救亡图存 [①]

江问渔

诸位同学：救亡图存这句话，在人人脑筋中皆有很深刻的影响。因为国难这样的严重，国家处在这样的危急状况中，救亡图存是各个人应负的责任。但救亡图存是要在行动上实际表现出来，不是空口说白话的，亦就是说要拿什么方法去救亡图存？今天的讲题是把农村建设与救亡图存建在一处，不用说农村建设就是救亡图存的一种方法了。然而农村建设是国家里各种建设中的一种，单讲农村建设来救亡图存是否嫌太偏重了点？在我个人的意思，农村建设的确是救亡图存的各种方法中最主要的、最根本的一个方法。

为什么呢？现在有五点理由：第一点，中国国家全部是农村组织，不要看上海、北平、南京、汉口，几个是很大的都市，这究竟是占很少数，其余那一个不是保留着农村社会的状态或是靠农村来维持的？因此可断定中国全部是农村组织，因此亦可断定要挽救中国的危亡非从建设农村着手不可。

第二点，中国全部人口有多少，有人说是四万万，有人说是五万万，

---

① 江问渔讲，林述樵记：《农村建设与救亡图存》。《大夏周报》第 12 卷第 1 期，1935 年 9 月 16 日。

也有人说是四万万五千万，但可断定其中百分之八十以上皆是农民。一个国家的强盛，首在有健全的国民，所以要挽救中国，要把这百分之八十以上的农民变为健全的国民，能不先从农村建设着手么？

第三点，中国目前所遭遇的问题，归纳起来不外两种：一种是外来的帝国主义的侵略，无论是白色、赤色都是侵略我国的敌人；一种是内部的，就是报纸上常常看到的口头上常讲的农村崩溃、农村衰落。这两者间是有连带关系的，假使我们把农村建设起来，外来恶势力就可排除，反过来说，内部的农村崩溃，也是受外来的压迫太多的原故。我们现在要救亡图存，当然先要把外来的压迫解除才行；要解除外来的压迫，首要的当然是力，尤其是民众充分的力量；然而我国现在的力量是很薄弱的，不足以拿来解除压迫，所以我们就非要先把内部健全起来不可。内部健全了一样可以解除压迫的。要健全内部就要先来建设农村；如果不从农村方面想办法，外来的压迫永无解除之日；也就是说中国在没有力量的今日，要解决当前困难，只有从农村建设着手的一条路。

第四点，大家都感觉中国现在生产落后、工业落后，要知道中国现在的工业全是手工业多，原料等等都是由农业来的，因为农业的不振，才有这种现象。譬如我们现在吃的米多半是暹罗米，麦也是外国的，这为什么？因为第一不够，各地农村崩溃，大家皆弃地而走，致产量减少；第二是不通，交通不便，运输困难、关卡重重、成本加重，不及由外国一直运到的简便。此外还有种籽，成色不同种种关系。假使能把农村建设起来，何患生产不能发展？工业不能振兴？所以我们要以农业来发展工业，不能以工业来发展农业；要以农村来繁荣都市，不能以都市来培植农村。如果农村不建设起来，农业不发达起来，工业都市好像无源之水，无本之木，其竭也其枯也必矣。

第五点，国防问题，我们如要与外国打仗，最紧要的有三种东西。第一就是科学设备，这一点不用说中国是落后的，买外国的飞机大炮来与以外国对敌，未必能得到胜利，要靠自己制造，现在更谈不到，只好慢慢地来。第二就是壮丁，这个只有出之于农村；中国的士君子是不能当兵的，农村建设就是培植壮丁的工作。第三就是巩固后防，如交通的开发，秩序的维持，人民的救济等等，在作战上也占很重要的地位，这当然要靠农村的人民负起责任来了。但是农民不加训练如何能负起这种责任呢？所以农村建设对于国防上讲也是迫不及待的工作。根据以上五个理由，我们可以下一个全称，肯定地说农村建设是救亡图存中最主要、最根本的方法。这是说明建设农村为救亡图存的理由，是我所讲的第一段。

第二段我要讲农村要怎样去建设？建设的途径是什么？中华职业教育社以及其他团体对于建设农村的工作，都不外三种。一种是文化的建设，一种是经济的建设，一种是政治的建设。文化的建设不仅是提高教育程度，举凡迷信的破除，卫生的注重，风俗的改良，婚姻的改良等等皆包括在内，所以不仅是读书识字而已，是从广泛地做起来的。其次经济的建设，如改良手工业，办理合作社，举行农村贷款使金融流通，改良农具与耕种方法等等。至于政治的建设，如训练农民的集团生活，区设区公所，镇设镇公所，办理保甲，使农民能得到政治的常识，受到政治的训练，达到真正的自治的目的。抑且这文化、经济、政治三大目标是连锁的，如文化方面的识字运动可以包含经济的、政治的常识，经济方面的合作社，需要写账等等事情，要能写账就要读书识字，并且合作社也是训练集团的生活组织。此外政治方面格外处处是与文化方面、经济方面有关系的。所以我们今后要建设农村，也不外从文化、经济、政治三方面建设去。

第三段我要讲农村要拿什么方法去建设？我们办理什么事都要选择一种好的手段才能得到好的效果，建设农村要选择一种什么手段呢？经我们研究的结果，就是要以教育的手段才行。建设有真的，有假的，有精神的，有形式的，有系统的，有无系统的种种区别。如以教育的手段去，就是真的、精神的、系统的建设。举例来说，一个县长令人民筑路，做得很有成绩，及至县长离开此地，工作又停顿起来，大有人存政举，人亡政息的样子，这是什么原故？都是因为人民是被动的，根本未能明白筑路的意义和重要，这是一种假的建设，不是真建设，结果毫无效果；要能真正地建设起来，首先要人民了解建设的意义与重要，自动地去建设才行。又看省政府今天下了个命令要做什么，明天下个命令要做什么。省政府命令至县，县命令至区，区命令至镇，于是一时紧张起来，章程也者订得头头是道，标语也者贴得满壁满墙，会议也者开得连续不绝，口号也者喊得震天价响；然而实际的效果呢，只做到订章程贴标语开会议喊口号而已，这些都不是精神的建设而是形式上的建设。又如，有时举行什么一种运动系卫生运动，派许多人带些臭药水跑到乡下去，农民见许多人来不知何事，皆惊慌起来，大家奔走逃避，来的人把臭药水洒了一阵而走，农民回来只闻到一阵阵臭味而已。这样的运动对于农民如同暴风雨下了一场，毫无影响，这就是偏重形式的建设，结果徒然废钱，这些钱都是人民血汗的钱，而做的事对于他们毫无益处，岂非可惜？我这次到外埠去考察看到一个农民教育馆花八十块钱画了一张油画挂在那里，这油画画的是什么呢？又是美国枕白克儿子被绑的图。有一个朋友问我这与农民教育有多大的关系？我也想不出有多大的关系。像这八十块钱在乡间里不知可做若干的事情，然而花费在一张图画上，这就是太重形式的原故。至于无系统的建设，譬如县长今天命人挑这条河，明天又命人挑那条河，结果徒劳无功，成绩毫无。所以我们建设农村，一定要采取教育的方法，要根据三个原则：就是第一要求真，不是假的，要看重农民需要的切实做去，不一定所做的事在表面上要使人看得出来，不一定要有什么馆，就是两间破庙也可以。譬如农民好打官司，常至倾家荡产，我们要感化他们，替他们排难解纷，这样的工作，虽表面上看不出来，然而农民所受的利益实在不浅。第二，要培养他们的自动，辅导他们的自动。第三，要有系统地，如调查农民经济状况如何，土地状况如何，然后决定几年的计划，明年做到什么地步，后年做到什么地步，才能收事半功倍之效。

第四段我要讲点关于农村建设的具体方法。农村建设是从什么时候谈起来的呢？从前只有农业的教育，设立许多农业学校，来培植农业专门人才，然而这些人才对于农村方面有何影响呢？无疑的这种农业教育是失败了。所以到民国十二年感觉到这种教育的失败，于是才有分区设教的方法产生；中华职业教育社办理的徐公桥就是由此发起的。今后我们对于农村的建设也是用分区的办法，以户口多寡作标准：第一，村的农村建设是由一百户至三百户。第二，区的农村建设是由五百户至二千户。第三，县的农村建设以县为范围。像徐公桥由乡而区的农村建设，梁漱溟先生在邹平县所办的是县的农村建设。抑且无论村区县都是广义的农村教育，要使行政与教育打成一片，作县长的一方面是一县的行政首领，一方面又是教育的首领。孔子说："作之君，作之师"，这个君字就是行政首领的意思。所以做县长的一方面作之君，一方面作之师。作君的强迫性很大，然而没有感化性，因此行政的效率不高，县长要有两只手，一只是作之君，有强迫性，一只是作之师，有感化性，这样，全县的农村教育有系统地发展起来，就是县长走了，全县的人民皆可自立，可以不受影响。其次现在谈建设，人才也是很要紧，所以我们急切地要培植人才，要养成第一号人才若干，第二号人才若干；至少要使全县的百分之八十以上的人都能读书识字，使其家给人足，要百分之二十是能做领袖的才行。最后，还有几句比较要紧的话，就是从前的人都是头与手分开的，用头脑的人都是不动手的，而动手的人都是不用头脑的，所以才会造成今日国势危亡的现象。我们要救亡图存，要建设农村，最切要的第一步工作就是要使头与手接近起来。希望智识分子都能到乡下去，与农民切实携手，灌输他们的智识，这样，对内的革命——扫除文盲，建设农村既可成功，而对外的革命——打倒帝国主义，解除压迫也可成功，中国才能有救。

李公朴：远东现势之剖视 ①

李公朴

诸位同学：在未讲之前，先要说明的，就是当我昨天参考材料的时候，发现无论何种杂志都有关于远东问题讨论的论文，就是报纸上也常常披露着远东方面的消息，对于远东问题，有所指示。可是总觉得这一类文章，不是太琐碎了，就是太含糊了。诸位要知道，要把握着远东问题的真相，先须了解远东问题的基本事实。没有基本事实的了解，总是不会清楚的。所以，我今天就决定将这几个基本的事实说明一下，与诸君作一个鸟瞰式的讨论；而在这四五十分钟的短时间中，在事实上，也只允许如此。

说到远东问题，实际上只有四个对象。所谓四个对象，就是日美英俄。在这对象中间，当然以日为首，但中国却不甘自后，而事实上却正做着远东一份子，所以不妨加入，成为五个对象。可是这五个对象里，终究是日本做着远东的重心。

什么是英对日的矛盾，什么是美对日的矛盾，又什么是俄对日的矛盾，在这里都要加以分析观察；但归根结底，还要论到在这许多矛盾中间，我们中国究将何以自处？

---

① 李公朴讲，孟杰记：《远东现势之剖视》，《大夏周报》第 11 卷第 26 期，1935 年 5 月 20 日。

英国是一个工业国家，它的工业的特征是轻工工业。轻工业里面，绵织品和毛织品占了重要的部分。我们只要看上海的惠罗公司里，绵织品和毛织品占去百分之六十，就可看出英国工业的特征。它不但要求国内市场的发展，同时还要求国外市场的开拓，绵织品和毛织品便是它主要的先锋。

至于日本，也因为轻工业相当的发达，也以棉毛织品做主要的出口货。因为这个缘故，所以英日两国在远东方面最大的冲突，却不是别的冲突，只是这两国共同维系着命运的主要出口货的冲突。

南美南非印度和中国是世界的四大市场，日本和英国便在这市场上引起它们的冲突。诸位可记得去年印度日本的棉布会议曾经过一个极长的时期，终究没有结果，显而易见的是英日在这冲突上没有得着一个解决的方法。同时，我们还得注意到国际上有一个原则存在着，就是地位优良的是趋向于保守，地位恶劣的是趋向于进取。英美属于前一类，而日俄则属于后一类。最近的日本，不但对于国际的条约，阴怀不安，就是对于自己国势的认识，也不自满意。它企图破坏国际上固有的平衡，去增进它的地位。最显明的是《伦敦海军条约》关于五五三比率限制的打破，这一点当然又和英国发生互相对立的矛盾。

我们回头再看一看世界上能有市场资格的地方有多少？市场是必须具备着两个条件：第一是"原料"，第二是"人"——实际言之，就是购买力。这两个条件里，原料当然是重要的——因原料和工业的发达成正比例的关系，工业发达的国家就是原料能自给自足的国家；而"人"则又为开发原料的劳动力与购买力的不可或缺的条件。就这两条件来观察国际，原料充足的就只有中国，其余像印度新加坡安南缅甸以及美洲等地方，早已被人瓜分了。所以有资格做市场的也就只有中国；一方面有丰富的原料，一方面还有不抵抗而柔弱不堪的人民，供他人经济侵略的宰割。这样，英日两国冲突的焦点，就集中在中国的市场。

其次，说到美日的矛盾。美国在不景气的涡流里，有着大批的过剩商品，跃跃欲试地等待出口。因此，出口货的价格狂跌，去年在中国值五块钱的货物，到今年只要三块钱就可买到，以后还要更便宜。因为金圆价格发生急剧的变动，就是美国积极地实行倾销的政策。美国，现在罗斯福总统支撑大局努力奋斗之下，表面上虽然是失业人数在逐渐减少，但实际则失业的总数，终不能落到其他一般国家的指数，国内仍有二千四百余万的失业者。从事实上观察，美国的企图向外发展，并不落于他人之后。但是东方的日本却做了它的阻碍者。以是美日之间的竞争和冲突，是必然的。这冲突虽然是政治冲突，但却也是经济的冲突。明白地说，切实地说，还是为了中国的市场问题。日本和美国最显著的关系，表现于生丝，美日的冲突，就在于争得中国生丝的市场。这是美国和日本矛盾的基本事实。

最次，说到苏俄，它是一个神秘的国家，但现在却公开了。它把赤色恐怖来威胁日本，日本是不能接受的。我们知道日俄无论在政治上、国际关系上以及国防上，都是站在对立的地位。在国际间，因为苏俄是一个共产主义的国家，各国对于它当然是有根本上的冲突；日本就利用这个事实从事反俄的宣传及准备，以减免它在国际间的孤立，而作一种掩护侵略行为的烟幕政策。关于政治上的冲突，表面上是由于政治制度的不同，但实际上仍可说是国家经济组织的根本不同，而发生的利害冲突。我们在外面可以看出来的如日俄对于库页岛石油及北海道捕渔权等等的事实，俄"伪"边界的纠纷以及苏俄在外蒙地方势力的伸张等等，都是彰明较著的事实。在国防上，日本尝以东四省及外蒙等地方是它在军事上的生命线，所以，苏俄在该地的政治军事势力的发展，也是日本最感威胁和最不惬意的一件事。

最后，我们还须回顾到本身来，说一说中国问题。中国的问题，在远东的关系上，是存在于对日妥协与否？不，妥协太难听了，还是说和日本"做朋友"与否？本来，朋友一经口角，势难和睦，非经过一番周折，到相互握手，不能言归于好。国际关系，亦是如此。可是现在的日本，却并不向中国"打招呼"，欲图和好，当然困难。

在这情势之下，我国政府的方针，很难决定。不过就最近的趋势观察，似乎有向和好方面走去的倾向。例如日本派机东下，关税的谈判等等，种种事实，都可看出。甚至像英国某报所载，中国和日本已有约定，很是言之凿凿。现在就把它宣读出来：

（一）中国学校中所用之书籍，完全撤销反日之宣传；

（二）全国经委会聘请日本顾问；

（三）对于未经承认之各项日本借款，如西原借款之类，须设法加以金融上之整理，偿还其全部或一部分；

（四）南京政府所聘请之德籍军事顾问及教官，悉数代以日本军人。至日本则以借款与中国，以应目下急需，为交换条件。

这消息发表之后，国内各报都加否认，但事实是事实，消息是消息，又何必坚决否认呢？

再如土肥原抵沪之时，发表谈话，说：

（一）设立中国与"满洲国"间之非武装区域（按：此区域依日人之意，范围当甚大；计自长城一带起，径达淮河流域；如此，则山东全部，连安徽一部分，甚西进江苏北部，都并入此日人所谓非武装区内，而成为中"满"之中立地带）；

（二）塘沽协定乃至上海协约，应用三种正式条约以代替之（按：此三种正式条约为何？盖即军事条约、政治条约、经济条约是也）；

（三）停止华北党务活动；

（四）日本政府援助中国政府之剿匪。

像这样在日本方面负有重责的人物，对我国当局发表如此严重的谈话，那末，局势如何？似可想象而得。

总之，中国如果想在远东方面，获取地位，非抗日不可。我们从上面的说明里，既知英美俄三国对日都有冲突，而中国又恰站在举足轻重的地位。中国在远东能自己站起来，就有地位；否则就没有地位。最近我们的政府也当然更明了这种事实，从事于各种准备工作，就只可惜内乱未平，外来的压迫又不断地加紧威胁；若是最近的将来，远东一旦有事，我们全国上下能否立刻武装起来，有实力的站在举足轻重的地位；还是欲抗不能，俯首待令地供人驱策，听人宰割呢？根据目前的现状，我们似乎是毫无把握啊！

王正廷：青年救国之途径 ①

王正廷

诸位，兄弟来大夏今天可算是第一次。兄弟因为和贵校当局王（伯群）、欧（元怀）两校长和创办人王（毓祥）诸先生都很熟悉，所以特趁未出国以前，来参观一下。至于刚才欧校长在介绍词里说兄弟是一个演说家、教育家、实业家，同时又是一个外交家，兄弟实不敢当。

这一回承政府不弃，派往使美，完全是感觉国难严重，救亡图存，每个国民都有其责任，而并非想要做官。将来赴任后，能否毋忝厥职，为国家争点面子，一如欧校长所说的期望，此时殊未敢必；不过一切当承政府的命令，参照国民的意志，努力进行，这是今天可以告诉诸位的。

凡是中国人，都不愿意做亡国奴，都想救国，兄弟现在就以"救国"两字来和诸位谈一谈。诸位都是富有爱国思想的青年，所谓国家民族意识，我想一定都充满在诸位的脑子里。今日全国的青年，对于救国事业，大概都很注意的；但是如果要问"国"究竟怎样"救"？能够回答的实寥寥无几。最普通的答案，我们知道是"武力救国"，是拿着枪杆上前线去，不过事先如果没有充分的准备，结果一定是徒劳无功；不但无所裨益于国家，有时国家还要受其害。

---

① 王正廷讲，周报社记：《青年救国之途径》,《大夏周报》第 13 卷第 23 期，1937 年。

我们中国的兵额，总数达二百万以上；这个庞大的数目世界上没有一个国家可与我们比拟，照理中国应是世界上第一等强国；但为什么中国反成为被侵略的国家？原因就是中国准备的不够。我们现在所有的就是"人"，仅有"人"多是没有用的。20世纪的战争，不但要"人"多，且须有充分的军火原料和稳固雄厚的经济组织。我们的"人"固然是多了，我们的军火原料实在大缺乏。军事工业最重要的原料是"铁""钢"和"油"，但中国已探的铁矿，其出产量每年仅为三百万吨至五百万吨，人家一个月的出产量就超过我们。钢，据说汉阳钢铁厂可出一点，然汉冶萍公司的统制力却已操在敌人之手。油则虽有油矿之名，就没有发现。

从前英国有个将军名叫戈登说："中国的人民，可以训练成很好的军队。"足见我们民族的品质并不差，为什么我们自己不争气，在最近两三百年中，竟丧失了无数万里的土地？缅甸、安南、台湾、朝鲜、外兴安岭、伊犁河以西诸地，从前均隶属中国，但现在却早就分别被人拿去了。民国二十年秋，东北数百万方里的土地，被人抢去，迄今未能收回；这更是惨痛可耻的事！诸位，试闭目一想，扪心是否有愧，究竟对得起或对不起我们的祖宗？！

刚才讲过，现代的战争单靠"人力"是不够的。我们可以说过去国土的一再丧失而无法收复，都是只靠人力的结果。这理由非常简单，兄弟再举两个例子来证明。一八六一年美国国内发生南北战争，南方失败就在各州经济组织系统的崩溃。一九一四年至一九一八年的欧洲大战，德国在军事上始终保持优势，直至战事告终协约国军队并未攻入德国领土之内；然而德国终不能不向协约国乞和，便是德国壮丁不足和马克猛跌的缘故。最初二年德政府原定国民年在十八岁以上者就有当兵的义务，至一九一六年遂改为十七岁，一九一七年又降为十六岁，这完全是当时德国壮丁不足的暴露。至于欧战期间德国马克的逐渐贬跌，这尤是大家其见的事实，用不着我再来作详细的说明。

从以上两件的史实来看，我们可以得到一种教训，就是要想救国，收复失地，对外作战，我们必须有充分的准备。但是中国除了"人"多而外，国民经济非常衰落，中国人平均的财富，每人不过数元，较任何国家都要穷。不过中国有一个优点，也是中国常引以自豪的，那就是地下富源的雄厚。

单就地面来说，据美国哈佛大学农科某教授的估计，我国现有耕地，如能用科学方法来耕种，可以增加比现在四倍的农作物。去年靠了天公作美，雨顺风调，各省丰收，农产品就增加至值十万万元之巨；最近虽报载川、豫两省都闹旱灾，但这完全是我们平日没有注意水利河工的结果，而非土地比从前硗瘠。我们的矿产，那真丰富极了。就现在已知的而言，煤占世界第四位，锑锰占第二位，金银固尚未之知，然时闻各地有金矿银矿的发现，亦足证蕴藏量之丰富。且以上所举各种矿藏，都是露出地面，并未深入地层。中国境域内所有已采矿区，除开滦煤矿现已掘深入地下十二英尺外，余均为地面之矿藏，这样看来，我们如肯加以充分的准备，国难虽然严重，国事仍属可为，国家并非没有希望。

我们知道人类有三种天赋之才，一是文艺之才，二是理事之才，三是发明之才。这三种才大概每个人只能具其一，很少人能具备二种或二种以上者。中国因历代君主只准人民在第一种文艺上谋发展，所以弄到过去萎靡不振的现象。所谓："天子重英豪，文章教尔曹；万般皆下品，惟有读书高。"所谓"开科取士""八股文""诗词歌赋"，都是限制人民各展所长的桎梏。在科举制度之下，我们的确受害不浅。除少数原是文艺之才名登榜甲之外，其余大多数的人都被害到过"塾师"的生活。

自从清末科举制度废后，我国学生到外国留学者都能各展所长，所专的学问都可与外国学者专家比拟，足见中国民族的理解思考力并不比外国人差。所以兄弟此刻希望诸位自己认识自己，选择你自己感有最兴趣的学科，辨别你自己究属以上我所举的三种中的那一种，然后加以苦力用功，百折不回，锻炼成一个国家有用的专门人材。这种人材是中国今日最感缺乏的。迨到出校以后，兄弟希望诸位得到与自己所习学科相宜的职业以后，如非因为生活费不足维持，万勿轻易改业，免致一事无成。兄弟相信一个人如肯终其身为一种事业努力，一定可以得到成功。张伯苓之与南开大学，李登辉之与复旦大学，陈光甫之与上海银行，都是诸位绝好的模范！

还有一点可以贡献给诸位，就是希望诸位在社会上服务，除了自己的本职当然要谨惧将事，努力苦干外，对其他有益国家社会的事业，亦须尽力提倡襄助，使社会上各方面都能平均发展。譬如我们以前提倡体育不遗余力，现在政府和国民都异常注意这件事；又如道路协会在十几年前提倡道路之建设赞助者寥寥，现在则政府已在各省建设公路。我们力所能及，应该以业余的时间，提倡赞助社会有益的事。诸位都知道生在今日的人类，没有一个人可与团体脱离而能存在的。

国家是一个社会团体中的最高机构，没有国家或国家的组织不强化，其他规模较小组织简单的团体就不易生存；所以兄弟希望诸位将来为社会服务，一切都须以国家利益为前提，牺牲小我，成全大我，摒弃自私自利的劣根性。能够这样，兄弟相信中国民族定可复兴，国难不怕不能解除，失地也不难从敌人手里收复回来；而我们的救国事业，也就无形中完成了。

华东师大及其前身的普陀往事

大夏学生罢课支援五卅运动被捕^①

　　大夏大学连日情状（一）该校全体学生每日外出演讲；（二）向学生总会提出十大议案；（三）该校学生大会分宣传、调查、纠察、编辑、文书、通讯、会计、庶务等部。又对外代表四人，出席学生总会，对内主任一人；（四）每学生至少须捐出一元，帮助工人，此外每日更以素食节省之金助之；（五）连日该校被捕者达六十余人，现已陆续释放。

附1：大夏宣布全体罢课支援五卅运动^②

　　［教职员方面］（上略）本校教职员全体已议决罢课，对学生积极援助，并联络沪上各校教职员一致进行，为正理之抗争，图国耻之昭雪，（下略）大夏大学教职员全体同叩支［学生方面］（上略）本校学生全体一致罢课，与上海学生联合会协策进行，誓必抑强权而伸公理，保人道而全主权，想同仇敌忾，人有同心，奋袂应援，翘企以待，泣血陈辞，维希公鉴。大夏大学学生会全体泣告　六月二日

附2：大夏学生会针对"五卅惨案"发表第二次通电^③

　　各报馆转全国各界公鉴，自五卅惨案发生以来，海上同胞之被英日

---

① 《本埠学界方面之昨讯》。《申报》，1925 年 6 月 4 日，第 14 版。
② 《大夏大学电》。《申报》，1925 年 6 月 5 日，第 11 版。
③ 《大夏大学学生会第二次通电》。《申报》，1925 年 6 月 9 日，第 10 版。

人残杀者业已指不胜属，讵料彼伧犹怙恶不悛，派兵登陆，危害我国人生命之余，又为破坏我国教育之举，上大、同德诸校既已被封于前，而敝校校舍复被英海军占据于后，往日弦诵讲学之处，一旦忽为陈兵耀武之地，外力凌侮日甚一日，国威坠地宁不痛心，望全国人士亟起应援，共抗强权，同人虽受此压迫仍当贯彻初衷，奋斗到底，谨此电闻。大夏大学学生会庚叩。

附3：大夏大学处理"五卅惨案"后续事件 ①

　　大夏大学自五卅案发生以来，异常愤激，虽受种种压迫，而救国热忱不因而稍懈。迩来外间误传全校学生业已离校，以致沪上各校纷纷来函慰问。其实仅校舍被其占据，召集大会极不容易，而宿舍方面尚无变动。兹将其进行情形略述如下：（一）募捐部之报告。学生等鉴于工人罢工损失之巨，欲谋目前救济之策，特组募捐部（由宣传部担任）连日向各界分路募集，为数计二百七十余元。又接教职员来函认捐者，约计五十余元。尚有大部分教员未接复函。学生方面每人至少捐助一元外。全体议决素食每桌每月抽洋七元，亦为救急之需。其各项总数，俟教员认齐后再结束报告。（二）纠察部之严密。该部为巩固团体起见，议定种种规则，非有父母疾病丧亡来电催促者，不得回里。平时外出，亦须向该部请假。如有私自出入经该部查获者，按等惩罚（面斥或罚金）。（三）代表会之组织。暑假在即，该学生会提议另组代表会留校办理，其余同学离校后于各都市自行组织分会。与代表会互相联络，互通声息。业已推举二人起草组织大纲矣。（四）"干社"之设立。学生游骞等十余人创办"干社"于暑假期内。关于五卅案件拟出版一种刊物，以期传达消息鼓励民心。（五）参加市民大会。昨日上海市民大会，该校学生会议决，全体参与每人手缠黑布以为死亡者志哀，且各手执一旗。去者非常踊跃云。

---

① 《大夏大学近闻》，《申报》，1925年6月12日，第15版。

附4：大夏学生会发布"五卅"第三次宣言①

大夏大学学生会最近宣言：（上略）中国今日之病在于大多数民众之沉沦。每遇一事，都市则甚嚣尘上，而乡村则寂寞无闻，诚为恨事。是故吾人对于此次沪案一方面于该案未解决之前，万难稍事引退，而一方面，又不能不将"五卅"事件竭力宣传于内地城市乡村，以鼓励全国民气。敝会驻沪代表会之组织，即所以协策各界之进行，促沪案之解决，谋最后之胜利，而内地各分会之组织，乃所以谋民众对于"五卅"事件之周知，同起而为沪案之奥援，揭橥此道以诏邦人，摅腑陈辞，维希公鉴。大夏大学学生会　六月十五日

---

① 《大夏大学学生会最近宣言》。《申报》，1925 年 6 月 17 日，第 11 版。

大夏大学民众夜校开学[①]

一、开学

义务夜校于十一月五日开学。共到学生一百四十余人，男生、女生、成人、学童、来宾、教师，跻跻一堂，极一时之盛云。

二、第一次教师会谈

义务夜校于十一月十五日晚七时，假座教员休息室，第一次教师会议，并备茶点。计到教师十七人，主席朱立本（校长）致开会词后，相继讨论用书问题，训育问题，教师缺课问题，白天在他校读书晚上来义校补习的学生应否许可的问题，讨论至十点始散会。

三、补行开学典礼

义务夜校于十一月十七日晚七时，假座大礼堂补行开学典礼。到学生二百余人，区党部代表何惟忠，学生会代陈元发，以及校长教师等十余人，相继训话，毕即散会。

---

① 《义务夜校消息三则》.《大夏周刊》，第 60 期，1928 年 11 月 26 日。

大夏学生会民众夜校开学 ①

本校学生会开办之民众夜校，于四月一日下午七时在第十八教室行开学典礼。到有学生一百余人，教员十一位，济济跄跄，颇极一时之盛。行礼如仪，首由徐校长则骧致开会词，略谓本校创设非易，诸同学当曲体办学者之苦衷，努力学习，无稍中辍。次由朱校长偌溪，报告经过情形甚详。继为教员致训词。最后由区分部代表崔步武君、学生会代表张道仁君致辞，语都精警，听者忘倦。待散会，已钟鸣九时云。

附1：民众夜校今后进行方针 ②

开学伊始，诸待整理，现草草的写了几点，以慰关心民众夜校者，详细情形，异日当再另文报告。

（一）开学前的工作

（1）写招生广告。（2）造预算。（3）聘请教员：（A）出布告征求；（B）专函敦聘。（4）检点用具。（5）购办簿籍。（6）选择教科书教材不固定最好，由教师临时编辑或油印；但因经济与时间的关系，现在很难办到，只可相互渗用，因时制宜。（7）排日课表。（8）预订本学期教学中心。（9）支配教室及编制学校。

---

① 《民众夜校开学典礼》，《大夏周报》，第80期，1930年4月23日。
② 朱偌溪：《民众夜校今后进行方针》，《大夏周报》，第80期，1930年4月23日。

（二）开学时的工作

（1）介绍同学与教师。（2）调制各级名单。（3）排坐位。（4）填写出席点名簿。（5）调查儿童实足年龄，家庭住址，家长职业及通信处。（6）举行新生入学指导：（A）初到校时应当注意的事项；（B）日常生活方面应当注意的事项；（C）团体生活方面应当注意的事项；（D）个人行为方面应当禁止的事项。

（三）未来的工作

（1）教师方面：（A）举行定期教务会议；（B）实行交互参观；（C）制定课程纲要——注意实际应用；（D）填写图表；（E）与儿童做个别谈话；（F）填写教学报告；（2）学生方面：（A）组织自治会；（B）举行成绩展览会；（C）定期举行讲演会；（D）开小游戏会；（E）注意清洁调查；（F）设法避免旷课。

（四）结论

经济为一切的发动机。"巧妇难为无米之炊"，这句话恐谁也不能否认；尤其教育成功的要素，第一便是经费，次及人才组织。

这学期民校预算，比上学期要减去十分之一，而学生人数却教增多，米固无而巧妇不巧，来日诚大难也。

附2：大夏附设民众夜校举行国语演说竞赛会 ①

沪西一隅失学工人最多，该校有鉴于此，创办以来成绩沛然。今春由徐则骧、朱偌溪两君负责，学生人数竟达一百五十余名。校务发展颇有可观，对于党议贯输、课外训练尤为注意。该校为提倡国音起见，于日昨（二十九）下午七时在大夏礼堂举行全校学生国语演说竞赛会，并聘请刘叔昭女士、陈世鉴女士、杨丙炎君、刘自权君等为评判。到会共一百余人，由徐校长则骧主席。行礼如仪后，即开始演说。一班工友学生口词锐利，诚出意料之外。讲题努力及工人生活等，意义新颖，尤为民众学校中所难得。结果由王长鸿、陶维德、辛志鸿等夺得奖品云。

---

① 《大夏附设民众夜校举行国语演说竞赛会》，《申报》，1930年6月1日，第28版。

大夏大学创办大夏公社 ①

经大夏大学第一二七次校务会议议决，将筹设大夏公社。

本校为谋学校附近居民增高知能起见，本有开办义务学校之计划。兹以教育学院社会教育系及文学院社会事业系拟创办民众教育实验区，以试验民众教育之理法并供同学之实习，爰于第一二七次（九月二十六日）校务会议议决，本学期创设大夏公社，当推定陈选善、吴泽霖、马宗荣、黄敬思、吴浩然、倪文亚六先生为筹备员，尽于两周内成立。

附：大夏公社组织大纲 ②

第一条　本社为大夏大学附设，定名为大夏大学附设大夏公社。

第二条　本社设施宗旨，计分左列各项：

1. 实施成年补习教育，以促进地方自治完成训政工作。

2. 实施短期小学教育，以助义务教育之普及。

3. 施行社会教育，以增进民众知能，改善民众生活，提高民众德性，发扬社会文化，复兴民族精神。

4. 供给社会教育系及师范专科学生之实习，藉以证验教育之理论。

---

① 原载《大夏周报》，第 9 卷第 2 期，1932 年 10 月 3 日。编者按：1933 年，邰爽秋任大夏教育学院院长期间先后参与创办"梵王渡普及教育实验区""大夏民众教育实验区""沪西民生教育实验区"等，积极开展并推广其民生教育理论的研究与实践。

② 许公鉴：《大夏大学附设大夏公社设施之旨趣与现状》，《民众教育通讯》，第 3 卷第 3 期，1933 年。

5. 提倡教育学院文学院学生之服务，务期民众生活获有真切之了解。

6. 试验民众教育施行之方法。

第三条　本社活动区域，暂以大夏大学附近五里以内为范围。

第四条　本社设指导委员会，指导审议本社重要进行事项；委员人员，由大夏大学校务会议推举之。

第五条　本社设社长一人，总持本社计划行政事宜。社长人员，由指导委员公推，由大夏大学校长聘请之。

第六条　本社暂设下列各部及各种委员会：

1. 总务部　掌理会计文书庶务等事。

2. 学校教育部　掌理成年补习教育及短期小学设施事宜。

3. 社会教育部　掌理社会民众教育进行事宜。

4. 设计委员会　商讨本社工作发展进行之计划。

5. 编辑委员会　编辑本社出版物。

6. 经济稽核委员会　稽核本社经济。

第七条　每部各设主任一人或二人，处理各该部一切问题，并计划领导各该部工作之进行事宜。

第八条　各部设干事或导师若干人，应于实施之需要，得干部主任下更设主任若干人，分别领导进行各项事宜。

第九条　各部部主任由社长请定或各部干事推举，各项事业主任，由各项干事导师互推之。

第十条　各部规程及各委员会组织规程另订之。

第十一条　关于本社重要事务之进行，由社长召集社务会议决定之，由社长为主席。社务会议规程另定之。

第十二条　各部重要事务之进行，由部主任召集部务会议商决之；未经会议议决者，由部主任裁核施行。

第十三条　本社除社长由大夏大学教员兼任外，工作人员全由大夏大学学习教育及研究社会问题之学生担任，均为义务务职。

第十四条　本社设施各项教育，概不收民众费用。

第十五条　本大纲呈报所属机关备案。

第十六条　本大纲有未尽事宜，由社务会议修正之。

大夏公社组织系统表

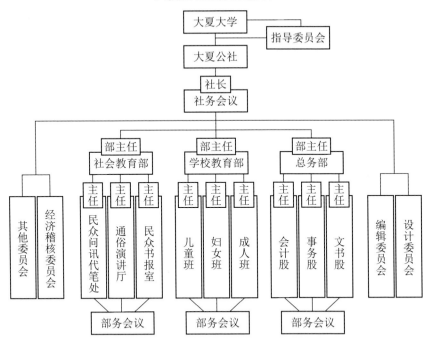

大夏教育学院乡村教育班创办大夏实验区 ①

　　教育学院乡村教育班全体同学六十余人，自邰院长热心指导以来，获益良多。兹鉴于研究乡村之破产，挽救乡村之危亡，在书本上用功夫，等于纸上谈兵，空中楼阁，非实地下手，无济于事，故特创办"大夏实验区"，从事实际乡村事业。上月（十月）二十六日乡教全班同学在上课时推俞尚埙、邹海波、刘五夫、丁钟德等负责调查附近八村庄金家巷、杜家巷、季家库、杨家宅、季家街、徐家宅、界浜、桂巷（皆今普陀区境内）之社会情况，于二十九日下午七时假群贤堂三〇七教室开全体大会。先有俞尚埙君报告调查附近各村庄之经过，继由邰院长演说创办大夏实验区，对于整个大夏及教院之重要，实施办理各区方案，及勉励诸同学努力进行等语，辞多诙谐，令人捧腹。闻八村庄采用八种不同之方式，如徐公桥乡村改进社、邹平乡农学校、定县平民学校、陶行知工学团、邰院长念二社、乡村改进实验区、合作社等，着手实验，以资比较。近已积极进行，不遗余力，将来在中国乡村教育界定能特放异彩云。

附1：大夏实验区组织委员会 ②

　　本校同学服务社会，实验民众教育起见，自去年秋季设有大夏公社，施行学校式的社会式的各种民众教育。历届服务学生，努力从事，成绩斐然，学校曾迭次发给奖状以资鼓励。现为扩充范围，并注意乡村改进起

---

①　原载《大夏周报》，第 10 卷第 7 期，1933 年 11 月 6 日。

②　《大夏实验区组织委员会》。《大夏周报》，第 10 卷第 13 期，1933 年 12 月 18 日。

见，决于本学期结束大夏公社，另设大夏实验区，以本校附近八个村庄，为施教范围，而实验各种乡村改进方法，以资比较。兹除由教育学院乡教班学生先行筹备进行外，并经校务会议推定邰爽秋、吴泽霖、马宗荣、许公鉴、冯邦彦吴先生为委员，组织委员会，负责计划并指导实施云。

附2：大夏公社与大夏民众教育实验区 ①

学校当局见于邻近居民之失学，乃于二十一年秋季，设大夏公社于中山路旁，其目的一方面固在实施社会教育；而他一方面，并可供本校同学之实习及服务，纯系义务性质，组织分总务，学校教育，社会教育三部，社会教育部设有民众娱乐室，民众图书馆，民众问询代笔处及通俗演讲厅等，总务部分会计，庶务，文书三股，学校教育部设有民众学校一所，采半日二部制，儿童与成人，分班教学，上午及晚间皆为成人，下午班为儿童，学生总数达两百有余，现已办至第三届，课程分国语，常识，笔算，珠算等科。

年来邻近居民，有增无减，总计一千五百有余，业农者居百分之九十，其余大多以工为业，本校当局，总觉美中不足，未能尽美，今秋更有大夏民众教育实验区之组织。实施区域，周围计约四百余亩，服务人员，暂由乡村教育班同学负责，以后拟酌添聘。现已设全民教育社于金家巷，设念二社于杜家宅，设民众教育馆于季家库等，工作颇为紧张，其余开办事业见下表：

地点	开办事业	工作人员	地点	开办事业	工作人员
桂巷	农村改进会	七人	杨家宅	农村儿童生活团	五人
徐家宅	农民辅导社	十二人	金家巷	全民教育社	十一人
季家库	民众教育馆	六人	杜家宅	念二社	六人
界浜	教育村	七人			

总之，大夏公社与实验区，其实施教育方法稍有不同，而其对象则一也，一起于先，一继于后，表面上二者固在联络，而其实际则须合一，所谓他山之助，前车之鉴，二者之密切关系彰彰矣。

---

① 金正述：《大夏公社与大夏民众教育实验区》，《教育研究》，1934年第4期。

大夏教职员组织念二社 [①]

本校教育学院院长邰爽秋博士，鉴于中国国运衰微，经济困窘，爰发起念二社，以提倡土货，实行社会节约为宗旨。该社已于前日开成立大会，会员共数十人，选举执行委员七人，负责进行一切事宜。邰先生著有《念二运动》一书，长数万言，现有数十册存图书馆，供同学借阅。兹将该社社章录后，以为介绍。

附:《沪西念二社社章》

第一条　定名　本社定名为沪西念二社

第二条　宗旨　本社以提倡土货，实行社会节约，努力社会生产，发展国民经济，改进民众生活，协谋中华民族之复兴为宗旨

第三条　规约　本社社友须遵守下列之规约

一、不吸纸烟

二、不穿西装

三、不敷脂粉

四、不穿高跟鞋

五、服用土货

六、实行节约

七、不吃贵重海货

---

① 《本校教职员组织念二社》。《大夏周报》，第 10 卷第 13 期，1933 年 12 月 18 日。

八、随时随地组织念二社或宣传念二社之宗旨

第四条　社友（一）凡赞成本社宗旨，遵守本社规约，由社友二人之介绍，经执行委员会通过者，得为本社社友

（二）社友入社须履行宣誓手续，其办法另定

第五条　组织　本社组织以社友大会为最高权利机关，由社友公推七人为委员执行。本社社务内分 1. 总务 2. 文书 3. 事务 4. 交际 5. 研究 6. 生产 7. 宣传七股，分掌各股股务

第六条　社务　本社社务计划如下

（一）宣传念二社之宗旨和使命

（二）调查土货的种类

（三）研究改良土货的方法

（四）举办土货陈列馆

（五）举行土货展览会

（六）举行土货运动周

（七）创办土货生产合作

（八）创办土货贩卖合作

（九）创办土货介绍所

（十）创办合作银行

（十一）创办纺织训练所

（十二）开设农村小手工艺训练所

（十三）举行社会节约

（十四）举行与念二社宗旨中各项有关系之演讲

（十五）办理与改进民众生活有关之各种事业

第七条　会期　社友大会每半年举行一次，执行委员会每月开会一次，遇有重要时间，得召集临时会议讨论

第八条　社费　每人年纳社费小洋六角

第九条　社址　中山路　门牌二六三七号

第十条　附则（一）本社团体行动由本社负责，各社友单独行动由各社友负责

（二）本社社长如有未尽事宜，由社友大会修正之

大夏合办沪西民生教育实验区 [1]

本埠大夏大学前与沪西念二社合办梵王渡普及教育实验区，关于改良土布及创制普及教育车等，已卓著成绩，惟因区内民众为流动性质，原定计划不易实现。且该校前已办有金家巷农村念二社，试行民生本位教育，近因各处前来参观，并函讯办法者日多，亦有扩大实验之必要，爰联合念二运动促进会，共办沪西民生教育实验区，将现有之金家巷农村念二社及沪西念二社，改组试办，并拟逐渐添设念二社若干所，采取经济分团制于各念二社之下，创办洗衣、种植、拉车、纺织等合作团，以为推动教育之基础。闻已编有分团教材数十种备用云。

附1：教局大夏等合办之沪西民生教育实验区 [2]

该区经费除由市教育局补助念二运动促进会之三百五十元中，按月拨二百○五元外，每年由大夏大学津贴五百元。一年以来举办事业如下：区内分设施西念二社、金家巷念二社、徐家宅念二社、推广念二社等，本年度预约民众数各社均为二百人。

其主要经济活动团体计有拉车合作团、洗衣合作团、纺织合作团、种植合作团等，协办事业，如联合生产、推销、消费、储蓄、保卫、消防、卫生、娱乐、筑路、浚河、造林、防灾等。

---

[1] 原题《大夏廿二运动会合办沪西民生教育实验区》，《申报》，1935年3月23日，第14版。
[2] 《教局大夏等合办之沪西民生教育实验区讯》，《申报》，1936年7月20日，第15版。

附2：大夏沪西民生教育实验区举行一周年纪念会 ①

上海市教育局大夏大学念二运动促进会等合办之沪西民生教育实验区，自去年八月间开始实验工作以来，迄今为时一载。兹定今日在该区总辅导处举行一周纪念会。兹分志如次：

纪念节目

（一）纪念典礼（上午八时至十时）；（二）团友同乐会（上午十时至十一时）（教车表演拉琴走棋拍珠操练等）；（三）团友施医（流动施医队下午一时三十分至二时）；（四）填字竞赛（下午二时至三时）；（五）纺织竞赛（下午三时至四时）；（六）团友成绩展览；（七）纺织出品展览；（八）各种教材展览；（九）各种章则展览；（十）本区丛书展览；（十一）余兴（本区活动教育片晚上七时在大夏大学）。

实验区域

该区设在沪西大夏大学附近，由市教育局、大夏大学及念二运动促进会合办。全区面积共四十方里，二千余户，一万二千余人口。区内居民，务农者占百分之八十，作工者占百分之十，拉车者占百分之五，经营小本生意者亦不少。该区民生计，除少数经商及拥有资产者外，多属不甚宽裕。成人百分之八十以上为文盲。故该区以实验民生本位的教育，提倡服用土货，励行社会节约，努力社会生产，发展农村经济，改进区民生活，推进中央规定之各项运动，协谋中华民族之复兴为宗旨。

施教情形

施教方式：（甲）流动教学：（一）开会式：纪念大会、娱乐表演、升旗典礼、问题讨论等；（二）集练式：时事报告、常识指导、课业学习、念二讲座等；（三）访问式：医药访问、工作访问、友谊访问、生活访问等；（四）展览式：农事展览、土货展览、图书展览、卫生展览等。（乙）因时而教：（一）晴天，露天教学；（二）雨天，室内教学；（三）暑天，纳凉教学；（四）寒天，围炉教学。施教工具用普及教育和各种教育箱，把教育送上门去。

① 《教局大夏等合办之沪西民生教育实验区讯》，《申报》，1936年7月20日，第15版。

事业概况

该区经费除由市教育局补助念二运动促进会之三百五十元中，按月拨二百〇五元外，每年由大夏大学津贴五百元。一年以来举办事业如下：区内分设施西念二社、金家巷念二社、徐家宅念二社、推广念二社等，本年度预约民众数各社均为二百人。其主要经济活动团体计有拉车合作团、洗衣合作团、纺织合作团、种植合作团等，协办事业，如联合生产、推销、消费、储蓄、保卫、消防、卫生、娱乐、筑路、浚河、造林、防灾等。

青年会社教系合办民众夜校 ^①

    本校基督教青年会自上月改选后，新职员即与中学部合作，成立课余社，置备各种棋子及音乐用具，提倡高尚娱乐消遣，月来大中二部师生公余课后到社消遣者日有其人。兹悉该会为积极推进会务起见，又与社会教育系师生合作，在校开办民众夜校，除规定本校工友一律入学，授以各种国民基本知识外，并招收附近贫苦男女成年民众，免费入学，即一切书笔文具费用，均由该夜校供给，日来报名入学者甚见踊跃，该夜校已于本月四日（星期二）开始上课云。

---

① 《青年会社教系合办民众夜校开学》。《大夏周报》，第 15 卷第 20 期，1939 年 4 月 21 日。

大夏恢复民众教育实验区 ①

　　本校于战前推行民众教育，原有整个计划，曾于民国二十三年春季举办大夏民众教育实验区，二十四年恢复该区改组，与上海教育局暨邰爽秋先生所倡办之中国民生教育会合办沪西教育实验区继续推进，"八一三"事变后终止。

　　现拟恢复大夏民众教育实验区，先从识字教育入手，使本校临近之农工商及其子弟皆得享受补习教育之机会，进而筹划各种社教之实验，逐渐推广，俾本校对民教理论与实施，继续贡献。是项方案经第五次教务会议推请杜院长佐周、陶主任愚川、苏主任希轼会同原起草人唐茂槐先生组织委员会审查，提交下届教务会议作最后之决定。又闻该民教实验区并供教育社会诸学系以实验之场所，并拟划定本校附近新泾区及长宁区之一部分云。

---

① 《恢复民教实验区——对民教理论学方法继续贡献》，《大夏周报》，第 23 卷第 10 期，1947 年 5 月 1 日。

呈请教育部补助大夏民众教育实验区的报告

　　查本校对于民众教育，原有整个计划，曾于民国二十二年春创办"梵王渡普及民众教育区"；二十三年春，改为"大夏民众教育实验区"；翌年秋，复与上海市教育局暨中国民生教育学会合办，改名为"沪西民生教育实验区"，继续推进，至"八一三"后，始告停顿。当时办理成绩，颇负声誉，全国各地大学、各省教育厅之参观团，暨国际人士，咸来参观。尤以试验邰爽秋氏所创制普及教育车之教学活动及拉车纺织合作之教育法，名闻遐迩。西北诸省曾采购该普教车达二百余架，并邀请派员前往训练。又当时该区各项活动亦曾自摄影片，预定参加在日本东京举行之世界教育会议。不幸战事爆发，各项事业遂成泡影。抗战胜利后，本校复员返沪，乃将该区恢复成立，仍定名为"大夏民众教育实验区"，根据旧有基础，积极扩展。惟原有设备，泰半被毁，实验事业费无法筹措，种种设施，莫不因陋就简，尤以电化教育之科学利器，如放映机、收音机等，亦无力购置，心余力绌，拮据异常。基本教育为民主政治之基础，已为世人所公认。远东基本教育委员会前在我国首都举行首届会议，对于基教之推进研讨至为详尽。今后如何加强工作，启迪民智，充实国力，诚宜悉心规划，付诸实行。本校民教实验区十余年来对于基本教育薄有贡献。际此行宪时期，自应积极推进，以宏实效。理合检呈"民教实验区工作计划"及"工作进程表"各一份，备文呈请鉴核，准予拨助本校附设民教实验区实验事业费十五亿元，暨低价配购放映机、收音机各一架，藉以提高公民训练之效率，实为德便！

　　谨呈教育部部长朱

　　附呈大夏民众教育实验区计划暨实验工作进展表各一份

欧元怀

民国三十七年五月十九日

大夏五名学生遭国民党逮捕 ①

　　上海特别市公安局局长袁良，因据报沪西劳勃生路（今长寿路）大夏大学校内学生王为雄等五名，有犯共产嫌疑，特令该管六区警署迅即派警前往查拿等情。段区长奉令后，于昨日上午七时许，令派干警前往该校，拘获男学生林乐天、李寿林两名，女学生蒋斐然、郑永英两名。当即带回区内，尚有男学生王为雄一名，当时因在西摩路（今陕西北路）致和里卅五号宿舍，又经段区长令派侦缉队领班刘少卿，带同侦缉员等，会同捕房派探按址前往该处，当将王为雄拘案。经段区长讯问一过，遂于昨日下午备文并解公安局核办。兹将各学生姓名年岁籍贯录下：（一）王为雄，年二十二岁，高邮人；（二）林乐天，年二十二岁，广东人；（三）李寿林，年二十二岁，安徽人。以上三名系男学生。（四）蒋斐然，年十八岁，通州人；（五）郑永英，年十六岁，温州人。以上二名系女学生。

　　又据另一访员报告，市公安局长袁良、特派六区巡官刘清源，于昨晨六勺余钟，投沪西普渡路捕房，声请加派西探目卡台、华探马谋祥，密赴西摩路三十五号大夏大学之学生寄宿舍，拿获反动分子江北人王为雄一名。旋于十一时解送特区地方法院，由吴廷祺推事升座第二法庭提审。刘巡官亦即到庭，请求准予移提。捕房律师出庭，声明捕房对于移提并无异议。吴推事嗣讯，据王供原籍高邮，现在大夏大学读书等语。讯毕，遂谕准予移解。当经刘巡官将王为雄带往市公安局讯办。

---

① 《大夏大学生共嫌五人被捕》.《申报》，1930 年 4 月 12 日，第 15 版。

实业家荣宗敬慨捐丽娃河 [①]

西河在校址西界，邻接运动场，宽四五十尺至七八十尺，上源小溪一泓，绕流校址北面，下游经过名地丽娃栗妲（villa Rio Rita）直趋苏州河。面积五十余亩。水深岸阔，清澈见底，游鱼戏藻，直视无碍，夹岸绿杨，倒影成趣，实避嚣之仙乡，赏心之圣地。该河系无锡巨商荣宗敬氏产业。荣氏经营面粉业，早有面粉大王之称，乐善好义，久著声誉，对于本校尤热忱赞助，此次慨允将西河捐赠本校，以作建设同学健身场所之用。一切布置，将有校景委员会悉心规画，大致有游泳，划船等设备云。

附：荣宗敬先生捐赠西河再志 [②]

西河在校址西首，与运动场毗连，面积十余亩，前由业主荣宗敬先生慨允捐赠本校。此项产业地单，现已由荣氏交送本校，该河水深岸阔，清澈见底，现校景委员会正在悉心规则，进行筑堤植树工作。而对荣氏之热心捐赠，拟即呈报教部照章褒奖，以扬美德云。

[①]　《荣宗敬慨捐西河》，《大夏周报》，第 7 卷第 1 号，1930 年 9 月 29 日。
[②]　《荣宗敬先生捐赠西河再志》。《大夏周报》，第 7 卷第 13 号，1931 年 3 月 12 日。

大夏学生募捐队被日军凶殴逮捕 ①

本市各大学前昨二日出发之募捐队，以募得之款，预备汇黑，助马占山将军。大夏大学全体学生千余人，昨分队出发募捐，不料该校学生有四队竟受日陆战队巡逻队之凶殴逮捕，结果受伤者十余人。兹志其情形于下：

劳勃生路（今长寿路）　大夏学生十余人，于昨日午后，在劳勃生路沿途募捐。是时有日巡逻队多名，乘汽车驶行，经过该处，突然诬大夏学生辱骂日人，即下车向学生凶殴。学生均奔避。结果，有一生被巡逻队非法逮捕，至附近之日商丰田纱厂（该厂有日巡逻队驻扎），嗣经公安局派巡官前往交涉，同时公安局中亦以电话向日方交涉，始将该学生释出。

康脑脱路（今康定路）　昨日午后三时，有大夏教育院学生鄢林镕等二十余人，在康脑脱路华租交界处募捐。有日军运输车经过，该车中之日兵三十余人，立命御者停车跃下，将大夏学生拦截为二部。将一部分之学生六七人打伤，并拘捕一学生。又越至华界，将另一部分学生殴打。学生纷纷逃避，并报告六区公安局，派巡官往与日人交涉，始得将一生放回。

曹家渡　日巡逻队于昨日午后三时，驾驶汽车至曹家渡华租交界处，见大夏学生在华界募捐。日巡逻队即停车越界前往驱殴，有一生被殴打成伤，并被捕至附近某日纱厂。由大夏学生向市府请愿，令公安局前往

---

① 《大夏学生募捐队被日人凶殴逮捕》，《申报》，1931 年 11 月 21 日，第 15 版。

交涉，乃得放出。

新闸路　新闸路一带亦有大夏学生沿路向人募捐。昨日午后，日巡逻队行过该处，大肆殴打，并捕去学生五六名，交新闸捕房，谓学生出言侮辱，捕房中将学生全体拘押，闻已有释放之。

张（群）市长表示　昨日（十一月二十日）下午五时，本市各大学学生抗日救国联合会代表二十余人，及大夏大学学生代表五人，为本日下午二时日本陆战队兵士在沪西康脑脱路公共汽车公司门前驱逐我募捐学生，并将大夏学生一人带往日商丰田纱厂该队分部事，偕往市政府请愿，当由张市长亲自接见。询明来意，即告以此事本府接到报告，已由公安局交涉领回被捕学生，送归学校矣。代表等表示满意，但要求市府严重交涉：（一）赔偿，（二）道歉，（三）保障以后不得再有此类情事发生。张市长答以当查明办理，惟望将当时情形，以书面呈报市府，俾得根据事实，借资交涉。代表等又问本市治安保障如何。张市长答曰：关于本市治安问题，市政府公安局当然负责，警备司令部亦负同样责任。且中央新委陈铭枢先生为淞沪卫戍司令长官、第十九路军队，昨已有一部分到沪，有此军警协力维持，沪地治安，可保无虞。代表等又问万一沪市发生类似沈阳之不幸事件，是否抵抗。张市长答曰：自必尽力采取正当防卫方法，决不放弃职责。代表等均认为满意，张市长又剀切言曰：学生为智识阶级重要分子，有领导民众之责任。一切爱国运动，皆当严守秩序，切勿逾越轨范，并勿以毫无意识之举动，引起纠纷，尤其要严防反动分子，利用民意，或利用学校学生名义，乘机捣乱。本府对于爱国运动，极表同情，但对于越轨行动，则必须取缔。如果大家能尽力共同维持，沪市治安，各负其相当责任，不使发生意外，则治安必可信其永久保持，决无他虑。代表等乃欣然而去。

丽虹桥四月十六日举行落成典礼 ①

大夏新村为本校校董教职员及校友等住宅区,自民二十年创设以来,逐事扩充,占地二百余亩,成为沪上巨大新村。去年春,新村委员会议决在本校中学校舍南面毗邻丽娃栗姐村校河,建筑钢管水泥大桥一座,沟通东西两岸。秋季动工,现已完成。桥由何应钦校董题名,王祉伟校董记铭,取名丽虹,盖取唐诗"双桥落彩虹"及迫近丽娃栗姐村之意。桥长一百廿尺,宽二十五尺,建筑兼顾美丽,平添校景不少,匪仅便利交通已也。本月(四月)十六日下午一时半举行落成典礼。委员会特柬请全体村友率眷莅桥参加,并请何应钦夫人剪彩。桥上挂旗结彩,爆竹喧天,新村村友本校男女同学及附近居民前往观礼者,不下千余人,颇极一时之盛云。

丽虹桥上镌刻铭文如下 ②:

本校教职员所组织之大夏新村,年来村友大增,村内布置,在新村委员会主持之下,亦日见进步。最近因村地不敷分配,特将村区扩至校河西岸,合共占地百余亩,各村友现正起盖房屋,陆续迁入居住。惟河之东西岸虽只一水之隔,倘无桥梁相通,交通殊感不便。该委员会特在本校中学校舍南面毗邻之处,建置钢骨灰泥大桥一座,沟通东西两岸。该桥于上学期开始建筑,工程颇为伟大,现已落成,备极坚固壮观,为

---

① 《丽虹桥本月十六日举行典礼》。《大夏周报》,第 13 卷第 22 期,1937 年 4 月 23 日。
② 王祉伟:《记丽虹桥并铭》。《大夏周报》,第 13 卷第 8 期,1936 年 11 月 15 日。

校景增光不少。桥可通两辆汽车往来，两旁建有人行道，桥栏置美术点火四炬，月明之夜，与太阴之象交相辉映，诗意甚浓。本校秘书长王毓祥先生为纪念该桥起见，特笔铭文镌诸桥之中央，兹录其全文如下。

沪西梵王渡西苏州河北，有积水一潴，长约半英里，清漪绿波，光可鉴影，俗呼为老吴淞江。相传古时苏州河曾取涂于此。今成断港。最近二十年来西人建庐其旁，为盛夏游泳之所，又成为丽娃栗姐江，则沿西文译音而来，史犹至短也。民国十九年以降，大夏同人既于苏州河北岸，购地三百余亩，建筑大夏校舍，为顾念教授同仁讲学之便，乃于校场南部，发起大夏新村，由欧元怀、傅式说、王毓祥、吴浩然、吴泽霖五先生组织新村委员会，负责设计，并订立村友公约以垂久远。最初参加者寥寥仅十余人，皆大夏任教席者；辟莱除秽，筑路开渠，不数载间景物焕然，昔日荒畦，遂成胜境。声应气求，来者益多，乃有大夏第二村之发起；前后两年，饱经波折，得地八十余亩分配同人，犹感不敷，向隅者众。于是跨河而西，再购地七十余亩，是为大夏第三村。为便利交通起见，乃于老吴淞江上建筑钢筋水泥桥梁一座，并命名为丽虹桥，盖取唐人"双桥落彩虹"之意也。桥之东为大夏校场，广夏连云，弦歌相应，两岸垂柳万株，逐波上下，接喋有声，彳亍之间，神怡心旷，悠然意远，信沪上之乐郊，而幽居之福地也。民国二十五年夏，工程竣事，因记其始末，并为之铭。铭曰：

丽娃江上，不霁何虹。舰恒凝凤，夭娇犹龙。地利为纬，人和为经。二难济美，成此津梁。于万斯禩，蔚作里仁。

衡阳王毓祥撰
永嘉马公愚书
中华民国二十五年八月吉日

大夏中学添办农业科 [1]

　　本大学附设大夏中学，素以灌输实用智识技能为办学方针，故所设各科，类皆注重实科方面。例如工科、商科在沪上中等教育界均负令誉。最近校务会议以本校地处沪西，毗连村落，最宜于农事实验，特决议自下年度起在中学部先行设置农业科，推孙亢曾先生筹备，一俟中学农事科办有成绩后，大学即添办农学院，以便培养专门农业人才云。

---

[1] 《中学部添办农业科》。《大夏周报》，第 13 卷第 24 期，1937 年 5 月 11 日。

大夏学生发起征募寒衣活动 ①

　　本校学生以鉴于沪西一带贫民，在朔风凛冽下，仍生活于饥寒线上，特别于十二月二十三日发起大夏大学学生征募寒衣运动，宣言内"朱门酒肉臭，路有冻死骨"之句，逗人动心。闻王副校长慨捐一百万元，同学中间亦踊跃捐衣献钱。又征募会已于二十四日开始专车出外捐募，一日之内，计寒衣八百余件，鞋袜百余双，现款五百余万元，现正继续出外继募。

---

① 《征募寒衣　校内一片同情心》。《大夏周报》，第 24 卷第 9 期，1948 年 1 月 15 日。

那个唱红《我要把金沙江路走一遍》校友找到了 ①

"我要把金沙江路走一遍，陪伴我青春的大学校园，你是否也怀念，在丽娃河边，长椅上的梦伴着稚嫩的脸……"这几天来，一首《我要把金沙江路走一遍》成为网上热播歌曲，朋友圈里，不是自己在刷屏就是被自己的朋友们刷屏。词曲作者、演唱者是华东师范大学 2005 级校友大攀。他说，这是一首写给华东师大，写给大学生活回忆的岁月之歌。

难得再乘地铁，熟悉的报站声想起那时少年

有人把日子过成诗，有人则把母校边上的金沙江路写成了一首歌。好听旋律的背后，更是扑面而来的青春记忆。这首歌从 12 月 4 日凌晨上线至今已经超过了 800 万的播放量。

"每个人在学校旁，都有一条属于自己青春的心路。再转身已不是那个少年。见字如面！"在大攀一手做起来的"清晨录音棚"里，他向记者不疾不徐地说起自己这首网红歌曲的创作灵感。

这首歌是 9 月 28 日开始写的，那天，大攀刚好去枣阳路的普陀少年城参加一个儿童音乐剧活动。这些年的出行，他很多时候都是自己开车的，乘地铁外出已然不多。但，那一天，就是和公司的另外一位制作人选择地铁出行，没想到到站时熟悉的报站声带来的是关于曾经年少、青

---

① 刘昕璐：《那个唱红〈我要把金沙江路走一遍〉的校友找到了，听他讲讲民谣背后的故事》，《青年报》，2019 年 12 月 11 日。

春校园的一波"回忆杀"。

"金沙江路到了，请乘客手持车票依次通过闸机验票后出站……"几乎就是 10 年从未改变的声线让大攀瞬间就很感慨。

下了地铁后一路走，一路的回忆就喷涌而来。"我就确定了这个歌曲的思路，写了两三天吧。"在确定歌名的时候，最初就想定为"金沙江路"，但思量下来觉得缺少些温度和情感的记忆点。那位来自台湾的制作人提到了动力火车的代表作《忠孝东路走九遍》，于是这歌名就成了。

为了让歌更契合心境和情愫，大攀将歌曲的主体以民谣体现，"民谣的故事性会比较强一些，这种偏回忆的歌比较适合。"

大攀的眼里，"我要把金沙江路走一遍"，一种情怀，歌里提到的陶喆《蝴蝶》《寂寞的季节》等等这些歌，基本上就是自己整个大学的青春追忆了。

大攀一直认为，金沙江路地铁站和学校是绑定的，去中北华东师大地铁就是金沙江路站，虽然金沙江路"常年修路"，但依然不影响校友们对它的情怀。

"我大学四年，毕业十年，从山东的小县城来上海的 14 年中，我都没离开过金沙江路，我家现在还住在金沙江路中环旁边。所以，金沙江路一头住着我的青春，一头住着我的爱人。对我来说这条路很有意义。"

认真创业奋斗十年，也曾忍痛割舍自己的梦

"我要把金沙江路走一遍，最爱这叶落飘零的秋天，捡一片枫叶，做时间的书签，和谁一起划过青春的小船在长风公园……"对于这首歌的各种好评，特别是手绘 MV 授权母校首发后，更是引起了一堆关于丽娃河畔的回忆以及"求出闵大荒版"歌曲的请求。

"很感谢大家的聆听，也很惊喜大家有这么强烈的共鸣，我也有认真看每一条评论。"小琴行、高歌 KTV、阿莉餐厅，后街卖电话卡储值卡的小哥以及"贴膜女王""王中王"等，都是师大人独有的记忆。

"85 后"的大攀是华东师大 2005 级音乐系音乐教育专业，学号"10050150112"至今倒背如流。时间的指针指向 2019 年，这是他毕业正

好 10 年，也是自己创业 10 年的一个"大年"。如今的大攀已是圈内小有名气的音乐制作人、词曲唱作人、磐时唱片 CEO，也是上海市青年企业家协会会员、徐汇区青联委员。

他身上对音乐的爱和才气，在校期间就崭露头角。大攀担任过两年的校园音乐协会会长，虽然学习的是古典音乐，但在校期间经常会组织一些大大小小的流行音乐活动。

当时，他就一直在尝试写歌，当时乐队的名字就叫"清晨"，还代表过华东师大去外面参加过一些原创音乐比赛，获得过一些不错的名次。

"我 2009 年毕业的第二天，就正式启动了现在的清晨录音棚，从最初的 28 平方米开始，到如今我们有了 3 个楼层，创建了 4 个子品牌。"对于一毕业就创业，大攀很感激自己在大三的时候在就在金沙江路侧门的印刷厂上面兼职参与录音棚经营管理的日子，而这些都帮助到他毕业后到创业。

然而，创业时的艰辛、奋斗和拼搏，也曾让大攀不得不忍痛割舍自己的梦，"在一地鸡毛面前，还想着音乐和远方的老板，一定不是一个好老板吧。所以，有相当长的几年里，我克制自己，没有碰过自己的音乐。"

在光阴下的磨砺，终于让大攀在谈合同、签约、管理的路上变得越来越驾轻就熟，他发现，自己也从一个音乐人慢慢变成一个别人眼中的商人，生意人了。

如今的大攀却也不遗憾自己"变"了，他一直觉得爸爸跟他说过的一句话蕴含着十足的哲理：一个人在做自己真正喜欢的事情前，也许就是要经历这样那样不够喜欢的事情。"热爱终将可以抵挡一切，帮助我们走到那一天，那一步。"

为自己所热爱的写歌，是件幸福感爆棚的事

好在，现在公司已经逐渐稳定，他开始想慢慢地回归音乐本身了。去年的一场不大不小的病，亦让大攀痛下决心有了很多人生的改变，"包括我戒酒了、戒烟了，开始每天运动，也终于给自己定下每月创作一首

歌曲的目标。"

这次的网红歌曲创作，其实也源自于大攀在 2019 年初给自己定的一个目标——2019 年每个月都要写一首原创歌曲，这样年底凑满 12 首歌后发行一张自己的个人专辑。

凛冽的冬季寒风中，大攀的心却热乎得不行，自己的个人专辑进入了最后的专辑封面设计阶段，第一年定下的目标就要真正完成了！

这 12 首歌曲中，还有写给儿子，写给爱人，写给自己，写给家乡，写给兄弟的歌。为自己所热爱和珍视的写歌，是幸福爆棚的事！

其中，写给 6 岁儿子的《陪你长大》，如今一直高居"抖音"各种下载配乐前三席，使用量已逼近 700 万。许多年轻父母都喜欢用这首歌为基调记录下自家宝贝的成长故事。

大攀畅想，每年 12 首歌出一张专辑，30 年后，他就可以有 360 首歌，以后每次听到哪首歌都能想到当年当月的故事，这可能是每一个音乐人都梦寐以求的事情了吧。

"很开心，我当下的样子，也许就是我 10 年前所期待的未来自己的模样。"大攀说，自己还会一直创作音乐，至于歌曲的创作内容，他觉得，音乐本身还是要从经历出发，从心出发。

第五编　校区合作与交流档案萃编

　　大夏大学自在今普陀区境内建校，就与周边区域互动频繁。中华人民共和国成立后，华东师大与普陀区开展愈发紧密的合作与交流，尤其是改革开放后，校、区联手，积极实施"三区融合、联动发展"战略。华东师大依托普陀区独特的区位优势，普陀区依托华东师大丰富的科教资源，双方通过大学校区、科技园区与公共社区的融合和联动，全面提升创新效率和经济社会能级。

　　本编摘录数篇校区框架合作、党建合作、教育合作、产学研合作多方面的合作协议，并展示校区合作的部分成果。

校区框架合作

关于普陀区人民政府与华东师范大学合作协议书

协议签订于 1996 年 3 月 29 日，普陀区人民政府与华东师范大学在协议中约定：

一、办好基础教育和发展社区教育。华东师大为普陀区开展基础教育发展战略研究，为提高基础教育水平和教育质量提供咨询服务。双方共同建设华东师大二附中、云岭实验初级中学。华东师大在普陀区若干中学内建立教学实验基地和教育科研基地，负责培训普陀区中小学校长和中学骨干师资，帮助普陀区培训部分社区学校和职业学校师资和管理干部。

二、人才交流。华东师大协助普陀区培训高层次人才和紧缺人才，普陀区支持华东师大选送干部到区的政府部门和企业挂职锻炼。

三、科技开发。华东师大为普陀区的经济建设、市政建设、城区规划、科技管理等方面提供咨询工作。双方联合开发普陀区的科技工业园区，共同推动科研成果转化。

四、共建精神文明。双方共同将华东师大一村、二村和三村建设成文明小区，共同为华东师大创造良好的教育环境和生活环境。

关于加强校区合作的协议

　　协议签订于 2005 年 9 月 28 日，是华东师范大学与普陀区人民政府为进一步深化 1996 年签订的区校共建《协议书》，进一步加强区校合作而签订。主要内容包括：

　　一、双方加强合作，把各自在人才、科研、信息、实验设备等方面的资源优势和在区域综合社会资源方面的优势相结合，为技术创新和成果转化提供服务，进一步推进高校科技成果转化和高新技术产业化，培育区域经济新的增长点。

　　二、双方共同努力，推进华东师范大学科技园成为技术创新基地、高新技术企业孵化基地、创业人才集聚和培育基地、产学研结合示范基地。

　　三、华东师大为普陀区开展基础教育发展战略研究，为区的经济建设、市政建设、城区规划、科技管理等方面提供咨询工作。

　　四、双方共同努力，为华东师大创造良好的教学环境和生活环境。

关于区校战略合作框架协议

　　协议签订于 2014 年 3 月 24 日，普陀区人民政府和华东师范大学决定在已有合作基础上，发挥各自优势，在科技、教育、文化等领域深化合作，推进资源共享，推进普陀区转型发展和华东师大高水平大学建设进程。协议主要内容包括：

　　一、加快推进华东师大国家大学科技园建设，共同促进桃浦区域转型发展。普陀区根据区域发展需要，支持大学科技园核心功能区建设。双方协调完善大学科技园核心功能区建设的体制和机制，形成统一高效的园区管理体制和机制，发挥华东师大在大学科技园核心功能区建设中的主体作用。双方共同致力于推进桃浦区域的转型发展。

　　二、建设华东师大城市发展研究院，为普陀区域经济和社会发展提供智力支持。普陀区共同参与建设华东师大城市发展研究院。华东师大为普陀区域经济社会发展重大决策提供参考意见和智力支持。

　　三、深化教育领域合作，提高教育综合服务能力，推进普陀教育发展，建设普陀教育高地。形成以华东师大中山北路校区为核心的"环华东师大优质教育生态圈"。发挥华东师大基础教育的品牌优势，进一步加强华东师大附属学校建设。

　　四、完善华东师大及其周边区域建设规划，促进长风地区文化和经济的发展，打造具有国际影响力的教育文化区。对接国家和上海市经济文化发展战略，结合普陀长风区域的优势和特色，完善华东师大及其周边区域的建设规划，促进长风地区文化和经济的发展，形成有国际影响的教育和文化区。

　　五、建立区校战略合作协调推进机制。

关于区校战略合作框架协议

协议签订于 2019 年 10 月 22 日，是普陀区人民政府与华东师范大学在原有区校战略合作框架协议（2014—2019 年）基础上，签订的新一轮区校战略合作框架协议。协议主要内容包括：

一、深化产学研合作，服务区域产业能级提升和特色化发展。双方共同致力于将上海工业控制系统安全创新功能型平台（以下简称"工控平台"）打造成为技术引领的工业安全技术研发与转化平台。华东师大积极参与"中以（上海）创新园"建设，提升华东师大科技园的能级，为普陀区经济社会发展重大决策提供咨询和智力支持。华东师大组织广大师生，充分发挥智力资源优势，探索长效机制，持续深入普陀区各街镇开展党团建设、创新创业、学习辅导、科普教育、文化传播、体育活动等社区服务。普陀区支持华东师大承办 2020 年第 14 届国际数学教育大会。

二、发挥华东师大基础教育在全国的领先优势，深化基础教育合作，扩大普陀区优质教育资源供给。双方合作探索紧密型学区化、集团化办学新模式，加强"环华东师大优质教育资源圈"建设，以项目为引领，共同推进华东师大系列附属学校建设。普陀区支持和参与华东师大领衔的"上海教师发展学院"建设，支持华东师大承担的国家脑计划"儿童青少年脑智发育大型队列研究"项目。

三、加强环华东师大中山北路校区周边区域规划调整和整治改造，提升学校周边环境品质。普陀区配合华东师大迎接校庆七十周年系列活动，支持中山北路校门改造等工作，提升环华东师大周边地区环境品质。

四、区校战略合作工作体制机制保障。成立联合领导小组，下设专题合作工作组。

　　上海工业控制系统安全创新功能型平台由上海普陀科投、上海临港科投、上海科创投、自仪院、华东师大共同发起成立，致力于打造技术引领的安全产业生态服务平台。核心技术来自中国科学院院士、华东师大终身教授何积丰团队。

　　2021 年，为庆祝建党 100 周年和建校 70 周年，迎接第 14 届国际数学教育大会在华东师范大学普陀校区召开，华东师大中山北路 3663 号东大门进行了自 1994 年建成后的第一次修缮，于 7 月 5 日启用新大门。改造工程得到普陀区委、区政府的大力支持，普陀区各职能部门主动上门对接，根据校方制定的系列活动方案，针对校园周边环境开展集中整治，同步推进了以架空线入地和杆箱整治为重点的校门周边市政基础设施更新配套工程和内环高架下的桥荫绿化美化工程。

　　2021 年 3 月 25 日，聚焦桃浦地区转型发展的桃浦论坛在中以（上海）创新园举行，上海市发改委、华东师大城市发展研究院、桃浦智创城开发建设推进办等机构的学者专家共同参与。

校区党建合作

关于加强条块联手推进社区老干部工作的协议

协议签订于 2010 年 12 月 30 日，是普陀区委老干部局和华东师范大学老干部工作办公室为积极推进离退休干部就近学习、就近活动、就近得到关心照顾、就近发挥作用而签订。主要内容包括：

一、建立年度例会制度。双方于每年第四季度，召开联席会议或研讨会，沟通交流双方社区老干部工作情况，探讨工作中存在的问题，明确下一年度联手开展社区老干部工作的目标、方法和载体。

二、联手推进"四个就近"工作。为离休干部就近学习创造条件，联手在社区开展活动，联手开展走访慰问活动，联手建立关心、帮助特殊困难老干部的服务机制，建立老干部突发情况预警机制，积极发挥老干部作用。

三、为和谐社区建设加大合作力度。联手开展实事工程。

四、建立情况通报制度。

中共上海普陀区委组织部与华东师范大学马克思主义学院战略合作协议

　　协议签订于 2023 年 2 月 13 日，是普陀区委组织部与华东师范大学马克思主义学院为进一步推进"两新"党建理论研究而签订的，主要内容包括：

　　一、合作宗旨。双方将遵循"合作共赢、持续发展"的原则，充分发挥各自优势，在平等互利的基础上建立长期稳定、优势互补的合作关系，共同推动合作的深入发展。

　　二、合作内容。建立新兴领域党建研究中心，双方遴选相关专家组成研究队伍，共同开展理论研究。打造党务工作者联合培育计划，聚焦培育"理论素养高、实操能力强"的党务工作者队伍，打造"社区智理师"梯队。举办半马苏河党建研修班，建立党建项目联合攻关机制。

　　2023 年 2 月 13 日，在普熙金融广场文展中心举行的"同心共谱协奏曲 半马苏河开新篇"——普陀区"靠谱"区域化党建年度峰会上，普陀区与华东师大共同申报的上海"大思政课"建设整体试验区（华东师范大学—普陀区）正式启动。普陀区委组织部与华东师大马克思主义学院共建的新兴领域党建研究中心项目同时作为 2023 年重点区域化党建项目签约。

普陀区新兴领域党建研究中心聚焦普陀区两新组织党组织党建、楼宇党组织党建等新兴领域关键难点、重点领域、主要载体开展理论研究，并与华东师范大学马克思主义组员开展合作研究，已形成多篇调研报告。

半马苏河党建研修班通过邀请不同成员单位结合各自产业特点合作办学，打造"理论研学＋企业游学"教学双驱模式，引入华东师大马克思主义学院作为智库赋能，通过学习参观、企业介绍、交流互动、现场体验等教学方式，帮助学员学习先进经验，主动构建产业企业党建和经营知识体系。

在基层社区开展的"美好社区 先锋行动"项目中，华东师范大学社会发展学院、公共管理学院等院系组织"华普智理师"团队，走进普陀区品尊国际、馨越公寓等居民区，智慧赋能推进社区治理，进一步提升城市综合体治理效能。

为充分展示离退休干部文化养老成果，为新中国成立 70 周年献礼，2019 年 9 月 23 日上午，由普陀区委老干部局和华东师范大学老龄办联合举办的"七十华诞咏盛世 笔墨丹青颂辉煌"普陀区域联合体老干部书画展在华东师范大学物理楼大厅举行。

校区教育合作

关于区校合作经办云岭实验中学的协议

协议签订于 1994 年 1 月 21 日，是普陀区教育局与华东师范大学为合作经办云岭实验中学而签订的。主要内容包括：

一、校名、校址和校舍。将原"上海市云岭中学"更名为"上海市云岭实验中学"。校址位于枣阳路 461 号，原云岭中学校址。校舍为原云岭中学所有校舍，并根据需要有计划地改建、扩建校舍。

二、学校性质。云岭实验中学是普陀区教育局所属并领导的，由华东师范大学提供支持、帮助的一所合作经办的全日制实验性初级中学。进行以提高整体教育水平为主要目标的教改实验；进行课程教材和教育教学方法、手段、途径的实验研究；进行合作办学模式、校内管理体制、运行机制等方面的实验研究。

三、办学目标。旨在努力提高学生素质，促进学生全面、和谐地发展，适应上海和沿海地区发达城市的九年义务教育先一步高一层的要求。

四、组建办学指导委员会和专家顾问团。成立"合作办学指导委员会"。合作办学指导委员会由普陀区教育局和华东师范大学双方派员组成，对学校的教育、教学管理和教改实验提供指导和咨询。组建"专家顾问团"。由校长根据学校发展需要，聘请有经验的特级教师、高级教师、教研员和各科教学法专家参加。

关于区校合作共建华东师范大学附属长风中学协议书

协议签订于 2005 年 6 月 30 日，是普陀区教育局与华东师范大学为合作共建华东师范大学附属长风中学而签订的。主要内容包括：

一、合作项目。华东师范大学附属长风中学为公办初级中学，校址暂设在枣阳路 461 号（原云岭实验中学校址）。

二、合作目的。为了加快实现普陀区长风地区教育现代化的步伐，拓展普陀区优质义务教育资源，提供优质教育服务，通过双方合作办学，将该中学建设成为在本市有特色、有水平、有影响的一流实验学校。

三、合作形式。双方建立联合办学指导委员会，落实合作办学的相关事宜。每年一次督查学校工作，建立每学年一次的学校工作报告制。联合办学指导委员会建立联席会议制度。双方指定联系人和该中学负责人每两月召开一次联席会议，协调、督促、推进共建工作的开展和其他各项工作的落实。

关于举办华东师范大学第二附属中学普陀校区合作协议

协议签订于 2020 年 4 月 10 日，是普陀区人民政府和华东师范大学合作共建华东师范大学第二附属中学普陀校区而签订的。主要内容包括：

一、合作项目。华东师大二附中普陀校区属华东师范大学第二附属中学的组成部分。依托华东师大二附中的优质资源和品牌，按照上海市实验性示范性高中的办学标准，实行先进的教育理念和教学模式，将华东师大二附中普陀校区打造成一所质量一流、示范辐射效应显著的高品质学校，满足人民群众对优质教育资源的需求，推动普陀区基础教育质量进一步提升。

二、管理架构。成立"华东师大二附中普陀校区管委会"，由华东师范大学、普陀区人民政府、普陀区教育局、华东师大二附中的相关人员组成。华东师大二附中普陀校区在办学资源、设施设备、师资队伍、学生培养、课程教学改革等方面与华东师范大学、华东师大二附中本部及其他校区共享优质资源，促进普陀校区不断提升办学品质和影响力。

三、华东师大选派优秀人员担任华师大二附中普陀校区的负责人，并组建管理团队，以高标准、高质量为要求，组织实施教育教学等各项管理工作。

关于在普陀中学设立教育实习基地协议书

协议签订于 2000 年 3 月 3 日，是普陀中学和华东师范大学为挂钩建立华东师大教育实习基地而签订的。主要内容包括：

一、普陀中学成为华东师大的教育实习基地，乐于安排华东师大学生的教育实习、见习、参观和教育调查，选派思想好、业务精的教师指导学生实习实践活动，并为实习生提供办公、食宿等必要的工作和生活条件。

二、普陀中学对华东师大实习生进行教师职业道德教育，并对学科教学和班主任工作技能和技巧进行指导，关心实习生的实习、实践全过程。

三、普陀中学定期向华东师大反映实习生、毕业生的实习情况和工作情况，提出改进教育、教学工作的意见和建议。

四、华东师大与甲方一起开展基础教育教学改革试验，合作承接教改项目，并进行合作研究。

五、每年由华东师大组织召开一次由实习基地学校领导参加的教育实习工作交流会，研讨实习工作。

　　2016 年，普陀区教育局与华东师大联手打造环华东师大优质教育圈，借助大学的溢出效应，提升区域办学水平，通过以华东师大为龙头的教育集团的引领，使周边学校的办学水平有一个整体的提升。

　　2019 年，华东师大、普陀区人民政府、普陀区教育局携手打造华东师范大学附属小学教育集团，整体提升区域优质教育。

　　华师大四附中是普陀区人民政府和华东师大于 2008 年 11 月共同签约创办的公办九年一贯制学校，是环华东师大优质教育圈牵头单位。

　　华东师大附属外国语实验学校是华东师大与普陀区人民政府联手合作，重点建设的公办九年一贯制学校，也是环华东师大优质教育圈中唯一一所外国语特色学校。

　　环华东师大优质教育圈成员单位怒江中学，充分依托华东师范大学、"华师大优质教育集团"和华师大四附中的优质资源，开展协同办学。

　　金沙江路小学是环华东师大优质教育圈成员校，是普陀区唯一一所以女足为特色的公办小学。

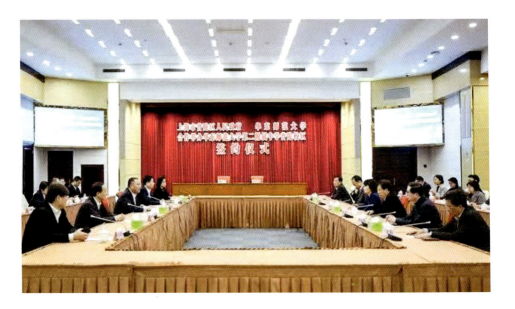

　　2020年4月10日，华东师大和普陀区正式签约，合作举办华师大二附中普陀校区。华东师大在普陀区形成了从学前教育到小学、初中、高中全学段的附属学校体，"环华东师大优质教育圈"建设圆满地画上了一个"圆"。

校区产学研合作

关于区校共建上海市华东师大科技园协议书

　　协议签订于 2001 年 4 月 18 日，是华东师范大学与普陀区人民政府根据 1996 年签订的区校共建协议，为共同建设上海市华东师大科技园而签订的。主要内容包括：

　　一、园区位于金沙江路 1006 号。

　　二、双方共同组建园区管理委员会，负责对园区建设的领导和有关园区建设重大事宜的协调。

　　三、双方鼓励师生和科研人员、留学生等到园区创业发展，高新技术成果优先在园区孵化。

关于校区共建"国际教育科技园"合作意向书

协议签订于 2018 年 9 月 14 日，是普陀区人民政府和华东师范大学为共同推进普陀"国际教育科技园"建设而签订的。主要内容包括：

一、共同制定"国际教育科技园"的发展规划和建设蓝图。

二、共同推进环华东师大城市形态的优化。积极促进"校区、社区、园区"三区联动发展。强调创新社区人文生态全面提升的柔性区域更新模式，从"功能组织调整、产业生态增效、社区服务提质、空间营造美化、交通组织优化"等多个维度组织开展区域城市更新。

三、共同推进华大科技园提升能级和扩大规模，推动园区成为集资源、服务、信息、孵化于一体的专业化、市场化创新创业服务中心。

四、共同推进教育优势产业的集聚。依托华东师大优质的教育资源，打造融学前教育、基础教育、高等教育产业为一体的教育服务集聚地，做强"环华东师大优质教育资源圈"。

五、共同推进高新技术研发转化平台和国际性创业孵化器项目的建设。搭建中外大学师生创业综合平台，完善人才激励政策，打造双创人才基地；建立国际学生实习基地，服务企业发展需求。促进教育科技园区产学研一体化发展。

六、共同推进国际教育交流合作。创新国际合作模式，为中外专家之间、中外学生之间的学术文化交流搭建更广阔的平台。

　　华东师大科技园是华东师范大学与普陀区人民政府共建的大学科技园，2006年10月被国家科技部、教育部认定为国家大学科技园。园区核心功能区位于金沙江路1006号，总建筑面积近2万平方米。园区为上海市信息产业专业孵化器、上海市创业孵化示范基地等，2017年度至2021年度连续五年评估为上海市A级创业孵化示范基地。

　　华东师大经管学院与华东师大科技园共同创建"教授工作室"，入驻教授为园区企业提供决策咨询，进行分学科专业指导，实现资源对接聚焦。

附录：华东师大在普陀区附属学校简介

1. 华东师范大学附属幼儿园

华东师大附属幼儿园创建于 1952 年，是上海市最早一批示范性幼儿园之一。1999 年 9 月华东师大附属幼儿园和华东师大附属托儿所合并，成立新的华东师大附属幼儿园。2002 年 2 月幼儿园归并至华东师大学前与特殊教育学院。2008 年 9 月幼儿园开办早教班。

幼儿园地址为上海市普陀区中山北路 3671 弄 150 号。获评普陀区绿色学校、中国可持续发展教育 ESD 实验学校、上海市学前科普教育实验基地、普陀区小小科学探索院分院等荣誉称号。

2. 华东师范大学附属小学

华东师范大学附属小学创建于 1952 年，是由华东师范大学创办，经上海市普陀区教育局登记批准的实施五年制小学教育的全日制教育机构。1980 年，学校被定为上海市重点小学，受上海市教育局与华东师大双重领导，现学校受普陀区教育局和华东师范大学双重领导。

学校总部地址为上海市中山北路 3669 号，分部地址为上海市凯旋北路 1835 号。学校获评上海市文明单位、上海市行为规范示范校、上海市教育科研先进集体、上海市教育系统先进单位、联合国教科文组织教师教育联席学校等称号。

3. 华东师范大学第四附属中学

华东师范大学第四附属中学创办于 2008 年，是由普陀区政府和华东师范大学共同创办的九年一贯义务教育公办学校。学校由原晋元中学初中部转制成的民办新源中学和原云岭实验中学合并组建的华东师范大学附属长风中学易名而来。

学校位于泸定路 279 号。学校获评国际生态学校、全国家庭教育指导工作先进单位、市科技教育特色示范学校等荣誉，成为环华东师大优质教育圈牵头单位、教育部青少年法治教育协同创新中心全国首批实验校。

4. 华东师范大学附属外国语实验学校

华东师范大学附属外国语实验学校成立于 2014 年，是由华东师范大学与普陀区联手合作、重点建设的公办九年一贯制学校，也是环华东师大基础教育生态区中唯一一所外国语特色学校。

学校注册地址为上海市普陀区白玉路 150 号，拥有瞿家廊路、白玉路和顺义路三个校区。是华东师范大学优秀师范生和教育硕士培养的实习基地、外语学院教学实践基地、国际学生中国文化体验基地。

5. 上海华东师范大学附属进华中学

上海华东师范大学附属进华中学创办于 1995 年，2018 年加入华东师范大学教育集团，更名为上海华东师范大学附属进华中学。

学校地处上海市普陀区富平路 857 弄 91 号。是一所由上海中环投资开发（集团）有限公司投资兴办的完全中学。学校获评全国民办中小学办学特色示范学校、上海市文明校园、上海市"优秀民办学校"、上海市民办非企业规范化建设 5A 级单位等荣誉称号。

6. 华东师范大学第二附属中学普陀校区

华东师范大学第二附属中学创建于 1958 年，1963 年被确定为上海市教育局直属重点中学。1978 年被确定为上海唯一的一所教育部直属重点高中，现在是国家教育部和上海市教委直属领导、华东师范大学和所在区共建共管的上海市首批实验性示范性高中。校址原位于金沙江路 155 号，后迁入枣阳路 896 号，2002 年迁至张江高新科技园区。

2020 年 4 月，华东师范大学与普陀区签署合作共建华东师范大学第二附属中学普陀校区，为校区合作共建的区属实验性、示范性高中，临时于真如中学（校址铜川路 1189 号）过渡，9 月正式开学。学校新建工程位于上海市普陀区真北路 550 号，新校区拥有现代化的教学楼、实验楼、图书馆、多媒体教室、语音室等教育设施，以及大型体育馆、标准游泳馆、田径场、足球场、篮球场等体育设施，为学生提供多元化的教学和体育活动场所。

后　记

　　纵观华东师大百年办学历程，其弦歌不辍，艰苦卓绝的奋斗精神，正是近现代中华民族求独立、求解放、求发展的真实写照。华东师大及其前身大夏大学在办学期间，得到了普陀区的大力支持和无私帮助。同时，华东师大及其前身大夏大学在普陀区传播现代知识，展示文明新风，开阔市民视野，促进了普陀乃至上海的经济社会和文化教育事业的发展，赢得普陀人民的热情欢迎和高度赞誉。

　　2023年6月，习近平总书记在文化传承发展座谈会上发表重要讲话强调，把老祖宗留下的文化遗产精心守护好，让历史文脉更好地传承下去。同时又曾指出，学史明理、学史增信、学史崇德、学史力行。普陀区档案局（馆）和华东师大档案馆在红色档案资源共享和文脉传承方面已开展多种形式的合作，从2015年双方联合举办"勿忘·前行——纪念中国人民抗日战争胜利70周年暨沪西抗战史料展"，宣传沪西地区人民的抗战事迹，到档案利用、展馆建设、以图证史研讨会、红色文化和档案文化建设等，从档案角度为区校融合发展添砖加瓦。此次，双方联合编撰《华东师大在普陀》一书，试图以创新视野和历史眼光，发掘区校之间历史和文化价值，希望借此书籍，记录华东师大及其前身大夏大学与普陀区百年合作交往史，再现普陀区对华东师大及其前身大夏大学的支持，充分发挥档案"存史、资政、育人"之作用，赓续校区文脉和精神，延续校区友谊和情谊，促进校区历史文化的共同发展。

　　在区、校领导的直接关心下，普陀区档案局（馆）和华东师大档案馆共同组建项目组，经过近二年的策划与编撰，以及多次研讨交流，完成了《华东师大在普陀》这部书稿。本书遵循"尊重历史、传承文明、弘扬文化"之原则要求，内容主要分五个部分。第一编为"校情与区情"。分别介绍华东师大和普陀区发展历史和基本概况。第二编为"校区交往纪事"。主要梳理和记述自 1924 年以来华东师大及其前身大夏大学与普陀区一百年来在教育协作、科技服务、经济发展、人才培养、社会服务和文化交流等方面的合作和交流。第三编为"历史人物与普陀"。主要记述工作和生活在普陀区的长风新村街道的华东师大一村、二村和三村，以及前身大夏大学一批著名学者、红色翻译家、教育家、科学家和青年革命家等事迹。其中包括著名人物与普陀、革命奋斗在普陀、红色记忆和著名学者扎根普陀等四方面的内容，抒写他们教育报国，服务地方社会的家国情怀。第四编为"往事与普陀"。充分发掘和利用档案史料，精选部分进步知识分子在大夏大学的演讲以及大夏师生参与革命活动，用专业知识服务普陀等史迹，从一个侧面反映校区之间历史传统和渊源。第五编为"校区合作与交流档案萃编"。通过发掘馆藏档案，遴选部分校区战略合作框架、深化校区融合发展、共建国家级科技园、共建"国际教育科技园"、共建二附中普陀校区等合作协议。

《华东师大在普陀》的编撰出版，是校区档案馆合作的一次有益尝试，也是一次创新档案工作的试验和探索。我们希望通过发掘档案史料，传播档案文化，展示文化魅力，通过档案文化搭台，进一步促进和推动校区双方在教育、文化、经济、科技和社会等各方面的合作和发展，也希望以此书为开端，进一步追寻普陀区与区内高校的历史渊源，再推高校系列新作。

由于校区交往合作时间跨度长，档案保存不够完善，给本书史料收集带来诸多困难，加之编写水平有限，书中错漏在所难免，敬请广大读者批评指正。

编者

2023 年 8 月

图书在版编目(CIP)数据

华东师大在普陀/华东师范大学档案馆,上海市普
陀区档案局(馆)编. —上海:上海书店出版社,
2023.11
  ISBN 978-7-5458-2371-4

  Ⅰ.①华… Ⅱ.①华…②上… Ⅲ.①华东师范大学
-校史-史料 Ⅳ.①G659.285.1

  中国国家版本馆 CIP 数据核字(2024)第 076217 号

责任编辑 俞芝悦
装帧设计 郦书径

华东师大在普陀
华东师范大学档案馆、上海市普陀区档案局(馆) 编

出　　版　上海书店出版社
　　　　　　(201101　上海市闵行区号景路 159 弄 C 座)
发　　行　上海人民出版社发行中心
印　　刷　上海新华印刷有限公司
开　　本　710×1000　1/16
印　　张　19.75
字　　数　250,000
版　　次　2023 年 11 月第 1 版
印　　次　2023 年 11 月第 1 次印刷
ISBN 978-7-5458-2371-4/G·199
定　　价　98.00 元